A Interferência Lesiva
de Terceiro na Relação
Obrigacional

A Interferência Lesiva de Terceiro na Relação Obrigacional

2017

Fábio Floriano Melo Martins

A INTERFERÊNCIA LESIVA DE TERCEIRO NA RELAÇÃO OBRIGACIONAL

© Almedina, 2017

AUTOR: Fábio Floriano Melo Martins
DIAGRAMAÇÃO: Almedina
DESIGN DE CAPA: FBA
ISBN: 978-858-49-3197-2

Dados Internacionais de Catalogação na Publicação (CIP)
(Câmara Brasileira do Livro, SP, Brasil)

Martins, Fábio Floriano Melo
A interferência lesiva de terceiro na relação
obrigacional / Fábio Floriano Melo Martins. –
São Paulo : Almedina, 2017.
Bibliografia.
ISBN: 978-85-8493-197-2
1. Antijuridicidade 2. Arbitragem 3. Nexo causal
4. Obrigações (Direito) 5. Prestação de serviços
6. Responsabiblidade civil I. Título.

17-00728   CDU-347.4

Índices para catálogo sistemático:
Responsabilidade de terceiros : Direito das obrigações : Direito civil 347.

Este livro segue as regras do novo Acordo Ortográfico da Língua Portuguesa (1990).

Todos os direitos reservados. Nenhuma parte deste livro, protegido por copyright, pode ser reproduzida, armazenada ou transmitida de alguma forma ou por algum meio, seja eletrônico ou mecânico, inclusive fotocópia, gravação ou qualquer sistema de armazenagem de informações, sem a permissão expressa e por escrito da editora.

Novembro, 2017

EDITORA: Almedina Brasil
Rua José Maria Lisboa, 860, Conj.131 e 132, Jardim Paulista | 01423-001 São Paulo | Brasil
editora@almedina.com.br
www.almedina.com.br

Aos meus pais e irmãos, pelas demonstrações diárias de carinho e de amor por mais que a distância física insista em atrapalhar, bem como pelo exemplo de dedicação ao que fazem.

À Camila, por reforçar, diariamente, minha convicção de que desejo passar todos os dias da minha vida ao seu lado.

Ao Antônio, com todo meu amor.

Ao José Floriano, pela serenidade e pela força na condução dos problemas que a vida apresenta. O senhor é, acima de tudo, um forte. Tenho muito orgulho de ser seu neto.

AGRADECIMENTOS

A base do presente livro é minha tese de Doutorado apresentada no âmbito da Pós-graduação da Faculdade de Direito da Universidade de São Paulo. Escrever uma tese é um exercício de conhecimento do Direito, mas também de autoconhecimento. Identificar e depois tentar trilhar caminhos novos no âmbito da doutrina nacional não é tarefa fácil. Foram anos de dedicação, muitos momentos de dúvida e, principalmente, muitas oportunidades de aprendizado. Aprendi, além das lições de Direito, que posso contar, das mais diferentes formas, com as pessoas que passo a agradecer.

Inicialmente, agradeço a Deus pela conclusão da minha tese de Doutorado e por me propiciar a oportunidade de conviver com tantas pessoas iluminadas em minha vida.

Sou muito agradecido por ter nascido em uma família por cujos membros tenho a mais profunda admiração e que sempre me apoia em todos os momentos. Como se não bastasse, fui agraciado com a posterior integração pela minha cunhada Olívia e pelos meus amados sobrinhos Miguel e Marcela, pessoas que só reforçam nossa unidade familiar.

Escrever sobre quem torna sua vida cada mais feliz não é fácil. Já estamos há mais de uma década juntos e você foi, é e sempre será fundamental para mim por saber a hora exata de elogiar, criticar e, principalmente, de dar forças nos momentos em que as coisas não dão tão certo quanto previsto em nossos projetos. Camila, obrigado por sua compreensão e paciência em todos os momentos em que estive ausente durante o Doutorado.

Agradeço também ao Professor Marcílio por conceder aos alunos do Instituto Dom Barreto, em Teresina, a oportunidade de concretizar todos os sonhos que o conhecimento pode proporcionar. NUNCA me esquecerei de nossas conversas. Como o senhor sempre pedia, sigo sonhando alto, talvez minhas limitações não consigam fazer com que todas se tornem realidade, mas tenha a certeza de que a distância que eu conseguir atingir será, em grande parte, por mérito seu.

Também não poderia deixar de agradecer a quem foi determinante na escolha do meu ofício e fonte de inspiração para meus estudos de Direito Civil: Antonio Junqueira de Azevedo. As lembranças de suas excelentes aulas, de suas provas orais e de sua atenção com que me recebia sempre que precisava discutir meus projetos acadêmicos me servirão de modelo em minha vida profissional e acadêmica.

Agradeço a meu orientador, Cristiano de Sousa Zanetti, por confiar em meu trabalho mesmo quando até mesmo eu duvidei de minha capacidade. É um privilégio ver de perto suas realizações em âmbito acadêmico desde os tempos em que era monitor do Professor Junqueira. Sua trajetória serve de exemplo para muitos que se dedicam ao Direito Civil por comprovar que o esforço sério e honesto dá resultado.

Durante a graduação, tive o privilégio de contar não só com as aulas do Professor Junqueira e as monitorias do Professor Zanetti, mas também com os ensinamentos dos então monitores Francisco Marino e Marco Fábio Morsello, pessoas que me servem de inspiração no estudo do Direito Civil. Agradeço também pelas críticas e pelas sugestões apresentadas por ocasião do exame de qualificação. Espero ter tido a competência suficiente para incorporá-las ao texto final. Agradeço, ainda, ao professor Michele Comenale Pinto pelo material disponibilizado sobre o direito italiano, especialmente com relação aos casos Superga e Meroni.

Na trajetória do Doutorado, tive o privilégio de ter contato com pessoas que acabaram se tornando grandes amigos e companheiros nas discussões sobre direito. Júlio, Rogério, Renato, Sérgio, em nome de quem agradeço a todos os demais, obrigado pelos nossos debates, muitos deles refletidos na presente tese.

Por ocasião da defesa da tese, tive o privilégio de contar com a análise atenta e qualificada dos professores Daniel Martins Boulos, Giovanni Ettore Nanni, Rodrigo Octávio Broglia Mendes e Marco Fábio Morsello, cujos comentários foram objeto de novas reflexões incorporadas ao texto ora apresentado.

Também agradeço a todos de Lilla, Huck, Otranto e Camargo Advogados, com quem aprendo diariamente há mais de 13 anos. Em especial, agradeço a Guilherme Zilio, Mônica Murayama e Henrique Bortolo, por terem me apoiado em todos os momentos em que precisei me ausentar para me dedicar à elaboração da presente tese, bem como aos meus sócios Juliana Pela e Rodolfo Amadeo por estarem sempre disponíveis a ouvirem e debaterem minhas inquietações na realização da tese.

Não posso deixar de registrar meu agradecimento a Paulo Araújo e Kleber Zanchim pelas oportunidades que me propiciaram na Fundação Getúlio Vargas e por dividirem o gosto pelo Direito Civil desde o tempo da graduação.

Agradeço, por fim, aos estudantes da Faculdade de Direito da USP e da Fundação Getúlio Vargas com quem tive contato, respectivamente, em monitorias e aulas. Suas dúvidas me inspiram a preparar-me cada vez mais na busca de soluções para os problemas em que o Direito Civil pode contribuir.

PREFÁCIO

Responder perguntas. Eis o ofício do jurista.

Trata-se de um ofício particularmente árduo. À diferença do que se dá em outros ramos do conhecimento, nenhuma pergunta dirigida ao jurista pode ficar sem resposta, por mais rarefeitos que sejam os subsídios disponíveis para tanto. Ninguém se espanta quando o biólogo afirma não saber como surgiu a vida. Ninguém se conformaria, entretanto, se um jurista não soubesse indicar a solução que o ordenamento jurídico reserva para dado conflito de interesses, pois as disputas entre pessoas sempre precisam chegar a termo.

Ao longo dos séculos, muitas perguntas foram respondidas pelos juristas. A maior parte delas se encontra expressa na legislação, notadamente nos Códigos Civis, cujos textos reúnem o conhecimento formado por gerações e gerações de juristas. Não raro, entretanto, há perguntas que teimam em desafiar os estudiosos. Uma delas foi escolhida por Fábio Floriano Melo Martins: o que ocorre se um terceiro dificulta ou impede o cumprimento de dada obrigação? Deve responder pelo dano causado? Sempre? Por quê?

Para respondê-la, o autor escreveu o livro que o leitor agora tem diante dos olhos.

No capítulo 1, procurou verificar os subsídios oferecidos pela legislação para lidar com a questão. No capítulo 2, examinou, com a devida atenção, as soluções propostas para o problema nos direitos francês, italiano e português e, em adição, pelo *Draft Common Frame of Reference*, trabalho acadêmico redigido para promover a harmonização do direito das obrigações no âmbito europeu. O estudo do direito estrangeiro chama a atenção pela seriedade e pela consulta direta às fontes, tarefa que ainda se encontrava por fazer entre nós. No capítulo 3, analisou as propostas teóricas em curso para enquadrar o problema no direito brasileiro e enfrentou as complexas questões suscitadas pela distinção entre relatividade e oponibilidade dos efeitos obrigacionais. No capítulo 4, ofereceu sua resposta ao problema, ao indicar os pressupostos necessários à responsabilização do terceiro, examinar as questões legais decorrentes, como são aquelas relativas à solidariedade, à cláusula penal e à cláusula arbitral, e, ainda, refletir criticamente sobre os julgados em que a sua aplicação teve lugar. Ao final de cada capítulo, fez constar suas conclusões parciais, com indicação pontual de todos os resultados atingidos em cada parte do trabalho.

Nesse percurso, chama a atenção o rigor com que o autor constrói seu raciocínio. Sem se deixar levar por soluções simplistas, o texto enfrenta uma a uma as questões que o problema suscita e, com isso, oferece contribuição original ao direito brasileiro. A propósito, merece destaque o esforço levado a efeito para identificar os pressupostos necessários à responsabilização do terceiro, providência que se afigura necessária tanto do ponto de vista teórico, para garantir a coerência do ordenamento, como do ponto de vista prático, para assegurar sua correta aplicação.

A originalidade aliada à seriedade são traços que permitem filiar o autor à escola do saudoso Professor Antonio Junqueira de Azevedo. São também a prova tangível de que o mestre continua a viver nas palavras de seus alunos.

Agora dado à publicação, o trabalho de Fábio Floriano Melo Martins concorre para aquilo que sei ser o desejo de seu autor: que os conflitos entre as pessoas sejam decididos de maneira justa, em conformidade com o direito.

Não seria de esperar outra coisa de um jurista.

Cristiano de Sousa Zanetti
Professor Associado de Direito Civil da Faculdade de Direito da USP

SUMÁRIO

Introdução 17

1. A relação entre eficácia das obrigações e terceiros na legislação: esforço de sistematização 27

1.1. Eficácia perante terceiros em situações de previsão expressa de registro: a locação de imóveis, a cessão de crédito e os contratos de arrendamento rural e de parceria agropecuária 29

1.2. Limites da eficácia decorrente de registro público não obrigatório 40

1.3. Direito de crédito como um bem móvel: previsão legal que não altera a realidade obrigacional 45

1.4. Interferência de terceiro em contratos de prestação de serviços, bem como à luz da concorrência desleal e das infrações contra a ordem econômica 47

1.5. Conclusão parcial 53

2. Interferência de terceiro na relação obrigacional: contribuições do direito estrangeiro 55

2.1. França – consolidada situação de admissão da responsabilidade de terceiro (faute) e a construção do conceito de opposabilité 57

    2.1.1. Pierre Hugueney: análise sistemática da *responsabilité civile du tiers complice* (1910) 60

    2.1.2. René Savatier: análise crítica do princípio da relatividade dos efeitos contratuais (1934) 67

    2.1.3. Alex Weill (1938) e Simone Calastreng (1939): esforços na sistematização do princípio da oponibilidade 70

A INTERFERÊNCIA LESIVA DE TERCEIRO NA RELAÇÃO OBRIGACIONAL

2.1.4. José Duclos (1984) – consolidação e sistematização do conceito de oponibilidade 73

2.1.5. Robert Wintgen (2004): análise crítica da oponibilidade 76

2.1.6. Conclusão parcial sobre o direito francês 78

2.2. Itália: ampla esfera de responsabilização do terceiro (danno ingiusto) e importância do nexo de causalidade 79

2.2.1. Breves apontamentos históricos e desconstrução de conceito arraigado sobre o art. 1.372 do Codice Civile 82

2.2.2. A obra de referência de Francesco Donato Busnelli: tratamento sistemático da interferência de terceiro 89

2.2.3. Casos Superga e Meroni: reflexões sobre os históricos julgados e os limites impostos pelo nexo de causalidade 91

2.2.4. Apontamentos atuais sobre a *opponibilità* no direito italiano 101

2.2.5. Conclusão parcial sobre o direito italiano 106

2.3. Portugal – responsabilização do terceiro com fundamento no abuso de direito 106

2.3.1. A proteção da titularidade do direito de crédito e os casos de abuso de direito 111

2.3.2. Os prismas da relatividade dos direitos de crédito de Menezes Cordeiro: estrutural, de eficácia e de responsabilidade 112

2.3.3. Posicionamento atual do Supremo Tribunal de Justiça Português ...116

2.3.4. Conclusão parcial sobre o direito português 124

2.4. A regulamentação da interferência de terceiro no direito de crédito no DCFR...124

2.5. Conclusão parcial 133

3. Fundamentação da responsabilidade de terceiro por interferência na relação obrigacional no direito brasileiro 135

3.1. As primeiras contribuições doutrinárias em matéria de responsabilização de terceiro por violação ao direito de crédito 136

3.2. Análise crítica de recentes posicionamentos sobre o fundamento da responsabilidade de terceiros 143

3.3. Delimitação teórica da relatividade dos efeitos contratuais, da oponibilidade e da responsabilidade civil de terceiro 148

3.4. Fundamento legal para aplicação da responsabilização de terceiro – responsabilidade extracontratual 160

3.5. Conclusão parcial 165

4. Pressupostos para responsabilização de terceiro por violação ao direito de crédito 167

4.1. A ilicitude da conduta de terceiro 169
4.2. A responsabilidade subjetiva de terceiro: sabia ou deveria saber 172
        4.2.1. Precisão terminológica – doutrina do terceiro cúmplice: imperfeições, mas desnecessidade de alteração 176
4.3. Existência do dano e sua extensão 178
4.4. A importância do nexo de causalidade como fator limitador das indenizações 181
4.5. Reflexões sobre a interferência de terceiro por violação ao direito de crédito no Restatement of Torts 183
4.6. Momentos de aplicação da responsabilidade de terceiro por violação ao direito de crédito 196
4.7. Solidariedade na indução ao inadimplemento 197
4.8. Cláusula penal e arbitragem 202
4.9. Análise de casos paradigmáticos da responsabilidade de terceiro por violação da relação obrigacional 203
        4.9.1. Recurso Especial n.º 468.062 – CE: primeiro precedente de aplicação da doutrina do terceiro cúmplice no STJ 203
        4.9.2. Caso Zeca Pagodinho: o episódio de maior repercussão na aplicação da doutrina do terceiro cúmplice no direito brasileiro ... 206
        4.9.3. Acidente aéreo no Aeroporto de Congonhas em 2007: violação ao substrato do crédito e apenas indiretamente interferência no direito de crédito 210
        4.9.4. Caso Tufão: exemplo da importância do "deveria saber" 212
4.10. Conclusão parcial 214

Conclusão 217
Referências 223

INTRODUÇÃO

> *"Le contrat produit des effets à l'egard des tiers, personne ne le conteste."*[1]

> *"La fattispecie dell'illecito per lesione del diritto di credito costituisce oggetto di una delle più eleganti questioni di responsabilità civile, che da mezzo secolo appassiona i giuristi italiani, ma anche i colleghi di altri Paesi, ove la questione è esaminata sotto angolature diverse, ma nella sostanza identiche a quella agitata da noi."*[2]

A análise dos três planos do negócio jurídico revela, sem maiores dificuldades, que o mais complexo é o da eficácia. Não que o estudo dos planos da existência e da validade seja simples, mas a vasta produção de efeitos decorrentes das obrigações traz grandes dificuldades na regulamentação da matéria. Se a análise já não é fácil quando se verificam os efeitos produzidos para os contratantes, a situação é ainda mais delicada quando se consideram os efeitos para terceiros resultantes diretamente da legislação. De fato, ao tratar de terceiros, a regulamentação ultrapassa o mero domínio

---

[1] WINTGEN, Robert. *Étude critique de la notion d'opposabilité*: les effets du contrat à l'egard des tiers en droit français et allemande. Paris: LGDJ, 2004. p. 5.

[2] ALPA, Guido. *La responsabilità civile*: principi. Ristampa. Milano: UTET Giuridica, 2011. p. 264.

da autonomia privada dos contratantes e envolve, também, a esfera de interesse do terceiro e as construções relacionadas à responsabilidade civil[3].

Quando a relação entre terceiros e a obrigação se refere a consequências tendentes ao cumprimento da obrigação[4] ou benéficas a terceiro como a estipulação em favor de terceiro (arts. 436 a 438 do Código Civil), a regulamentação é simples. A lição, aliás, não é nova e exemplos de contratos a favor de terceiro são encontrados desde o direito romano[5], conforme leciona Clóvis Beviláqua[6].

Os questionamentos mais complexos, porém, surgem quando a interferência de terceiro é lesiva[7], por exemplo, à relação jurídica entre as partes do contrato. Em hipóteses como essa, difícil é avaliar qual posição jurídica deve ser protegida: a do terceiro ou a do contratante? Segundo quais critérios? Em casos dessa natureza, compete à doutrina, sempre balizada nos dispositivos legais, buscar as respostas para garantir segurança jurídica ao ordenamento.

---

[3] Como destaca Menezes Cordeiro, "o essencial das limitações aos efeitos externos das obrigações deriva não da imputação da própria eficácia do direito de crédito em si, mas antes das regras de responsabilidade civil". MENEZES CORDEIRO, António Manuel da Rocha e. *Tratado de direito civil português*: direito das obrigações. v. II, t. I. Coimbra: Almedina, 2009. p. 281.

[4] Arts. 304 e seguintes do Código Civil brasileiro. No mesmo sentido, art. 767 (1) do Código Civil Português: A prestação pode ser feita tanto pelo devedor como por terceiro, interessado ou não no cumprimento da obrigação.

[5] Entre outros, vide D. 24,3,45 e C. 8,54(55),3.

[6] "Admira que a jurisprudência tenha relutado algum tempo em reconhecer o direito dos beneficiários, em sua plenitude e nitidez. (...) O princípio, que se alega em contrário, é tão frágil e tão estraçalhado se acha pelos fatos que se não pode mais fazer dele uma arma. *Res inter alios acta nec prodest nec nocet* é o princípio aludido, e ao qual nem mesmo o direito romano, com a sua rigorosa personalização das obrigações, dera uma aplicação inflexível, pois que ele admitiu a estipulação para terceiro, conferindo a este um direito direto (Cód. 8, 45, 1. 3). POTHIER, que consolidou, em seu livro sobre as Obrigações, a tradição romana, também reconhece que um contrato possa, por virtude própria, dar direito a alguém que nele não tomou parte. "É a equidade natural, diz ele, que forma esse compromisso." BEVILAQUA, Clovis. *Direito das obrigações*. 8. ed. rev. e atual. por Achilles Bevilaqua. Rio de Janeiro: Livr. Francisco Alves, 1954. p. 165-166.

[7] Utiliza-se a expressão interferência lesiva para indicar as situações em que o cumprimento da obrigação torna-se mais custoso ou até mesmo impossível em virtude da conduta de terceiro.

INTRODUÇÃO

Por se tratar de tema que envolve terceiros, a gama de situações passível de análise é bastante ampla[8], o que requer cuidado redobrado na definição do objeto de estudo para evitar que sua amplitude acabe por dificultar a verticalidade da pesquisa, requisito essencial quando se elabora uma tese. A propósito, a polissemia do vocábulo "terceiro" dificulta ainda mais a análise sistemática da matéria[9]. Partindo desse contexto, optou-se por fazer investigação aprofundada da interferência na relação obrigacional decorrente principalmente de contrato, com especial destaque ao que se consagrou denominar doutrina do "terceiro cúmplice". No Brasil, tornaram-se famosos os episódios envolvendo o cantor Zeca Pagodinho e duas cervejarias, o ator Murilo Benício à época em que atuava como personagem em novela de grande sucesso, bem como a quebra de exclusividade de fornecimento para postos de combustível, casos que serão abordados em detalhes no curso do livro.

De fato, como bem ressalta E. Santos Júnior:

> "o problema não é de rara verificação na vida de todos os dias. Pelo contrário: é iniludível a freqüência com que ocorre a indução ao incumprimento do contrato e o aliciamento à celebração de contratos com quem já se encontra vinculado, para considerarmos a forma mais paradigmática de interferência.

---

[8] "Diferentes significados da relação 'contrato e terceiros'. A natureza, a fonte, as eficácias, as formas e a medida de tal fato são temas debatidos nos diferentes países. Quanto às eficácias, cinco situações são distintas: (i) quando da própria natureza e função do contrato nasçam obrigações atinentes a terceiros, hipótese paradigmaticamente traçada na estipulação em favor de terceiros; (ii) a hipótese de oponibilidade do contrato perante terceiros que dele tenham ciência efetiva ou presumida, quando proveniente da averbação do pacto no registro, como no caso da contagem do prazo decadencial; e (iii) que resulta do dever de respeito ao contrato por parte de terceiros, estranhos ao pacto, e que se abre em duas vertentes: (iii.1) os chamados 'contratos com eficácia em favor de terceiro'; e (iii.2) a doutrina do terceiro cúmplice, também nomeada 'teoria do terceiro ofensor', ou 'tutela externa do crédito', ou, ainda, 'tutela aquiliana do crédito', tributária do *tort of interference* advindo do Direito anglo--saxão." MARTINS-COSTA, Judith. *A boa-fé no direito privado*: critérios para a sua aplicação. São Paulo: Marcial Pons, 2015, p. 550.

[9] "Mais ce silence doctrinal a surtout pour origine le fait qu'a priori l'opposabilité ne semble pas constituer une notion juridique précise et unique. Combinée avec le mot tiers, l'un des plus polysemiques de la terminologie juridique, elle apparaît comme une 'expression vague', 'ambiguë', voire 'malecontreuse', propice aux utilisations contradictoires et rebelle à toute systématisation." DUCLOS, José. *L'opposabilité*: essai d'une théorie générale. Paris: LGDJ, 1984. p. 21.

Certamente, qualquer um de nós, independentemente de qualquer investigação jurídica, já teve, na sua experiência, conhecimento de algum caso desses."[10]

Nessa análise da relação entre terceiros e obrigações contratuais, é importante destacar que o Código Civil não reproduziu expressamente o princípio da relatividade dos efeitos contratuais. No Código Civil de 1916[11], utilizando-se de boa técnica, delineia-se a relatividade dos efeitos obrigacionais. Afinal, apesar de toda sua importância, o contrato não é a única fonte de obrigações. Ainda que ressalvada essa precisão técnica[12], não há dúvida a respeito da aplicabilidade do referido princípio no direito brasileiro. Por sua vez, alguns países como Espanha[13], Argentina[14], Itália[15], França[16], Portugal[17], Alemanha[18] trazem o princípio de modo expresso na legislação.

[10] SANTOS JÚNIOR, E. *Da responsabilidade civil de terceiro por lesão do direito de crédito*. Coimbra: Almedina, 2003. p. 15-16.

[11] Art. 928 – A obrigação, não sendo personalíssima, opera assim entre as partes, como entre seus herdeiros.

[12] Assim, seria mais correto falar em relatividade dos efeitos da obrigação, porém, em homenagem à praxe doutrinária e jurisprudencial, usar-se-á relatividade dos efeitos contratuais.

[13] Art. 1257 do Código Civil espanhol: "Los contratos sólo producen efecto entre las partes que los otorgan y sus herederos; salvo, en cuanto a éstos, el caso de que los derechos y obligaciones que proceden del contrato no sean transmisibles, o por su naturaleza, o por pacto, o por disposición de la ley. Si el contrato contuviere alguna estipulación en favor de un tercero, éste podrá exigir su cumplimiento, siempre que hubiese hecho saber su aceptación al obligado antes de que haya sido aquélla revocada.

[14] Art. 1.195 do Código Civil Argentino: "Los efectos de los contratos se extienden activa y pasivamente a los herederos y sucesores universales, a no ser que las obligaciones que nacieren de ellos fuesen inherentes a la persona, o que resultase lo contrario de una disposición expresa de la ley, de una cláusula del contrato, o de su naturaleza misma. Los contratos no pueden perjudicar a terceros."

[15] Art. 1.372 do Código Civil Italiano: "Efficacia del contratto – Il contratto ha forza di legge tra le parti. Non può essere sciolto che per mutuo consenso o per cause ammesse dalla legge. Il contratto non produce effetto rispetto ai terzi che nei casi previsti dalla legge."

[16] Art. 1.165 do Código Civil Francês: "Les conventions n'ont d'effet qu'entre les parties contractantes; elles ne nuisent point au tiers, et elles ne lui profitent que dans le cas prévu par l'article 1.121."

[17] Art. 398º do Còdigo Civil Português: "Obrigação é o vínculo jurídico por virtude do qual uma pessoa fica adstrita para com outra à realização de uma prestação."

[18] § 241 do Código Civil Alemão – Duties arising from an obligation: "(1) By virtue of an obligation an obligee is entitled to claim performance from the obligor. The performance may also consist in forbearance. (2) An obligation may also, depending on its contents, oblige

INTRODUÇÃO

Ao tratar do princípio da relatividade dos efeitos contratuais, é importante verificar os exatos limites de sua aplicação. Esclarece-se que as limitações ao referido princípio decorrentes, por exemplo, da aplicação do Código de Defesa do Consumidor[19], bem como da regulamentação dos contratos existenciais[20], dos contratos coligados[21], da fraude contra credores[22] e da fraude de execução[23] não serão objeto de análise nesta oportunidade, pois trariam discussão sobre temas paralelos e não relevantes para a questão central abordada pela tese. Após constatar que o princípio não é absoluto, surgem novos desafios: delimitar as fronteiras de sua aplicação, bem como traçar critérios claros e precisos para que os envolvidos – partes e terceiros – saibam exatamente os limites de sua responsabilidade.

No âmbito civil, por exemplo, é importante analisar a relação entre o referido princípio e a previsão de aliciamento de prestadores de serviços no artigo 608 do Código Civil. Em virtude da existência de um dispositivo específico e de redação bastante clara, sua aplicação não gera dúvidas aos operadores do Direito e resta inequívoca a responsabilização do terceiro. A situação regulamentada pelo artigo 608 do Código Civil, aliás, não é nova e já constava, no mesmo sentido, no artigo 1.235 do Código Civil de

---

each part to take account of the rights, legal interests and other interests of the other party.", GERMAN Civil Code. BGB. Disponível em: <www.gesetze-im-internet.de/englisch_bgb/>. Acesso em: 26 set. 2014.

[19] MARQUES, Claudia Lima; MIRAGEM, Bruno; BENJAMIN, Antonio Herman de Vasconcellos e. *Comentários ao Código de Defesa do Consumidor*. 3. ed. v.1. São Paulo: Revista dos Tribunais, 2010.

[20] JUNQUEIRA DE AZEVEDO, Antonio. Novos estudos e pareceres de direito privado. São Paulo: Saraiva, 2009. MORSELLO, Marco Fábio. Contratos existenciais e de lucro. Análise sob a ótica dos princípios contratuais contemporâneos. In: LOTUFO, Renan; NANNI, Giovanni Ettore; MARTINS, Fernando Rodrigues. (Org.). *Temas relevantes do direito civil contemporâneo: reflexões sobre os 10 anos do Código Civil*. 1ed. São Paulo: Atlas, 2012. p. 292-307.

[21] Na doutrina, entre outros, MARINO, Francisco Paulo de Crescenzo. *Contratos coligados no direito brasileiro*. São Paulo: Saraiva, 2009. NANNI, Giovanni Ettore. Contratos coligados. In: LOTUFO, Renan; NANNI, Giovanni Ettore. (Org.). Teoria geral dos contratos. São Paulo: Atlas, 2011, v. 1, p. 224-294.

[22] CAHALI, Yussef Said. *Fraude contra credores*. 3. ed. São Paulo: Revista dos Tribunais, 2002.

[23] AMADEO, Rodolfo da Costa Manso Real. *Fraude de execução*. São Paulo: Editora Atlas, 2012. CAIS, Frederico Fontoura da Silva. *Fraude de execução*. São Paulo: Saraiva, 2005.

A INTERFERÊNCIA LESIVA DE TERCEIRO NA RELAÇÃO OBRIGACIONAL

1916 e até mesmo em previsões de meados do século XIV na Inglaterra, mais precisamente no *Statute of Laboreurs*[24].

Porém, questões surgem com relação aos demais casos em que não há o reconhecimento legal expresso de hipóteses de interferência de terceiro no direito de crédito. Em tais situações, questiona-se quais seriam os pressupostos para configuração da responsabilidade de terceiro por violação do direito de crédito. Qual o fundamento legal para tal responsabilização e, ainda, quais as consequências do enquadramento legal da matéria?

Além dos aspectos já destacados, importa igualmente analisar a aplicação do princípio da função social do contrato, uma vez que este vem sendo adotado de maneira exacerbada[25] por alguns doutrinadores em trabalhos específicos sobre a responsabilidade de terceiro por lesão do direito de crédito, o que requer a necessária precisão em relação ao tema[26].

---

[24] Em virtude da escassez de mão-de-obra decorrente da Peste Negra, foram criados pelo *Statute* não só previsões sobre o trabalho obrigatório, mas também mecanismos para evitar a fuga de trabalhadores antes dos prazos estabelecidos. Para maiores detalhes com indicações bibliográficas, confira-se SANTOS JÚNIOR, E. op.cit., p. 271.

[25] "O princípio da função social do contrato mostra-se de extrema importância para o tema em análise, uma vez que justifica a responsabilização do terceiro que interfere na relação contratual. (...) O contrato, como instrumento de circulação de riqueza que é, inserido numa sociedade impregnada por valores sociais, não pode mais ser concebido apenas como meio para que os contratantes atinjam os seus interesses particulares. Ao contrário, deve servir como instrumento de realização do projeto constitucional de tutela da dignidade da pessoa humana e de construção de uma sociedade livre, justa e solidária. (...) A função social, nessa ordem de idéias, permite a expansão da eficácia dos contratos para além das partes contratantes, permitindo que venha a atingir a esfera jurídica de terceiros, não integrantes da relação, de forma positiva ou negativa. E essa expansão é feita a partir da oponibilidade dos contratos, consoante se verá a seguir." FIGUEIREDO, Helena Lanna. *Responsabilidade civil do terceiro que interfere na relação contratual*. Belo Horizonte: Del Rey, 2009. p. 35-44.

[26] "Como o trabalho parte da produção doutrinária de Antonio Junqueira de Azevedo, nos delimitaremos à faceta do princípio da função social: em outras palavras, tratar-se-á da idéia de causa do negócio jurídico como função social do contrato. **Por que a função social do contrato?** Responde-se diretamente a questão: porque tal cláusula geral do Código Civil de 2002 é informada pelos princípios da dignidade da pessoa humana, da solidariedade, da livre--iniciativa, da igualdade substancial (equilíbrio econômico contratual) que são formadores da justiça social do contrato e que estão presentes na Constituição brasileira, conforme já dito. Isso significa que a função social atinge o ápice na correlação com a autonomia privada, trazendo à tona comunicações entre a Lei Fundamental da República e as relações interprivadas. Explicamos: a causa serve para tutelar externamente o ato celebrado entre as partes, garantindo sua segurança jurídica. Ela é o 'toque' do ordenamento jurídico na relação entre os particulares. Sem ela não há existência negocial porque não se presumem preenchidos

INTRODUÇÃO

Muito já se escreveu a respeito da função social do contrato[27], tema bastante amplo e com nuances que impossibilitam sua análise integral. Interessa, no presente estudo, apenas verificar se a função social do contrato é realmente o fundamento para definir a responsabilização do terceiro que interfere no direito de crédito.

A busca pelas respostas das questões ora elencadas inicia-se com o panorama sobre a matéria na legislação brasileira, com enfoque no Código Civil, mas sem descuidar da legislação extravagante, o que será feito no Primeiro Capítulo. Dessa forma, logo de início, pontuam-se com clareza as hipóteses já devidamente regulamentadas e que não necessitam de maior aprofundamento teórico, consistindo o esforço maior não na interpretação de cada um dos dispositivos, mas na busca pelos dispositivos legais aplicáveis, que se encontram de maneira esparsa na legislação pátria. Trata-se de verdadeiro esforço de reconstrução sistemática para chegar a respostas com respaldo legal e que passam por temas como: oponibilidade, importância do conhecimento da obrigação objeto da interferência, nexo de causalidade, limites da eficácia decorrentes de registro, entre outros.

Devidamente delimitadas as hipóteses em que a legislação possui previsão expressa para os problemas práticos já surgidos, passa-se ao momento de o estudo trazer sua mais importante contribuição para elucidar o correto tratamento da matéria, buscando respostas que dependem de maior esforço interpretativo.

Assim, no Segundo Capítulo, o foco será a abordagem do tema no âmbito dos direitos francês, italiano e português, uma vez que tais ordenamentos possuem dispositivos legais semelhantes aos do Brasil no que

---

os elementos intrínsecos (circunstâncias negociais, objeto e forma) que cada negócio jurídico exige." GONDIM, Glenda Gonçalves; KENICKE, Paulo Henrique Gallotti; BERTASSONI, Thaís Braga. A causa, os planos do negócio jurídico e a função social: análise a partir da teoria do terceiro cúmplice. In: TEPEDINO, Gustavo; FACHIN, Luiz Edson (Orgs.). *Pensamento crítico do direito civil brasileiro*. Curitiba: Juruá, 2011. p. 59-60.

[27] VILLELA, João Baptista. Apontamentos sobre a cláusula "... ou devia saber". Obtida no link: http://www.pos.direito.ufmg.br/rbepdocs/097179200.pdf. Acesso em: 10 jul. 2014.; SALOMÃO FILHO, Calixto. Função social do contrato: primeiras anotações. *Revista dos Tribunais*, São Paulo, v. 93, n. 823, p. 67-86, maio 2004; HADDAD, Luis Gustavo. *Função social do contrato: um ensaio sobre seus usos e sentidos*. São Paulo: Saraiva, 2013. e GODOY, Claudio Luiz Bueno de. *A função social do contrato*: os novos princípios contratuais. 4. ed. São Paulo: Saraiva, 2012.

tange ao regramento da matéria e também pelo fato de a resposta passar por conceitos de teoria geral do direito contratual[28].

As incursões no direito estrangeiro serão feitas sem a pretensão de serem exaurientes[29] em termos quantitativos, mas com o intuito de aproveitar o que já vem sendo discutido em sede doutrinária em outros países há mais de um século[30] para fins de reflexão a respeito das soluções dadas em outros ordenamentos para o problema comum da interface entre terceiros e obrigações. A referência ao direito de outros países, aliás, torna-se fundamental quando se considera que a produção científica brasileira em temas como a oponibilidade dos contratos é ainda muito escassa. A França, por exemplo, tem papel de destaque na matéria em virtude da longa e consolidada construção de conceitos como *relativité* e *opposabilité*. Assim, o estudo do direito estrangeiro terá como objetivo trazer contribuições ao debate do tema no direito brasileiro.

Além do estudo do direito francês, baseado na detida análise de originais de obras de referência na evolução do tema, a abordagem do direito italiano tem muito a contribuir com a vasta importância do *danno ingiusto*; os limites mais amplos para responsabilização de terceiros até nos casos de *interesse meritevole di tutela* e a detida análise dos paradigmáticos casos Superga e Meroni para reflexões a respeito do nexo de causalidade.

---

[28] A regulamentação da matéria em países de *common law* também é de grande valia, principalmente no caso dos Estados Unidos em virtude do *Restatement of the Law, second, Torts 2d.*, mas não será objeto de capítulo específico, sendo utilizado em questões pontuais, especialmente para reflexão sobre os pressupostos para configuração da responsabilidade de terceiro.

[29] Nesse sentido, vide a advertência de Wintgen: "Il n'en est pas moins évident que l'etude comparatiste d'une question qui serait déjà extrêmement vaste si on la posait pour un seul des deux droits, présente des risques. Non seulement le risque inhérent à toute étude de droit comparé, qui est de déformer les solutions d'un droit, en utilisant une grille de lecture imposée par un autre droit, mais également celui de perdre en profondeur d'analyse ce que l'on gagne en largeur de perspective. La masse de travaux consacrés à notre sujet dans les deux droits est en effet telle que nous avons renoncé d'emblée à l'ambition de vouloir discuter tous les points de vue exprimés et même de vouloir prendre connaissance de première main de tout ce qui s'est ecrit sur les questions abordées. Le choix de nos sources est, pour, cette raison, partiellement arbitraire. Nous savons que notre étude n'est pas exhaustive, mais nos espérons que notre démonstration n'en sera pas moins convaincante." WINTGEN, Robert. op. cit., p. 4.

[30] Confira-se, por exemplo, a obra monográfica de HUGUENEY, Pierre. *Responsabilité civile du tiers complice de la violation d'une obligation contractuelle.* Paris: A. Rousseau, 1910.

No âmbito do direito português, apresenta grande importância a análise do arcabouço teórico em relação ao abuso de direito e das construções limitativas do princípio da relatividade dos efeitos contratuais, inclusive com a verificação do entendimento jurisprudencial atual.

Passa-se, então, ao Terceiro Capítulo, em que se retorna ao tratamento específico do direito brasileiro com o intuito de responder os problemas que a legislação não resolve de modo expresso e direto. Inicialmente, será delineado o tratamento da matéria pela doutrina e, na sequência, será proposta solução, devidamente justificada, para o regramento da interferência de terceiro na relação obrigacional, sendo possível, então, perceber com precisão a contribuição central da tese para a ciência jurídica brasileira, não só em relação ao tema específico do presente trabalho acadêmico, como também à teoria geral do direito contratual.

No capítulo seguinte, o Quarto, já com a solução do problema principal exposta, a regulamentação da interferência de terceiro por violação ao direito de crédito será pormenorizada. Serão abordados os pressupostos para aplicação da solução proposta, o momento de incidência, a eventual solidariedade entre o devedor e o terceiro nos casos em que este instiga o descumprimento da obrigação, dentre outros temas relevantes. Em seguida, as hipóteses propostas serão testadas à luz dos casos julgados pelos tribunais pátrios.

Por fim, na Conclusão, serão sintetizados os argumentos explorados ao longo do trabalho e demonstradas de modo sistemático as respostas propostas com relação à interferência lesiva de terceiro na relação obrigacional. A exposição das conclusões de modo direto tem como objetivo facilitar a análise crítica dos temas tratados, sempre destacando que as soluções propostas para as questões teóricas e para os problemas práticos surgidos são fruto de sobreposição de estudos em constante evolução.

Dessa forma, pretende-se abordar todos os aspectos relacionados ao tema, desde sua fundamentação em âmbito de teoria geral do direito privado, passando por alguns ordenamentos que guardam forte relação com o brasileiro, tais como o francês, o italiano e o português e terminando com a fundamentação legal aplicável no Brasil, devidamente acompanhada do balizamento para sua aplicação, de modo a garantir segurança jurídica necessária.

Capítulo 1

A relação entre eficácia das obrigações e terceiros na legislação: esforço de sistematização

Não há dúvidas a respeito da possibilidade de produção de efeitos favoráveis ou desfavoráveis a terceiro em virtude da conclusão de um contrato. Por exemplo, a mera abertura de um bar concorrente a outro tradicional estabelecimento na mesma rua poderá acarretar consequências negativas ao primeiro, sendo a principal delas a possível perda de clientela. Se isso acontecer, o direito não socorrerá o dono do bar mais antigo, uma vez que a conduta do segundo é perfeitamente lícita. Por outro lado, a abertura de um estacionamento próximo ao bar pode trazer mais comodidade aos clientes e, com isso, incrementar o número de frequentadores. Na pertinente expressão utilizada por Vincenzo Roppo[31], esses são os efeitos empíricos relacionados à atuação do terceiro.

---

[31] "In primo luogo, 'effetto' va inteso come effetto giuridico, non come effetto empirico. Ovvero: il principio di relatività non significa che il terzo sia immune da qualsiasi conseguenza fattuale derivante dal contratto *inter alios*. È ben possibile che un contratto abbia, di fatto, conseguenze anche molto rilevanti per terzi estranei ad esso. Conseguenze vantaggiose, della presa in locazione di una bella casa, di fatto si avvantaggiano moglie e figli conviventi col conduttore ancorché estranei al contratto. Oppure conseguenze dannose: se un'impresa assume un direttore commerciale così capace, agressivo e ben introdotto sul mercato da raddoppiare in pochi mesi il fatturato, le imprese concorrenti ne soffrono; se X è interessato ad acquistare il bene di A, il contratto con cui A lo vende invece a B frustra l'interesse di X. Tutto questo non contradice al principio di relatività." ROPPO, Vincenzo. *Il contratto*. Milano: Giuffrè, 2001. p. 564.

No entanto, o que importa para o direito são os efeitos jurídicos. Dessa forma, a dúvida sobre a eficácia é mais elaborada: faz-se necessário verificar em quais hipóteses o ordenamento jurídico protege algum contratante que, tendo seu negócio jurídico já produzindo efeitos, sofra interferência posterior de terceiro.

Nesse cenário, questiona-se se a responsabilização ocorre em todas as situações em que há interferência do terceiro ou se há hipóteses em que sua atuação não seja passível de punição. Ainda, quais medidas podem ser adotadas pelos contratantes para evitar ou, no mínimo, mitigar os efeitos da interferência de terceiros? Também a esse propósito, haveria diferença na regulamentação da matéria quando a violação por terceiro atinge o próprio crédito ou algum elemento do substrato do crédito, tais como a pessoa do contratante ou o objeto da prestação de dar? As respostas a tais questionamentos não são simples e requerem rigor técnico para evitar, de um lado, o agravamento desnecessário da posição dos terceiros e, de outro, não tornar excessivamente vulnerável a situação dos contratantes impactados pelo terceiro.

Na busca pelas respostas às perguntas enunciadas, será inevitável o recurso a princípios, cláusulas gerais e valores que permeiam o ordenamento jurídico brasileiro, mas é inegável também que alguns dispositivos específicos e precisos guardam grande relação com o tema e dão sinais de qual é a interpretação mais adequada. O conhecimento de tais dispositivos e sua correta interpretação podem parecer banais em uma análise mais apressada e superficial, porém revelam situações que muitas vezes são regulamentadas na legislação desde o Código Civil de 1916 ou até mesmo na legislação do século XIX. Nos itens seguintes, portanto, serão analisadas determinadas previsões da legislação civil, após o que, ao final do capítulo, serão apresentadas as conclusões parciais.

Concluída essa etapa, restará claro o âmbito da matéria já expressamente regulamentado e que exige dos operadores do direito sua correta sistematização, uma vez que os dispositivos se apresentam de forma esparsa na legislação. De outra parte, já estará delineada a parte do objeto da tese não expressamente tratada pelo Código Civil, o que, aliás, justifica sua elaboração na busca de soluções mais adequadas e claras para os problemas propostos.

1.1. Eficácia perante terceiros em situações de previsão expressa de registro: a locação de imóveis, a cessão de crédito e os contratos de arrendamento rural e de parceria agropecuária

Um dos principais aspectos para discussão do tema da presente tese é a eficácia dos contratos perante terceiros. Nesse contexto, é de grande valia a comparação não só entre a regulamentação da matéria com relação aos direitos reais e os direitos obrigacionais, mas também a diferença de tratamento da matéria nas hipóteses de bens imóveis e bens móveis.

Em primeiro lugar, com relação aos direitos reais em bens imóveis, é lição basilar do direito civil que estes, por exemplo, só são transferidos por meio do registro no Cartório de Registro de Imóveis. Analisando a situação do ponto de vista do terceiro, a conduta que dele se exige consiste basicamente em obter a matrícula atualizada no competente Registro de Imóveis.

A situação, porém, se torna bem mais complexa quando se considera a verificação dos direitos reais que recaem sobre bens móveis, uma vez que, nos termos do art. 1.226 do Código Civil, a aquisição ocorre com a tradição. Por exemplo, imaginemos uma situação em que um depositário de uma valiosa e única garrafa de vinho receba uma proposta de compra de terceiro e decida vendê-la, por mais que seus direitos não lhe permitam essa faculdade. Expirado o prazo do depósito estipulado pelas partes inicialmente, o depositante procura o depositário, mas se depara com a notícia nada agradável de que o referido bem não mais se encontra em sua posse em virtude da venda. E o pior: após entrar em contato com o terceiro, que estava de boa-fé na realização da compra, constata que o vinho foi consumido na semana anterior, restando ao depositante, no âmbito do direito civil, apenas o ressarcimento contra o depositário. Como se percebe, a regulamentação dos direitos reais em bens móveis encontra muitas dificuldades, justamente pela impossibilidade de busca, pelo terceiro, da certeza da titularidade.

Ciente dessas dificuldades, há bens como carros, navios e aeronaves em que as anotações sobre alienação e gravames podem ser verificadas nos respectivos registros. A propósito da alienação fiduciária, o art. 1361, § 1º, do Código Civil cria parâmetros determinando o registro do contrato no Registro de Títulos e Documentos do domicílio do devedor. Com isso, são criados mecanismos que possibilitam o acesso à informação por terceiro antes da conclusão de qualquer negócio jurídico envolvendo tais bens.

No âmbito das relações obrigacionais oriundas de contratos, engana-se quem acredita que não exista alguma hipótese em que o ordenamento preveja local específico para registro ou averbação. Tendo como pano de fundo questões relativas à moradia ou ao local em que são desenvolvidas atividades comerciais, são passíveis de inclusão no Cartório de Imóveis o registro "dos contratos de locação de prédios, nos quais tenha sido consignada cláusula de vigência no caso de alienação da coisa locada" (art. 167, I, 3, da Lei de Registros Públicos) e a averbação "do contrato de locação para os fins de exercício de direito de preferência (art. 167, II, 16, da Lei de Registros Públicos).

Ao proceder a anotação no cartório competente, o locatário resguarda o respeito de sua posição contratual perante terceiros, pois garante eficácia *erga omnes* aos direitos decorrentes de sua situação contratual[32]. Caso não ocorra a referida providência por parte do locatário antes de qualquer medida referente ao imóvel por terceiro de boa-fé, a posição jurídica deste está resguardada[33], nos termos previstos pelo art. 576, *caput*, do Código Civil.

---

[32] No direito português, são exemplos de situações semelhantes: a promessa com eficácia real (Art. 413º (1): À promessa de transmissão ou constituição de direitos reais sobre bens imóveis, ou móveis sujeitos a registro, podem as partes atribuir eficácia real, mediante declaração expressa e inscrição no registro) e a preferência (Art. 421º (1): O direito de preferência pode, por convenção das partes, gozar de eficácia real se, respeitando a bens imóveis, ou a móveis sujeitos a registro, forem observados os requisitos de forma e de publicidade exigidos no artigo 413º).

[33] "A averbação do contrato de locação junto à matrícula do imóvel tem por finalidade dar publicidade ao ato, dando ciência do fato a terceiros interessados em celebrar o negócio jurídico com o proprietário do imóvel. Se tal averbação for feita após a assinatura do auto de arrematação, será ineficaz em relação ao arrematante, que tem o direito de tomar conhecimento, por intermédio do Registro Público, de qualquer ônus incidente sobre o imóvel que pretende adquirir. Como na data da arrematação não constava na matrícula do imóvel o ônus previsto no contrato de locação, era lícito ao arrematante presumir sua inexistência. O contrato de locação do qual se originou a sublocação em favor da apelante, com cláusula de vigência em caso de alienação, foi averbado junto à matrícula do imóvel em 24/03/97. Ocorre, no entanto, que na referida matrícula já constava o registro de penhora efetuado em outubro de 1995. Tal imóvel foi arrematado pela apelada em 11/03/97. Como a averbação do contrato de locação junto à matrícula do imóvel é posterior à arrematação do imóvel em hasta pública, é ineficaz em relação ao arrematante, que denunciou a locação com base no art. 8º, da Lei 8.245/91. Uma das finalidades da publicidade dos registros públicos é a proteção do adquirente de boa-fé. Esse entendimento vem sendo adotado reiteradamente por este Tribunal nas ações semelhantes a esta movida pela ora apelada.". BRASIL. TRIBUNAL DE JUSTIÇA DO ESTADO DE SÃO PAULO. Apelação n.º 643404-00/4, 10ª Câmara do Segundo Tribunal

Na hipótese de bem móvel, o registro do contrato de locação deverá ser feito no cartório de Títulos e Documentos do domicílio do locador (art. 576, § 1º, do Código Civil). Na locação de bem imóvel, ainda que não tenha sido registrado o contrato no Registro de Imóveis da respectiva circunscrição, o contrato de locação produzirá efeitos com relação ao comprador, dado que o locador só poderá despejar o locatário após a observância do prazo de noventa dias da notificação (art. 576, § 2º, do Código Civil). Tem-se, assim, um exemplo de eficácia contratual perante terceiros independente de registro, mesmo diante de um contrato de alienação de bem imóvel. Assim, conclui-se que os contratos de locação de imóveis são oponíveis em sua totalidade quando devidamente registrados com cláusula de vigência e, no mínimo, por noventa dias ainda que não registrados[34].

Outrossim, o artigo 129 da Lei de Registros Públicos[35] traz um rol de situações sujeitas a registro no Cartório de Títulos e Documentos para surtir efeito em relação a terceiros. No intuito de resguardar não só a

de Alçada Civil, 10ª Câmara, Rel. Juiz Gomes Varjão, 6 de novembro de 2002. Disponível em: <www.tjsp.jus.br>. Acesso em: 30 out. 2014.

[34] Em obra com enfoque um pouco diverso do ora tratado sobre esse ponto específico, confira-se o trecho de Vanzella: "Mesmo em matéria de bens imóveis não falta essa posição de excepto; mas, aqui, a mediatização da posse, mediante a celebração dos contratos obrigacionais, não tem o efeito de 'ineficacizar', relativamente, o contrato de disposição posteriormente celebrado e, assim, suspender o exercício das pretensões absolutas do terceiro-adquirente: o regime de transmissão é exclusivamente o de direito das coisas e se resolve no registro do instrumento do contrato de disposição. Não há cessão de pretensão à entrega, logo não há sub-rogação do adquirente na posição de excepto. Exceções à regra são os contratos de locação de bens imóveis urbanos e os contratos de arrendamento rural e parceira agropecuária (art. 92, § 5º, da Lei n.º 4.504/1964), nos quais a lei expressamente prevê a sub-rogabilidade na posição contratual, por parte do terceiro-adquirente. Nessas situações, esse último incorre no mesmo ônus destinado aos adquirentes de direitos subjetivos patrimoniais mobiliários: diligenciar sobre a situação possessória do objeto de primeira ordem do direito subjetivo a ser adquirido e contrapô-la, se for o caso, ao alienante, no curso das negociações. A posse não pode ser desprezada, mesmo na aquisição de determinados bens imóveis." VANZELLA, Rafael Domingos Faiardo. *O contrato e os direitos reais*. São Paulo: Ed. Revista dos Tribunais, 2012. p. 300.

[35] Art. 129. Estão sujeitos a registro, no Registro de Títulos e Documentos, para surtir efeitos em relação a terceiros:

1º) os contratos de locação de prédios, sem prejuízo do disposto do artigo 167, I, nº 3;

2º) os documentos decorrentes de depósitos, ou de cauções feitos em garantia de cumprimento de obrigações contratuais, ainda que em separado dos respectivos instrumentos;

3º) as cartas de fiança, em geral, feitas por instrumento particular, seja qual for a natureza do compromisso por elas abonado;

4º) os contratos de locação de serviços não atribuídos a outras repartições;

A INTERFERÊNCIA LESIVA DE TERCEIRO NA RELAÇÃO OBRIGACIONAL

posição jurídica dos contratantes que desejam ver a eficácia de seus contratos expandida, mas também a conduta de terceiros de boa-fé que adotam postura cautelosa antes da conclusão de negócios jurídicos, a Lei de Registros Públicos, em seu artigo 130[36], determina que os registros devam ser realizados no domicílio das partes contratantes, limitando-se a busca de modo racional e não onerando em demasia a posição do terceiro.

A respeito do tema, é bastante elucidativa a seguinte análise do Superior Tribunal de Justiça, *in verbis*:

> "O argumento de que apenas as cessões feitas por instrumento particular seriam passíveis de registro – dispensável para as cessões por escritura pública – também não se sustenta. O motivo pelo qual o registro seria dispensável seria o de que a escritura pública já daria suficiente publicidade ao ato. Contudo, o registro não é apenas exigido pelo art. 129 da LRP, como uma obrigação genérica. O art. 130 também contém regra específica a seu respeito, determinando que 'dentro do prazo de vinte dias da data da sua assinatura pelas partes, todos os atos enunciados nos arts. 128 e 129, serão registrados no domicílio das partes contratantes e, quando residam estas em circunscrições territoriais diversas, far-se-á o registro em todas elas. Assim, não basta meramente registrar o ato de cessão, deve-se registrá-lo no domicílio das partes. A escritura pública ora discutida não foi lavrada, nem no domicílio do contratante, nem no domicílio do contratado, nem na comarca em que

5º) os contratos de compra e venda em prestações, com reserva de domínio ou não, qualquer que seja a forma de que se revistam, os de alienação ou de promessas de venda referentes a bens móveis e os de alienação fiduciária;

6º) todos os documentos de procedência estrangeira, acompanhados das respectivas traduções, para produzirem efeitos em repartições da União, dos Estados, do Distrito Federal, dos Territórios e dos Municípios ou em qualquer instância, juízo ou tribunal;

7º) as quitações, recibos e contratos de compra e venda de automóveis, bem como o penhor destes, qualquer que seja a forma que revistam;

8º) os atos administrativos expedidos para cumprimento de decisões judiciais, sem trânsito em julgado, pelas quais for determinada a entrega, pelas alfândegas e mesas de renda, de bens e mercadorias procedentes do exterior.

9º) os instrumentos de cessão de direitos e de créditos, de sub-rogação e de dação em pagamento.

[36] Art. 130. Dentro do prazo de vinte dias da data da sua assinatura pelas partes, todos os atos enumerados nos arts. 128 e 129, serão registrados no domicílio das partes contratantes e, quando residam estas em circunscrições territoriais diversas, far-se-á o registro em todas elas. Parágrafo único. Os registros de documentos apresentados, depois de findo o prazo, produzirão efeitos a partir da data da apresentação.

se processava o inventário. Logo, ainda que a lavratura do ato possa dar ao negócio jurídico alguma publicidade, ela não estaria de modo algum apta a suprir a finalidade do registro disposto em lei."[37].

Nas situações de cessão de crédito, além da referência expressa no art. 129, 9º, na Lei de Registros Públicos, a matéria é regulamentada nos arts. 288 a 290 do Código Civil. Com efeito, a cessão de crédito deve observar não só as determinações previstas no art. 654, § 1º, do Código Civil, como também constar no Cartório de Títulos e Documentos. Por sua vez, o cessionário de crédito hipotecário pode averbá-lo no Cartório de Imóveis. O mais relevante com relação à eficácia no tratamento legal da matéria é que a publicidade do direito no competente Cartório não produz efeitos em relação ao devedor, sendo necessária sua notificação, que pode ser suprida em hipótese de declaração de ciência.

De fato, ao analisar os artigos aplicáveis em matéria de cessão de crédito, chama atenção o fato de que a eficácia é plena em relação a terceiros no momento em que ocorre sua inclusão no competente cartório, mas essa consequência não se verifica em relação ao devedor. Nos termos do art. 290 do Código Civil, há determinação expressa da necessidade de notificação para produção de efeitos em relação ao devedor[38].

Nas situações verificadas até o momento, a legislação prevê expressamente as providências a serem adotadas pelos contratantes para

---

[37] BRASIL. SUPERIOR TRIBUNAL DE JUSTIÇA. Recurso Especial nº 1.102.437, 3ª Turma, Rel. Min. Nancy Andrighi, 7 de outubro de 2010. Disponível em: <http://www.stj.jus.br>. Acesso: 4 ag. 2014.

[38] "A cessão de crédito não vale em relação ao devedor, senão quando a este notificada. Isso não significa, porém, que a dívida não possa ser exigida quando faltar a notificação. Não se pode admitir que o devedor, citado em ação de cobrança pelo cessionário da dívida, oponha resistência fundada na ausência de notificação. Afinal, com a citação, ele toma ciência da cessão de crédito e daquele a quem deve pagar. O objetivo da notificação é informar ao devedor quem é o seu novo credor, isto é, a quem deve ser dirigida a prestação. A ausência da notificação traz essencialmente duas consequências. Em primeiro lugar, dispensa o devedor que tenha prestado a obrigação diretamente ao cedente de pagá-la novamente ao cessionário. Em segundo lugar, permite que o devedor oponha ao cessionário as exceções de caráter pessoal que teria em relação ao cedente, anteriores à transferência do crédito e também posteriores até o momento da cobrança." BRASIL. SUPERIOR TRIBUNAL DE JUSTIÇA. Recurso Especial nº 936.589, 3ª Turma, Rel. Min. Sidnei Beneti, 8 de fevereiro de 2011. Disponível em: <www.stj.jus.br>. Acesso em: 20 set. 2014. No início do trecho transcrito, consta o vocábulo "vale" quando na verdade o correto seria sua substituição pela expressão "é eficaz".

resguardarem seus direitos em relação à interferência por terceiros. Ao assim estabelecerem, também possibilitam ao terceiro que realize as buscas necessárias para qualificá-lo como terceiro de boa-fé e, com isso, resguardar sua posição jurídica[39].

Essa importante premissa, entretanto, não se verifica nos casos de arrendamento rural, parceria agrícola, pecuária, agro-industrial e extrativa. De fato, nos termos do art. 92, caput, da Lei n.º 4.504/64[40] e do art. 11 do Decreto n.º 59.566/66[41], os referidos contratos podem até ser verbais e mesmo assim a posição jurídica do arrendatário é resguardada perante terceiros. Dessa forma, por mais que um eventual comprador de imóvel tente adotar todas as providências para fins de verificação de contrato referente ao uso e à posse temporária da terra, poderá ser surpreendido com a obrigação de respeitar o contrato pré-existente, conforme previsão contida no art. 92, § 5º, da Lei n.º 4.504/64[42].

---

[39] No âmbito do livro de Direito da Empresa, destacam-se também os artigos:

Art. 1.150 O empresário e a sociedade empresária vinculam-se ao Registro Público de Empresas Mercantis a cargo das Juntas Comerciais, e a sociedade simples ao Registro Civil das Pessoas Jurídicas, o qual deverá obedecer às normas fixadas para aquele registro, se a sociedade simples adotar um dos tipos da sociedade empresária.

Art. 1.151 O registro dos atos sujeitos à formalidade exigida no artigo antecedente será requerido pela pessoa obrigada em lei, e, no caso de omissão ou demora, pelo sócio ou qualquer interessado. (...)

§ 3º As pessoas obrigadas a requerer o registro responderão por perdas e danos, em caso de omissão ou demora.

Art. 1.154 O ato sujeito a registro, ressalvadas as disposições especiais de lei, não pode, antes do cumprimento das respectivas formalidades, ser oposto a terceiro, salvo prova de que este o conhecia.

Parágrafo único. O terceiro não pode alegar ignorância, desde que cumpridas as referidas formalidades.

[40] Art. 92 – A posse ou uso temporário da terra serão exercidos em virtude de contrato expresso ou tácito, estabelecido entre o proprietário e os que nela exercem atividade agrícola ou pecuária, sob forma de arrendamento rural, de parceria agrícola, pecuária, agro-industrial e extrativa, nos termos desta Lei.

[41] Art 11 – Os contratos de arrendamento e de parceria poderão ser escritos ou verbais. Nos contratos verbais presume-se como ajustadas as cláusulas obrigatórias estabelecidas no art. 13 dêste Regulamento.

[42] Art. 92, § 5º – A alienação ou a imposição de ônus real ao imóvel não interrompe a vigência dos contratos de arrendamento ou de parceria ficando o adquirente sub-rogado nos direitos e obrigações do alienante. Não é escopo da presente tese analisar as razões que justificaram a criação do referido dispositivo legal, mas simplesmente registrar a regulação dos efeitos decorrentes dos contratos ora analisados. Em âmbito jurisprudencial, confira-se

Além de ter que respeitar contrato cuja verificação é impossível por meio de buscas objetivas e que, em algumas hipóteses, pode até mesmo justificar a extinção do contrato de compra e venda ou, no mínimo, a redução do preço pelo fato de impor ao comprador o respeito ao contrato pré-existente, a situação pode ser ainda mais gravosa se o comprador tiver o seu contrato simplesmente extinto por interferência do arrendatário. Para tanto, nos termos do art. 92, §§ 3º e 4º, da Lei n.º 4.504/64[43], basta que o arrendatário a quem não foi notificada a venda deposite o preço pago no prazo de 6 meses a contar da transcrição do ato de alienação no Registro de Imóveis. Percebe-se, dessa forma, uma situação em que um mero negócio jurídico verbal é oponível ao exercício de direito de propriedade

---

o seguinte julgado: "A teor da regra prescrita no § 5º do art. 92 do Estatuto da Terra, mesmo após a alienação de imóvel rural objeto de parceria agrícola, permanecerá esta subsistente independentemente de contrato expresso e de correspondente registro, sub-rogando o adquirente nos direitos e obrigações do alienante. A parceira agrícola, passível de ajuste nas formas escrita e verbal, não se inclui entre os documentos e contratos sujeitos a registro para produzir efeitos perante terceiros, diante do disposto nos arts. 127, inciso V, e 129 da Lei n.º 6.015/73 (Registros Públicos). (...) Bem delineados os formais pressupostos de validade e eficácia dos contratos da espécie, resulta necessário aduzir que a Lei n.º 6.015/73 (Lei dos Registros Públicos), ao tempo em que trata, no art. 127, inciso V, da transcrição de determinados instrumentos contratuais no Registro de Títulos e Documentos, especifica, no art. 129, os tipos de documentos e contratos suscetíveis de registro para que possam produzir efeitos perante terceiros, não incluindo, porém, o contrato de parceria agrícola. Nesse contexto, é de se afastar a sugerida ofensa ao art. 221 do Código Civil de 2002, que, dispondo sobre instrumento particular, feito e assinado ou somente assinado, não teve o condão de revogar as normas contidas na Lei de Registro Público e no Estatuto da Terra, ora sob análise, as quais, até mesmo pelo grau de especificidade de que se revestem, vigoram em plena harmonia com o novo diploma civil. Portanto, independentemente da existência de contrato expresso e de correspondente registro, não deve também pairar dúvida de que, mesmo após a alienação do imóvel rural objeto de parceria agrícola, esta permanecerá plenamente subsistente, sub-rogando o adquirente nos direitos e obrigações do alienante." BRASIL. SUPERIOR TRIBUNAL DE JUSTIÇA. Recurso Especial n.º 721.231, 4ª Turma, Rel. Min. João Otávio de Noronha, j. em 8 abr. 2008. Disponível em: <www.stj.jus.br>. Acesso em: 10 set. 2014.

[43] Art. 92 – § 3º No caso de alienação do imóvel arrendado, o arrendatário terá preferência para adquiri-lo em igualdade de condições, devendo o proprietário dar-lhe conhecimento da venda, a fim de que possa exercitar o direito de perempção dentro de trinta dias, a contar da notificação judicial ou comprovadamente efetuada, mediante recibo.

§ 4° O arrendatário a quem não se notificar a venda poderá, depositando o preço, haver para si o imóvel arrendado, se o requerer no prazo de seis meses, a contar da transcrição do ato de alienação no Registro de Imóveis.

por terceiro, obrigando-o a respeitar relação obrigacional prévia que não tinha sequer como conhecer.

Antes mesmo de tratar especificamente da situação dos contratos em que não há expressa previsão legal de local de registro, tema do item 1.2, especialmente sob o enfoque dos efeitos de seu registro, já se constata que a situação não é tão simples quanto possa parecer, em primeira análise, à luz da relatividade dos efeitos contratuais. A simples categorização da matéria em termos de direitos reais e pessoais também não resolve todas as situações. Nem mesmo a análise da situação dos contratos perante registros é suficiente. Basta pensar nos casos de arrendamento e parceira agrícola para confirmar o afirmado. E o que dizer da necessidade de notificação ao devedor nos casos de cessão de crédito mesmo quando se tem o registro da cessão e a produção de efeitos em relação a terceiros? De fato, a regulamentação do campo da eficácia com relação a terceiros não permite simplificações apressadas.

Não basta nem mesmo a qualificação dos bens e a verificação de previsão legal específica para determinação da eficácia perante terceiros, pois as recentes alterações decorrentes da Lei n.º 13.097/15 e a jurisprudência criaram importantes exceções no tratamento clássico dos direitos reais sobre bens imóveis, que passam a ser analisadas.

No momento de aquisição de imóveis, era frequente não só a obtenção de documentos do próprio bem a ser adquirido, mas também dos proprietários. Como não há uma busca centralizada de ações judiciais em curso, fazia-se a busca no local do domicílio do proprietário e no local onde o imóvel está situado. Essa diligência, no entanto, não assegurava o comprador nas seguintes hipóteses, por exemplo: o vendedor sendo processado em outra localidade; declaração por parte do vendedor de um domicílio que não corresponde à realidade e mudança recente de domicílio sem que seja dada notícia do fato ao comprador para que possa realizar as buscas em mais de uma localidade. Dessa forma, o comprador ficava sujeito à possível oposição de direitos discutidos nestas demandas. Constata-se, assim, que nem mesmo a busca no Cartório de Imóveis era suficiente para garantir a regularidade na aquisição de um bem de modo a livrá-lo totalmente de eventual perturbação por terceiros.

No intuito de resolver essa situação, a Lei n.º 13.097/15 trouxe, em seu artigo 54, a seguinte previsão, *in verbis*:

Art. 54. Os negócios jurídicos que tenham por fim constituir, transferir ou modificar direitos reais sobre imóveis são eficazes em relação a atos jurídicos precedentes, nas hipóteses em que não tenham sido registradas ou averbadas na matrícula do imóvel as seguintes informações:

I – registro de citação de ações reais ou pessoais reipersecutórias;

II – averbação, por solicitação do interessado, de constrição judicial, do ajuizamento de ação de execução ou de fase de cumprimento de sentença, procedendo-se nos termos previstos do art. 615-A da Lei nº 5.869, de 11 de janeiro de 1973 – Código de Processo Civil;

III – averbação de restrição administrativa ou convencional ao gozo de direitos registrados, de indisponibilidade ou de outros ônus quando previstos em lei; e

IV – averbação, mediante decisão judicial, da existência de outro tipo de ação cujos resultados ou responsabilidade patrimonial possam reduzir seu proprietário à insolvência, nos termos do inciso II do art. 593 do Código de Processo Civil.

Parágrafo único. Não poderão ser opostas situações jurídicas não constantes da matrícula no Registro de Imóveis, inclusive para fins de evicção, ao terceiro de boa-fé que adquirir ou receber em garantia direitos reais sobre o imóvel, ressalvados o disposto nos art. 129 e art. 130 da Lei nº 11.101, de 9 de fevereiro de 2005, e as hipóteses de aquisição e extinção da propriedade que independam de registro de título de imóvel.

Com isso, simplificou-se a busca pelo comprador na medida em que ficou limitada à verificação da matrícula do imóvel e ampliou-se a oponibilidade do novo título a situações até mesmo anteriores ao momento da compra, desde que não estejam averbadas na matrícula do imóvel. Ou seja, em benefício da segurança jurídica limitou-se a aplicação da anterioridade ao se analisar a oponibilidade de títulos. Nos termos do artigo 61 da referida lei[44], definiu-se até o prazo de dois anos para registros e averbações de situações anteriores ao início de sua vigência.

Se por um lado a legislação optou por simplificar a situação com relação a bens imóveis, o Superior Tribunal de Justiça tratou de dificultar a análise da matéria ao mitigar a eficácia de hipoteca em caso específico. De fato, um capítulo à parte no regramento da matéria deve ser dedicado à

---

[44] Art. 17. Os registros e averbações relativos a atos jurídicos anteriores a esta Medida Provisória devem ser ajustados aos seus termos em até dois anos, contados do início de sua vigência.

Súmula 308 do Superior Tribunal de Justiça, cujo enunciado é: "A hipoteca firmada entre a construtora e o agente financeiro anterior ou posterior à celebração da promessa de compra e venda, não tem eficácia perante os adquirentes do imóvel."[45]

No intuito de resguardar os legítimos interesses dos adquirentes de imóveis, a hipoteca inicialmente firmada para atender os interesses do agente financeiro não produz efeitos perante aqueles. Nesse sentido, o Superior Tribunal de Justiça reconhece expressamente a exceção ao regramento geral:

> "As regras gerais sobre a hipoteca não se aplicam no caso de edificações financiadas por agentes imobiliários integrantes do sistema financeiro de habitação, porquanto estes sabem que as unidades a serem construídas serão alienadas a terceiros, que responderão apenas pela dívida que assumiram com o seu negócio, e não pela eventual inadimplência da construtora. O mecanismo de defesa do financiador será o recebimento do que for devido pelo adquirente final, mas não a excussão da hipoteca, que não está permitida pelo sistema."[46]

[45] O enunciado da súmula é bastante claro, mas segue trecho de acórdão que apreciou a matéria para que se tenha a exata noção da situação prática: "Versa o presente recurso sobre a possibilidade de execução de imóvel hipotecado ao agente financeiro (instituição de crédito imobiliário), em garantia de dívida da construtora ou incorporadora do edifício (devedora), já tendo sido o bem objeto de promessa de compra e venda celebrado com terceiro, que pagou integral ou parcialmente as suas prestações à promitente vendedora, e que vem a sofrer a penhora do apartamento que adquiriu, na execução da hipoteca promovida pela instituição de crédito imobiliário por inadimplemento da construtora, devedora hipotecária.". BRASIL. SUPERIOR TRIBUNAL DE JUSTIÇA. Recurso Especial nº 187.940, 4ª Turma, Rel. Min. Ruy Rosado de Aguiar, em 18 de fevereiro 1999. Disponível em: <www.stj.jus.br>. Acesso em: 10 set. 2014. Foram elaborados pareceres pelos Professores Miguel Reale, Miguel Reale Júnior e Pedro Alberto do Amaral Dutra no curso do processo.

[46] "O princípio da boa-fé objetiva impõe ao financiador de edificação de unidades destinadas à venda aprecatar-se para receber o seu crédito da sua devedora ou sobre os pagamentos a ela efetuados pelos terceiros adquirentes. O que se não lhe permite é assumir a cômoda posição de negligência na defesa dos seus interesses, sabendo que os imóveis estão sendo negociados e pagos por terceiros, sem tomar nenhuma medida capaz de satisfazer os seus interesses, para que tais pagamentos lhe sejam feitos e de impedir que o terceiro sofra a perda das prestações e do imóvel. O fato de constar do registro a hipoteca da unidade edificada em favor do agente financiador da construtora não tem o efeito que se lhe procura atribuir, para atingir também o terceiro adquirente, pois que ninguém que tenha adquirido imóvel neste país, financiado pelo SFH, assumiu a responsabilidade de pagar a sua dívida e mais a dívida da construtora perante o seu financiador. Isso seria contra a natureza da coisa, colocando

Nesse contexto, fica evidente, portanto, que até mesmo a previsão clássica de oponibilidade dos direitos reais sobre bens imóveis com base na anterioridade, devidamente registrados no Cartório de Registro de Imóveis, pode sofrer exceção. Não é objeto da presente tese questionar as razões adotadas pelo Superior Tribunal de Justiça para elaboração da referida Súmula, até porque essa análise passaria por conceitos como contratos existenciais nas

os milhares de adquirentes de imóveis, cujos projetos foram financiados pelo sistema, em situação absolutamente desfavorável, situação essa que a própria lei tratou claramente de eliminar. Além disso, consagraria abuso de direito em favor do financiador que deixa de lado os mecanismos que a lei lhe alcançou, para instituir sobre o imóvel – que possivelmente nem existia ao tempo do seu contrato, e que estava destinado a ser transferido a terceiro, – uma garantia hipotecária pela dívida da sua devedora, mas que produziria necessariamente efeitos sobre o terceiro. No comum dos negócios, a existência de hipoteca sobre o bem objeto do contrato promessa de compra e venda é fator determinante da fixação e abatimento do preço de venda, pois o adquirente sabe que a presença do direito real lhe acarreta a responsabilidade pelo pagamento da dívida. Não é assim no negócio imobiliário de aquisição da casa própria de edificação financiada por instituição de crédito imobiliário, pois que nesta o valor da dívida garantida pela hipoteca não é abatido do valor do bem, que é vendido pelo seu valor real, sendo o seu preço pago normalmente mediante a obtenção de um financiamento concedido ao adquirente final, este sim garantido com hipoteca pela qual a adquirente se responsabilizou, pois essa é a sua dívida.". BRASIL. SUPERIOR TRIBUNAL DE JUSTIÇA. Recurso Especial nº 187.940, 4ª Turma, Rel. Min. Ruy Rosado de Aguiar, em 18 de fevereiro de 1999. Disponível em: <www.stj.jus.br>. Acesso em: 10 set. 2014. Analisando a Súmula 308 do Superior Tribunal de Justiça, assim se manifestou Vanzella: "Observa-se, nesses termos, que as regras do sistema financeiro de habitação (SFH) foram utilizadas apenas como argumentos *obter dicta*, e não como *rationes decidendi*. Com efeito, para os agentes financeiros que atuam naquele sistema, não há possibilidade de execução da garantia hipotecária, em face dos promitentes--compradores, porquanto as regras sobre garantias não se aplicam plenamente às operações do SFH: é extraída do art. 22 da Lei 4.864/1965 uma imposição de substituição da garantia real, a partir do momento em que se celebra cada um dos compromissos de compra e venda sobre as coisas imóveis, já existentes ou não, de modo que o crédito do promitente-vendedor é fiduciariamente transmitido ("cessão fiduciária") ao agente financeiro mutuante, cuja garantia hipotecária perde, com isso, eficácia relativamente ao promitente-comprador cedido. As *rationes decidendi*, muito mais abrangentes e que levaram a uma redação muito mais ampla da súmula em comento, amparam-se em um dever de proteção do agente financeiro para com os promitentes-compradores, decorrente dos efeitos dos contratos de disposição que aquele celebra com o proprietário. Esse dever de proteção, irradiado da especificidade do tráfico jurídico em questão, que dificulta o desconto do gravame do preço da coisa imóvel, por parte do promitente-comprador, implica o encobrimento, (só) contra esse último, das pretensões reais do agente financeiro. Nesses termos, o promitente-comprador é titular de uma exceção material atribuída pela função de bloqueio do princípio da boa-fé, mais especificamente de uma de suas concretizações, que é o exercício inadmissível de posição jurídica, agora reduzido a texto de lei pelo art. 187 do CC/2002." VANZELLA, Rafael Domingos Faiardo. op. cit., p. 337.

hipóteses em que os compradores utilizarão o imóvel para fins de moradia e contratos coligados, assuntos cuja análise em termos científicos exigiria um esforço argumentativo não condizente com o objeto do presente estudo. Simplesmente pretende-se demonstrar que até mesmo esse pilar da eficácia dos direitos reais pode sofrer limitações em casos específicos.

À luz dos casos já tratados, percebe-se que a formulação de enunciados genéricos que consigam abranger a regulamentação da oponibilidade de direitos de terceiros na interface com contratos ou direitos reais pré-existentes deve ser muito cautelosa para evitar que situações como a do contrato de locação de imóvel não registrado, da parceria agrícola, da hipoteca em construções de prédios residenciais, da aplicação da Súmula 308 do Superior Tribunal de Justiça, entre outros, não sejam esquecidas. Esse posicionamento adotado na legislação e com base no entendimento jurisprudencial, aliás, demonstra que os interesses de um dos pólos contratuais (locatário, arrendatário e devedor na cessão de crédito) e do terceiro são sopesados na determinação de qual deve prevalecer, não se limitando apenas à autonomia privada das partes da relação jurídica inicial.

1.2. Limites da eficácia decorrente de registro público não obrigatório

É lição basilar no direito civil que o instrumento particular só faz prova entre as partes que o assinaram. As dúvidas surgem quando um dos contratantes deseja dar publicidade ao referido documento para que terceiros não aleguem seu desconhecimento. Por outro lado, ao se depararem com um negócio jurídico instrumentalizado por meio de um documento particular, os terceiros não possuem qualquer garantia do seu teor nem da data da assinatura. À luz desses interesses contrapostos, cabe analisar a eficácia decorrente de registro público não obrigatório.

A verificação da base histórica de uma determinada lei ou até mesmo de um simples dispositivo sempre auxilia na interpretação, mas em alguns casos é ainda mais relevante e, certamente, a matéria objeto deste item é um pertinente exemplo. Nos termos do art. 3º da Lei n.º 79, de 23 de agosto de 1892, a criadora do Registro Especial, quatro eram os meios de fixar a data do instrumento particular, quais sejam: a) reconhecimento da firma; b) registro em notas de tabelião, c) apresentação em juízo ou repartição pública e d) falecimento de algum dos signatários. No mesmo sentido, tem-se o art. 409 do Código de Processo Civil[47], o qual está inserido na Subseção I (Da força probante dos documentos), da Seção VII (Da prova documental) do Capítulo XII (Das provas).

No âmbito do Código Civil de 1916, o tema era tratado essencialmente em seu artigo 135, o qual apresenta grande semelhança em relação ao atual artigo 221 do Código atual. Ao comentar o referido artigo do primeiro Código Civil Brasileiro, Carvalho Santos afirmou categoricamente que a função do registro é evitar a alteração de data de um documento, o que pode prejudicar os interesses de terceiros[48]. Outra função do registro é a preservação do conteúdo do contrato[49].

A regulamentação da matéria não sofreu alteração em relação aos efeitos para o registro do contrato após a promulgação do atual Código Civil Brasileiro. À semelhança do que ocorre na Itália[50] e do que afirma a dou-

---

[47] Art. 409. A data do documento particular, quando a seu respeito surgir dúvida ou impugnação entre os litigantes, provar-se-á por todos os meios de direito. Mas, em relação a terceiros, considerar-se-á datado o documento particular:
I – no dia em que foi registrado;
II – desde a morte de algum dos signatários;
III – a partir da impossibilidade física, que sobreveio a qualquer dos signatários;
IV – da sua apresentação em repartição pública ou em juízo;
V – do ato ou fato que estabeleça, de modo certo, a anterioridade da formação do documento.
Confira-se, ainda, o art. 1.328 do Code Civil: Les actes sous seing privé n'ont de date contre les tiers que du jour où ils ont été enregistrés, du jour de la mort de celui ou de l'un de ceux qui les ont souscrits, ou du jour où leur substance est constatée dans les actes dressés par des officiers publics, tels que procès-verbaux de scellé ou d'inventaire.
[48] CARVALHO SANTOS, João Manoel de. *Código Civil brasileiro interpretado.* 10. ed. v. 3. Rio de Janeiro: Livr. Freitas Bastos, 1964. p. 162.
[49] "Além disso, em matéria de condições gerais de contratação acaba por ser forma segura de dar publicidade a todo o teor de instrumentos em que haja uma série de cláusulas destinadas a regrar, na sua completude, as distintas situações jurídicas." PENTEADO, Luciano de Camargo. *Efeitos contratuais perante terceiros.* São Paulo: Quartier Latin do Brasil, 2007. p. 173.
[50] Art. 2702 Efficacia della scrittura privata
La scrittura privata fa piena prova, fino a querela di falso (Cod. Proc. Civ. 221 e seguenti), della provenienza delle dichiarazioni da chi l'ha sottoscritta, se colui contro il quale la scrittura è prodotta ne riconosce la sottoscrizione, ovvero se questa è legalmente considerata come riconosciuta (Cod. Proc. Civ. 214, 215; Cod. Nav. 178, 775).
Art. 2704 Data della scrittura privata nei confronti dei terzi
La data della scrittura privata della quale non è autenticata la sottoscrizione non è certa e computabile riguardo ai terzi, se non dal giorno in cui la scrittura è stata registrata o dal giorno della morte o della sopravvenuta impossibilità fisica di colui o di uno di coloro che l'hanno sottoscritta o dal giorno in cui il contenuto della scrittura è riprodotto in atti pubblici (2699)

A INTERFERÊNCIA LESIVA DE TERCEIRO NA RELAÇÃO OBRIGACIONAL

trina brasileira não só no âmbito do Código Civil[51], mas também da Lei de Registros Públicos[52], os efeitos do registro de um contrato nas hipóteses

o, infine, dal giorno in cui si verifica un altro fatto che stabilisca in modo egualmente certo l'anteriorità della formazione del documento.

La data della scrittura privata che contiene dichiarazioni unilaterali non destinate a persona determinata può essere accertata con qualsiasi mezzo di prova.

Per l'accertamento della data nelle quietanze (1195, 1199) il giudice, tenuto conto delle circostanze, può ammettere qualsiasi mezzo di prova (2787).

A propósito da França, "On le voit, l'organisation de la connaissance par les tiers des éléments de l'ordre juridique est extrêmement complexe par la diversité des autorités competentes, des formes de publicité et de leurs effets. Cette complexité est d'autant plus grande que toutes les publications légales ne relèvent pas du concept d'opposabilité. (...) "Les auteurs, directement inspires par la doctrine italienne, ont mis en lumière la coexistence de deux espèces fondamentales de publication: la publicité dite 'substantielle' et la publicité dite 'notice' ou 'documentaire'. La publicité 'substantielle' conditionne étroitement l'opposabilité de l'élément juridique justiciable de ses formalités. Si l'élément en question est régulièrement publié, il est automatiquement opposable; inversement, le tiers peut se prévaloir du défaut de publicité pour échapper à l'opposabilité de l'élément clandestin qu'on prétend lui opposer. (...) La publicité 'notice' ou 'documentaire' en revanche ne determine pas vraiment l'opposabilité des éléments juridiques concernés. Ceux-ci, pourront être opposables malgré le défaut de publication et même, en sens inverse, ne le seront pas nécessarement en dépit de leur publication. Le rôle de cette publicité n'est pas pour autant négligeable: elle assure l'information du milieu juridique, et favorise à ce titre l'opposabilité des éléments visés." DUCLOS, José. *L'opposabilité:* essai d'une théorie générale, cit., p. 295-296. "Au contraire de la publicité substantielle, la publicité dite 'notice' ou 'documentaire', quel que soit le tiers intéressé, ne conditionne jamais l'opposabilité des éléments juridiques soumis à son empire. Son but consiste uniquement à informer les personnes tierces de l'existence des faits, actes, droits ou situations qui peuvent les affecter, sans que l'efficacité juridique externe de ces éléments soit tributaire de ses formalités. Elle tempère la rigueur du système general d'opposabilité fondé sur la connaissance réputée, en atténuant le risque de clandestinité, et facilite éventuellement la preuve de la connaissance effective par le tiers de l'élément publié, lorsque cette preuve est nécessaire." DUCLOS, José. op. cit., p. 356.

[51] "De modo geral, entre nós e no direito comparado, a principal forma de determinar a data do documento particular em face de terceiros é a sua submissão ao registro público. É o que estatui o art. 221 do novo Código Civil, ao prever que os efeitos do instrumento particular, bem como os da cessão, 'não operam, a respeito de terceiros, antes de registrado no registro público'. A data que importa para o terceiro, desta maneira, não é aquela em que declarante firmou o instrumento particular, mas a de seu lançamento no registro público. É a partir daí que o negócio jurídico se torna eficaz em face de quem não participou de sua elaboração, mas que deve suportar seus reflexos jurídicos." THEODORO JÚNIOR, Humberto. *Comentários ao novo Código Civil*: dos defeitos do negócio jurídico ao final do livro III. TEIXEIRA, Sálvio de Figueiredo Teixeira (coord.). v. 3, t. 2, Rio de Janeiro: Forense, 2003. p. 480.

[52] "O Registro de Títulos e Documentos tem a função de registrar documentos para sua conservação e prova de sua existência ou da obrigação, com o atributo adicional de fixar a

em que não há previsão expressa limitam-se à confirmação da data da assinatura, passando a ter efeitos para terceiros a data do registro, e não a que consta no documento, bem como o teor do contrato em si, mas sem qualquer consideração sobre sua validade e eficácia no âmbito de presunção de conhecimento por terceiros. Posicionar-se em sentido contrário além de violar a consolidada construção doutrinária indicada acima sobre os limites da eficácia do registro significaria forçar os terceiros a realizarem buscas em todos os cartórios de Títulos e Documentos a cada vez que contratarem, sob pena de oponibilidade do título oriundo do primeiro contrato e responsabilização por interferência em obrigação contratual de que tinha ou deveria ter conhecimento.

Um reflexo direto de que a finalidade do registro é meramente fixar a data dos instrumentos particulares para valerem contra terceiros é o fato de que não importa o cartório em que serão registrados. Como todos os cartórios possuem fé pública e não faz sentido forçar ao terceiro sua busca, o contratante, nos restritos limites indicados, pode se servir de qualquer cartório. Nesse sentido, são as lições de Carvalho Santos, as quais são atuais até hoje:

> "a) o registro especial de documentos não afeta o objeto da relação jurídica, não visa criar o cadastro da propriedade móvel, como sucede com o registro de bens imóveis, mesmo porque o cadastro da propriedade móvel é desconhecido em nosso Direito (...) b) o registro especial, por conseguinte, afeta o título, o instrumento do contrato, tão-somente, impedindo a antedata, e não a coisa, o objeto da obrigação (...) c) não é, ademais, um registro atributivo da propriedade móvel, como se dá com o registro geral e de hipotecas no tocante aos imóveis, razão por que não se exige, como neste, que ele seja feito em determinado cartório (...) d) se o legislador desejasse que o registro de um contrato ou documento devesse ser feito obrigatoriamente, no domicílio do comprador ou devedor, teria criado essa exigência, como o fez, de modo expresso, no citado art. 831 do Cód. Civil, relativamente à situação dos imóveis (...) e) a vingar uma solução oposta, seria ampliar a órbita dos direitos reais,

---

data dos contratos, consoante previu o art. 221 do Código Civil. Tal atribuição é de natureza facultativa (art. 127, VII, LRP). Nessa hipótese, quando se tratar de registro para fins de conservação, cabe esclarecer ao interessado que o ato não produzirá efeitos atribuídos a outros serviços." RODRIGUES, Marcelo Guimarães. *Tratado de registros públicos e direito notarial*. São Paulo: Atlas, 2014. p. 113-114.

para neles incluir as mercadorias por acaso vendidas a prestações, quando é certo que os direitos reais são os taxativamente enumerados na lei (...) f) se, ao invés do instrumento particular para a construção da dívida ou para as vendas, fosse adotada a escritura pública, acaso essa escritura devia, necessariamente, ser lavrada no domicílio do devedor ou comprador? Evidentemente não. Pois bem, o título particular registrado não é senão o equivalente da escritura pública, nos casos em que esta não é taxativamente exigida."[53]

De fato, conforme já destacado, seria contrário a qualquer prática comercial exigir que uma empresa ou um cidadão realizasse busca nos Cartórios de Títulos e Documentos todas as vezes antes de assinar um contrato. Nas hipóteses em que o ordenamento determina a realização de verificação prévia, indica de modo claro e preciso o local em que a busca pela existência de contrato deve ser realizada, sendo um exemplo o contrato de locação no Cartório de Registro de Imóveis.

Em consonância ao defendido, são bastante elucidativas as palavras de Luiz Guilherme Loureiro com apoio em Serpa Lopes:

"As funções do Registro de Títulos e Documentos não se confundem com as do Registro de Imóveis, que têm por função precípua a constituição, modificação ou extinção de direito reais imobiliários e ainda garantir a eficácia *erga omnes* de tais direitos e também de determinados direitos pessoais, ônus e encargos que recaem sobre os bens imóveis. No Registro de Títulos e Documentos, ao contrário, não se visa constituir direitos, mas conferir publicidade e conservação aos meios pelos quais se instrumentalizam os direitos e obrigações: os títulos e os instrumentos. Não se trata, portanto, de um registro de bens móveis ou direito, tais como existentes em outros ordenamentos jurídicos, mas dos títulos e instrumentos que garantem a prova, a validade e a eficácia dos direitos e obrigações neles inscritos. (...) Nos contratos sem conteúdo real, o registro apenas produz o efeito de fixar a data do documento, evitando o risco de simulação mediante a prefixação ou pós-fixação da data do instrumento ou documento, conferindo, com isso, maior segurança jurídica aos negócios em geral."[54]

---

[53] CARVALHO SANTOS, João Manoel de. op. cit., v. 3, p. 164-166.
[54] LOUREIRO, Luiz Guilherme. *Registros Públicos*: teoria e prática. 5. ed. rev. atual. e ampl. São Paulo: Método, 2014. p. 245 e 256.

Interessante observar que o Código Civil expressamente excepciona a necessidade de registro para comprovação de data do instrumento particular nos negócios jurídicos cujo valor não ultrapasse o décuplo do maior salário mínimo vigente no país, nos termos do artigo 227. Nesses casos, a prova exclusivamente testemunhal é admitida. Trata-se de uma mitigação do formalismo a bem do fluxo das operações econômicas de valor reduzido.

Percebe-se, assim, claramente que a providência do registro se trata de um formalismo para dar maior segurança jurídica às relações de maior valor e evitar artifícios sorrateiros dos contratantes. Isso, entretanto, não significa sua aplicação a todos os casos – excluem-se as situações com valor inferior a dez salários mínimos – e muito menos confundir o registro como presunção de conhecimento por terceiros.

1.3. Direito de crédito como um bem móvel: previsão legal que não altera a realidade obrigacional

Os "direitos de obrigações" e os "direitos pessoais de caráter patrimonial", respectivamente, nos termos dos arts. 48, II, do Código Civil de 1916 e 83, III, do Código Civil atual são incorpóreos por natureza e qualificados pela lei como bens móveis. Essa qualificação não se trata de mero detalhe legislativo, pois reflete diretamente na forma de tratamento desse bem, especialmente em termos de sua circulação[55].

De fato, ao se definir um determinado bem como móvel e não como imóvel, os requisitos necessários para sua circulação são bem mais simples, entre os quais a desnecessidade de outorga uxória como uma regra. Com relação à interface com terceiros, cumpre destacar que os bens imóveis necessariamente são objeto de registro em local estabelecido pela legislação,

---

[55] "Os bens móveis possuem uma informalidade maior do que os imóveis, prescindindo de escritura pública e autorização do cônjuge para sua alienação, além de estarem isentos de impostos de transmissão. Há formalidades legais específicas para a alienação de algumas espécies de bens móveis, como os veículos, assim como a possibilidade de a hipoteca incidir sobre outros, como o avião e o navio (art. 1.473, VI e VII). (...) O crédito é um direito pessoal, enquanto que a propriedade de uma casa é um direito real. Aquele é considerado como bem móvel para efeitos da lei e pode ser cedido independentemente da autorização do cônjuge e mediante escritura particular, enquanto que este exige escritura pública (se o valor for maior do que 30 salários mínimos), além de tributos próprios dos imóveis." AZEVEDO, Álvaro Villaça; NICOLAU, Gustavo Rene. *Código Civil comentado*: das pessoas e dos bens: artigos 1º a 103. Organização Álvaro Villaça Azevedo. São Paulo, Atlas, 2009. v. 1, p. 194.

o que facilita a possibilidade de acesso à informação para verificação de titularidade. Não se desconhece que bens móveis como os carros, por exemplo, são passíveis de registro, mas se trata da exceção e não da regra. Conforme demonstrado acima, até mesmo alguns direitos pessoais possuem previsão expressa de local para registro como os casos de locação e de cessão de crédito.

Analisando a qualificação legal dos direitos pessoais patrimoniais como bens móveis, constata-se uma escolha do ordenamento por não submetê-los a um regime rígido de controle. Só os gastos com providências de registro e de posterior busca poderiam inviabilizar a operação. Ademais, prejudicaria os contratantes com os problemas decorrentes de terem que tornar públicas informações confidenciais.

Esclarece-se apenas que a classificação do direito de crédito como um bem móvel não o confunde com um direito real[56]. Seu objeto continua sendo uma prestação, suscetível às vicissitudes decorrentes de seu adimplemento pelo outro pólo da relação obrigacional e sem mecanismo de publicidade específico como os bens imóveis.

Essa opção, por um lado, confere maior agilidade nas transações envolvendo direitos patrimoniais. Por outro, envolve riscos, pois não resguarda o contratante prejudicado contra terceiros de boa-fé que não tinham conhecimento da relação obrigacional original. Conforme será tratado ao longo da tese, são as regras de responsabilidade civil que regulamentarão as hipóteses em que o terceiro poderá ser responsabilizado pela interferência no direito de crédito.

---

[56] "Na verdade, o direito de crédito – já o avançáramos – é, à evidência, um verdadeiro direito subjetivo: é-o, porque lhe assistem todos os elementos do conceito de direito subjetivo: através dele, há um bem – a prestação – que a ordem jurídica reconhece ao credor, assim, juridicamente legitimado, a actuar, em relação a esse bem, para dele haver as respectivas utilidades. (...) Enfim, por o objecto do crédito, por o bem reconhecido através deste direito subjectivo ser uma prestação, é que o direito de crédito se distingue do direito real." SANTOS JÚNIOR, E. op. cit., p. 127-128.

1.4. Interferência de terceiro em contratos de prestação de serviços, bem como à luz da concorrência desleal e das infrações contra a ordem econômica

A regulamentação pelo ordenamento jurídico brasileiro de algumas situações em que há interferência de terceiro na relação contratual não é novidade. Ainda no âmbito do século XIX, chama atenção o artigo 500 do Código Comercial, o qual determina que: O capitão que seduzir ou desencaminhar marinheiro matriculado em outra embarcação será punido com a multa de cem mil réis por cada indivíduo que desencaminhar, e obrigado a entregar o marinheiro seduzido, existindo a bordo do seu navio; e se a embarcação por esta falta deixar de fazer-se à vela, será responsável pelas estadias da demora. Ou seja, em 1850, já havia previsão expressa na legislação com nítido tom punitivo ("punido com a multa de cem mil réis") e não meramente ressarcitório. Ainda no século XIX, é interessante destacar o tratamento penal de casos de desvio de operários e de trabalhadores. Em virtude do rigor das sanções, chama atenção o Decreto n.º 1.162, de 12 de novembro de 1890[57], que regulamentou a matéria.

Considerando esse contexto legislativo prévio à entrada em vigor do Código Civil de 1916, não é de admirar que, na seção intitulada "Da locação de serviços", conste o art. 1.235 com a previsão expressa de regulamentação para as hipóteses de aliciamento em contratos de serviços agrícolas[58]. Nas palavras de Teresa Ancona Lopez, o aliciamento é "o convite para que o prestador de serviço se retire do antigo vínculo e venha a ser contratado para determinado trabalho em outro estabelecimento. A essência do aliciamento é a captação de mão-de-obra alheia, que pode ser intelectual,

---

[57] Referido decreto alterou a redação dos artigos 205 e 206 do Código Penal vigente à época, os quais passaram a ter a seguinte redação:
1º Desviar operários e trabalhadores dos estabelecimentos em que forem empregados, por meio de ameaças e constrangimento:
Penas – de prisão celular por um a três meses e de multa de 200$ a 500$000.
2º Causar ou provocar cessação ou suspensão de trabalho por meio de ameaças ou violências, para impor aos operários ou patrões aumento ou diminuição de serviço ou salário:
Penas – de prisão celular por um a três meses.
[58] Art. 1.235 – Aquele que aliciar pessoas obrigadas a outrem por locação de serviços agrícolas, haja ou não instrumento desse contrato, pagará em dobro ao locatário prejudicado a importância, que ao locador, pelo ajuste desfeito, houvesse de caber, durante quatro anos.

técnica, científica ou simplesmente braçal"[59]. Trata-se, novamente, de clara situação em que a interferência de terceiro em relação contratual prévia é tratada pelo ordenamento com pagamento de valor considerável – oito vezes o valor da remuneração anual do locador.

Em nova interface com o Direito Penal no tratamento da matéria, tem-se o artigo 207[60] do Código Penal, Decreto-lei n.º 2.848, de 7 de dezembro de 1940. O tipo penal consiste em aliciar trabalhadores, com o fim de levá-los de uma para outra localidade do território nacional. E o interessante é observar que as penas são severas e até certo ponto recentes, pois foram alteradas por lei com menos de 20 anos de sua promulgação, qual seja, a Lei n.º 9.777/98.

Assim, o artigo 608 do Código Civil não pode ser considerado uma novidade no ordenamento jurídico brasileiro. Pelo contrário. Mantém uma tradição de regramento da matéria com maior ou menor extensão em âmbito não apenas civil, mas também criminal. Na interface entre os dois ramos que regulamentam a matéria, registre-se que a ação com fundamento no artigo 608 independe da ação criminal.

A principal inovação do mencionado artigo é a ampliação de sua esfera de regulamentação para além da prestação de serviços agrícolas prevista no Código Civil de 1916, nada mais natural quando se considera o grande processo de urbanização pelo qual o Brasil passou desde a vigência do código anterior até o atual. Por outro lado, não se pode deixar de destacar que a legislação em vigor reduziu a indenização preestabelecida para um quarto do que determinava o Código anterior.

---

[59] LOPEZ, Teresa Ancona. *Comentários ao Código Civil*: parte especial, das várias espécies de contratos (arts. 565 a 652). JUNQUEIRA DE AZEVEDO, Antonio (coord.). São Paulo: Saraiva, 2009. v. 7, p. 237-238.

[60] Art. 207 – Aliciar trabalhadores, com o fim de levá-los de uma para outra localidade do território nacional:
Pena – detenção de um a três anos, e multa. (Redação dada pela Lei nº 9.777, de 1998).
§ 1º Incorre na mesma pena quem recrutar trabalhadores fora da localidade de execução do trabalho, dentro do território nacional, mediante fraude ou cobrança de qualquer quantia do trabalhador, ou, ainda, não assegurar condições do seu retorno ao local de origem. (Incluído pela Lei nº 9.777, de 1998).
§ 2º A pena é aumentada de um sexto a um terço se a vítima é menor de dezoito anos, idosa, gestante, indígena ou portadora de deficiência física ou mental. (Incluído pela Lei nº 9.777, de 1998).

Em que pese a importância, inclusive no contexto histórico da matéria do artigo 608 do Código Civil, sua aplicação não pode ser estendida a todo o ordenamento. Ou seja, não se pode aplicar por analogia regra específica de um tipo contratual, especialmente quando se considera que o valor da indenização não segue a regra geral da extensão do dano causado ao contratante lesado, mas é o equivalente a dois anos de prestação de serviços. Não se quer dizer com essa afirmação que a interferência de terceiro em direito de crédito em outros contratos não seja punível, mas o fato é que o fundamento para regulamentação ampla da matéria não é o art. 608 do Código Civil.

Outro aspecto importante a ser analisado no âmbito de interferência de terceiro na relação contratual diz respeito à concorrência desleal. Apesar de não tão vasta, a produção doutrinária brasileira na matéria de concorrência desleal conta com obras importantes[61]. Considerando o âmbito da presente tese, não se busca aprofundar o estudo desse interessante tema em todos os seus pormenores, cujas obras indicadas em nota servem como referência inicial, mas apenas delinear a área de sua aplicação, para que não se faça confusão com o que é o cerne deste estudo.

Nos termos dos quatorze incisos do art. 195 da Lei de Propriedade Industrial, Lei n.º 9.279/96, são tipificados como crimes os atos de concorrência desleal reputados mais graves. Merecem destaque para fins do presente estudo, entre outros, as situações previstas nos incisos IX (dar ou prometer dinheiro ou outra utilidade a empregado de concorrente para que o empregado, faltando ao dever do emprego, lhe proporcione vantagem), X (receber dinheiro ou outra utilidade, ou aceitar promessa de paga ou recompensa para, faltando ao dever de empregado, proporcionar vantagem a concorrente do empregador) e XII (divulgar, explorar ou utilizar-se, sem autorização, de conhecimentos ou informações confidenciais de concorrente obtidos por meios ilícitos ou a que teve acesso mediante fraude).

---

[61] Entre outros, tratam sobre a matéria: CERQUEIRA, João da Gama. *Tratado da propriedade industrial*. Rio de Janeiro: Forense, 1946, v. 1 e 1952, v. 2; COMPARATO, Fábio Konder. *Concorrência desleal*. Revista dos Tribunais, São Paulo, n. 374, p. 29-35, 1967; DUVAL, Hermano. *Concorrência desleal*. São Paulo, Saraiva, 1976; PONTES DE MIRANDA, Francisco Cavalcanti. *Tratado de direito privado*. 2. ed. Rio de Janeiro: Editor Borsoi, 1959. t. 17; SALOMÃO FILHO, Calixto. *Direito concorrencial*: as estruturas. São Paulo, Malheiros Ed., 1989. FORGIONI, Paula Andrea. *Os Fundamentos do Antitruste*. 8. ed. São Paulo: Revista dos Tribunais, 2014.

Sem prejuízo do ajuizamento da ação penal, cuja pena-base é de detenção de três meses a um ano ou multa, o prejudicado poderá ajuizar as ações cíveis que considerar cabíveis na forma do Código de Processo Civil, conforme previsão no art. 207 da Lei de Propriedade Industrial. No âmbito da ação penal, também chama atenção o art. 205[62], matéria de defesa relacionada à nulidade de patente ou de registro, o que se demonstrará importante na avaliação dos casos de interferência de terceiros nas relações contratuais e será tratado nos próximos capítulos. Afinal, se considerada nula, não há que se falar em violação de patente ou registro.

Além da regulamentação dos tipos penais na esfera criminal e civil, merece destaque o art. 209 da referida lei, o qual faculta aos prejudicados a possibilidade de obter reparação por atos de "violação de direitos de propriedade industrial e atos de concorrência desleal não previstos nesta Lei". Essa segunda previsão, portanto, trata não de ilícito penal, mas de mero ilícito civil.

A qualificação como ilícito civil marca não só uma parte da regulamentação da concorrência desleal atualmente como tem íntima relação com o início do tratamento do tema[63]. Na Itália e na França, por exemplo, a regulamentação dos casos que se enquadram atualmente como concorrência desleal era feita com base no Código Civil.

Tendo esse ponto de partida, é possível extrair também algumas consequências lógicas[64] para responsabilização relacionada à concorrência desleal. O traço marcante desse ilícito consiste na regulamentação da indenização nos termos dos artigos 208 e 210. Se por um lado, o primeiro

---

[62] Art. 205 – Poderá constituir matéria de defesa na ação penal a alegação de nulidade da patente ou registro em que a ação se fundar. A absolvição do réu, entretanto, não importará a nulidade da patente ou do registro, que só poderá ser demandada pela ação competente.

[63] Para fins de breve incursão histórica com indicações bibliográficas para aprofundamente, vide, por exemplo, SILVA, Alberto Luís Camelier da. Aspectos cíveis da concorrência desleal no sistema jurídico brasileiro. In: LIMA, Luís Felipe Balieiro (Coord.). *Propriedade intelectual no direito empresarial*. São Paulo, Quartier Latin, 2009. p. 231-269 e JABUR, Wilson Pinheiro. Pressupostos do ato de concorrência desleal. In: SANTOS, Manoel J. Pereira; JABUR, Wilson Pinheiro (Coords.). *Criações industriais*: segredos de negócio e concorrência desleal. São Paulo: Saraiva, 2007. p. 337-386.

[64] "Desdobramento lógico do pressuposto de efetiva relação de concorrência é que ela seja ainda: a) simultânea (que os agentes desempenhem sua atividade ao mesmo tempo); b) ocorra em relação aos mesmos produtos ou serviços; e c) dentro do mesmo âmbito geográfico de atuação." JABUR, Wilson Pinheiro. op. cit., p. 368.

dispositivo segue a regra civil de indenização pela extensão do dano (Art. 208. A indenização será determinada pelos benefícios que o prejudicado teria auferido se a violação não tivesse ocorrido), a fixação dos lucros cessantes é mais benéfica ao prejudicado do que a previsão do Código Civil[65].

Nesse contexto de interface com assuntos concorrenciais, é importante destacar que a concorrência pode causar danos aos demais concorrentes, mas nem por isso ser desleal ou significar infração à ordem econômica. Desde que feita dentro dos parâmetros do ordenamento, a concorrência deve ser até mesmo estimulada, pois melhora a situação dos consumidores, por exemplo, verdadeiros destinatários de produtos e serviços. Conforme se constatará no curso da presente tese, nem toda interferência de terceiro na relação contratual em sentido estrito será sancionada pelo simples fato de ter causado dano ao credor originário. A configuração da responsabilidade é bem mais complexa, pois depende também do enquadramento de todos os demais conceitos envolvidos na responsabilidade civil, tais como configuração de ilicitude e nexo de causalidade.

Outro diploma legal que regulamenta casos de interferência de terceiro em direitos de crédito é a Lei n.º 12.529, de 30 de novembro de 2011, conhecida no meio jurídico como Lei do CADE, cujo objetivo é a prevenção e a repressão de infrações contra a ordem econômica[66]. Entre outras hipóteses arroladas em seu artigo 36, chama atenção a situação prevista no inciso IX (impor, no comércio de bens ou serviços, a distribuidores, varejistas e representantes preços de revenda, descontos ou condições de pagamento, quantidades mínimas ou máximas, margem de lucro ou quaisquer outras condições de comercialização relativos a negócios destes com terceiros).

---

[65] Nesse sentido, basta comparar a redação do art. 402 do CC ("Salvo as exceções expressamente previstas em lei, as perdas e danos devidas ao credor abrangem, além do que efetivamente perdeu, o que razoavelmente deixou de lucrar.") e o art. 210 da Lei de Propriedade Industrial ("Os lucros cessantes serão determinados pelo critério mais favorável ao prejudicado, dentre os seguintes: I – os benefícios que o prejudicado teria auferido se a violação não tivesse ocorrido; ou II – os benefícios que foram auferidos pelo autor da violação do direito; ou III – a remuneração que o autor da violação teria pago ao titular do direito violado pela concessão de uma licença que lhe permitisse legalmente explorar o bem.").

[66] Art. 1º Esta Lei estrutura o Sistema Brasileiro de Defesa da Concorrência – SBDC e dispõe sobre a prevenção e a repressão às infrações contra a ordem econômica, orientada pelos ditames constitucionais de liberdade de iniciativa, livre concorrência, função social da propriedade, defesa dos consumidores e repressão ao abuso do poder econômico.
Parágrafo único. A coletividade é a titular dos bens jurídicos protegidos por esta Lei.

A INTERFERÊNCIA LESIVA DE TERCEIRO NA RELAÇÃO OBRIGACIONAL

À semelhança do que ocorre com a Lei de Propriedade Industrial, a lei do CADE possui capítulo específico sobre as penas a serem impostas aos infratores (capítulo III), bem como a legitimidade para apuração das condutas em âmbito administrativo e judicial, e a posterior responsabilização[67]. Isso, no entanto, não impede que os prejudicados, por si ou pelos legitimados legalmente, ingressem em juízo para defesa dos seus interesses e o recebimento da indenização por perdas e danos sofridos, conforme previsto no art. 47.

Interessante observar também que, nos termos do artigo 35, a repressão das infrações da ordem econômica não exclui a punição de outros ilícitos previstos em lei como o caso, por exemplo, de interferência de terceiro no direito de crédito, tratando-se, portanto, de aplicação concorrente. A diferenciação não é meramente teórica e bons exemplos são a previsão de prazo prescricional de 5 anos das ações punitivas para apurar infrações da ordem econômica, contados da data da prática do ilícito ou da data em que tiver cessado sua prática nas hipóteses de infração permanente ou continuada, bem como a legitimidade para propositura da ação em cada um dos casos.

Ainda no âmbito da Lei do Cade, merece destaque a alteração introduzida no âmbito da Lei n.º 8.137/90 com a previsão expressa dos crimes contra a ordem econômica. Tem-se, por exemplo, a previsão de pena de reclusão de 2 a 5 anos e multa para as hipóteses de formação de acordo, convênio, ajuste ou aliança entre ofertantes para a fixação artificial de preços com a inequívoca produção de efeitos prejudiciais aos demais participantes do mercado.

Por fim, analisando sistematicamente as várias hipóteses de interferência no direito de crédito tratadas neste item, propõe-se a seguinte classificação. O gênero interferência de terceiro no direito de crédito pode ser dividido nas seguintes espécies:

---

[67] A presente observação não guarda relação direta com o objeto da presente tese, mas, como se trata de um estudo em que um dos temas centrais é responsabilidade civil, chamam atenção os vários artigos em que há previsão de responsabilidade solidária. Entre outros, os artigos 32 (As diversas formas de infração da ordem econômica implicam a responsabilidade da empresa e a responsabilidade individual de seus dirigentes ou administradores, solidariamente), 33 (Serão solidariamente responsáveis as empresas ou entidades integrantes do grupo econômico, de fato ou de direito, quando pelo menos uma delas praticar infração à ordem econômica.) e 40, § 3º (Tratando-se de empresa estrangeira, responde solidariamente pelo pagamento da multa de que trata o caput sua filial, sucursal, escritório ou estabelecimento situado no País).

a) crimes de concorrência desleal – regidos pela Lei de Propriedade Industrial;
b) ilícitos civis de concorrência desleal – regulamentados pela Lei de Propriedade Industrial;
c) crimes contra a ordem econômica – nos termos da Lei n.º 8.137/90 com redação fixada pela Lei do Cade;
d) infrações contra a ordem econômica – previstos na Lei do CADE;
e) ilícitos civis com previsão específica no Código Civil, sendo um exemplo o caso de aliciamento em prestação de serviços; e
f) interferência de terceiro na relação obrigacional sem previsão expressa no ordenamento.

Conforme restou demonstrado no presente item, as situações indicadas de "a)" a "e)" possuem previsão expressa no ordenamento, sendo necessário esforço doutrinário na sistematização e regulamentação da situação prevista em "f)". É esse item específico que será objeto de análise nos próximos capítulos.

1.5. Conclusão parcial

A título de conclusão do primeiro capítulo, verifica-se que o tratamento da interferência de terceiro na relação obrigacional não está totalmente concentrado no Código Civil, não sendo possível a sistematização com base em um único diploma legal. Ademais, categorizações que tomem por base apenas a classificação genérica de direitos (obrigacionais e reais, por exemplo) ou dos bens (móveis e imóveis) para definição da eficácia em relação a terceiros não conseguirão captar com acerto as determinações do ordenamento na medida em que envolvem outros valores como nos casos da locação, da parceria agrícola, da possibilidade de comprovação meramente testemunhal em negócios com valor inferior a dez salários mínimos, entre outros citados no curso do capítulo.

Entretanto, essa afirmação não impede que sejam sintetizadas algumas afirmações que se demonstrarão de grande utilidade no curso da tese, pois retratam importantes aspectos não só na delimitação do tema, mas também indicam bases firmes no ordenamento que auxiliarão na construção de uma resposta sistemática. São elas:

i)   os casos em que há previsão expressa de registro, por exemplo, contrato de locação de imóveis e cessão de crédito possuem previsão expressa de local de verificação pelo terceiro interessado;

ii) o reconhecimento legal da falibilidade dos efeitos do registro na cessão de crédito verifica-se ao determinar que sua eficácia em relação ao devedor só ocorre após sua notificação (art. 290 do Código Civil) ou comprovação inequívoca de sua ciência;

iii) os registros de contratos sem previsão expressa na legislação servem apenas para fins probatórios;

iv) por conta disso, não existe qualquer exigência legal em relação ao local de realização do registro;

v)   contratos de parceria agrícola e de locação (art. 576, § 2º, do Código Civil) são oponíveis mesmo que não registrados;

vi) a qualificação legal dos direitos pessoais de caráter patrimonial como bens móveis não os iguala a direitos reais;

vii) a interferência de terceiro por violação ao contrato de prestação de serviços é sancionada pelo Código Civil;

viii) caso seja demonstrado no Código Civil o cabimento da responsabilidade civil de terceiro por violação ao direito de crédito, sua aplicação é concorrente ao estabelecido na Lei de Propriedade Industrial (concorrência desleal) e na Lei do CADE (infrações contra a ordem econômica).

Concluída a primeira etapa, indicação das linhas-mestras da interferência por terceiro no direito de crédito no âmbito do ordenamento, é possível identificar os principais itens relacionados ao tratamento da matéria que não possuem previsão expressa ou necessitam de maior esforço interpretativo, quais sejam, (*i*) a eficácia dos contratos perante terceiros, tema com íntima relação à interpretação do princípio da relatividade dos efeitos contratuais; (*ii*) relação entre a relatividade e oponibilidade; (*iii*) o fundamento legal da responsabilidade de terceiro por violação ao direito de crédito; e (*iv*) limites do nexo de causalidade em hipóteses legais de responsabilização de terceiro, entre outros.

Com o enfoque em buscar soluções ou, no mínimo, discussões no direito estrangeiro que levem à reflexão sobre os problemas identificados no direito brasileiro, passa-se ao segundo capítulo.

Capítulo 2

Interferência de terceiro na relação obrigacional: contribuições do direito estrangeiro

Devidamente delineado o objeto de estudo na legislação brasileira, inicia--se a análise do objeto central da tese pelo direito estrangeiro por uma questão cronológica e finalística. Conforme já destacado e considerando apenas o direito moderno[68], as contribuições jurisprudenciais e doutrinárias da França e da Itália, por exemplo, datam do século XIX[69], o que já exige a análise de como o assunto evoluiu ao longo dos anos em cada um dos ordenamentos. Ademais, doutrinadores brasileiros como Alvino Lima e Antonio Junqueira de Azevedo são fortemente influenciados pela doutrina estrangeira, principalmente a francesa, sendo necessário seu prévio conhecimento para se ter a exata compreensão dos textos dos referidos professores.

---

[68] Não se desconhece a importância do estudo da matéria no âmbito do Direito Romano, mas os cortes metodológicos são necessários a fim de que a tese consiga atingir a profundidade devida nos aspectos considerados para o entendimento da matéria. Para uma análise profunda da responsabilidade extracontratual no Direito Romano, vide SCHIPANI, Sandro. *Contributi romanistici al sistema della responsabilità extracontrattuale*. Torino: G. Giappichelli, 2009.

[69] A afirmação restará demonstrada no curso do presente capítulo. Esclareça-se apenas que muito antes do advento dos Códigos Civis Europeus do século XIX, a matéria já era regulamentada em casos específicos. No século XIV, por exemplo, as *Ordonnance concernant la police du royaume* já proibiam um comerciante de aliciar os empregados de outrem sob pena de multa. No mesmo sentido, o *Statute of Laboureurs da Inglaterra*.

A INTERFERÊNCIA LESIVA DE TERCEIRO NA RELAÇÃO OBRIGACIONAL

Em termos de objetivo com a análise do direito estrangeiro, não se tem a pretensão de ser exauriente no estudo do tema na França, Itália e Portugal[70] até porque seria em vão diante da vasta produção nesses países. A finalidade primordial é trazer as principais discussões de outros ordenamentos para ampliar o debate no âmbito brasileiro[71], atualmente muito marcado por simplificações à luz dos denominados novos princípios contratuais[72]. Ou seja, a análise do direito em outros países não pretende ser exercício de erudição vazio, mas voltada a uma finalidade prática específica e sempre atenta às nuances do tema no direito brasileiro[73], fortalecida pelo fato de

[70] A regulamentação da matéria na Inglaterra e, principalmente, nos Estados Unidos também será abordada, especialmente na parte de regulamentação dos pressupostos para aplicação da responsabilidade de terceiro, porém sem a elaboração de tópico específico sobre cada um deles.

[71] "A noção de oponibilidade é, talvez, das mais importantes do Direito Civil e uma das que menos tem recebido atenção específica por parte dos intérpretes e pesquisadores. No ambiente da contratação contemporânea, é mais importante por conta de que existem, cada vez mais, contratos orientados à aquisição ou ao gozo do mesmo bem jurídico, o que pode gerar conflitos práticos a serem resolvidos mediante a exclusão da preferência de um deles." PENTEADO, Luciano de Camargo. *Efeitos contratuais perante terceiros*, cit., p. 165.

[72] "As 'cláusulas gerais', hoje tão incensadas por grande parte da dogmática, têm fortes ligações com o fascismo e o nacional-socialismo. Seu desenvolvimento no Brasil, a partir dos anos 1970, não foi desconectado do regime de força de 1964-1985. Não é sem causa que a hoje popularíssima 'função social da propriedade' ganhou status constitucional (com esse nomen iuris) graças à Constituição de 1967-1969." RODRIGUES JUNIOR, Otavio Luiz. Depois de um ano, é momento de uma coluna diferente. *Consultor Jurídico*, São Paulo, 19 jun. 2013. Disponível em: <http://www.conjur.com.br/2013-jun-19/direito-comparado-depois-ano--momento-coluna-diferente>. Acesso em: 23 jun. 2013.

[73] Nesse sentido, as importantes observações de Otávio Luiz Rodrigues Júnior: "Nada contra, portanto, à 'importação' de figuras e de institutos. O problema dá-se, contudo, quando esse processo é marcado por alguns vícios bastante daninhos. As causas desse desvio podem ser inventariadas sumariamente: a) a figura jurídica estrangeira foi mal traduzida ou não se compreendeu exatamente seu contexto normativo, fazendo com que sua adaptação gerasse um resultado irreconhecível sob a óptica do Direito de origem; b) o país 'importador' recebeu a figura jurídica por meio de textos muito antigos e não acompanhou sua evolução no sistema de origem. Com isso, não se pôde incorporar as refutações doutrinárias (ou jurisprudenciais) à figura ou ao instituto; c) há figuras ou institutos semelhantes no país 'importador', o que converte em desnecessária ou em puro exercício de berloquismo ou vaidade sua introdução em outro sistema; d) as condições normativas locais são impeditivas à adaptação da figura jurídica estrangeira, que foi concebida para outra realidade e é imprestável ao Direito 'importador'. Em momentos históricos nos quais há grande prestígio de fórmulas simplificadoras de questões teóricas complexas, esse problema é ainda mais sensível. Some-se a isso um certo afã por novidades no campo teórico, algo que se poderia denominar de 'consumismo conceitual'."

os pontos centrais do presente trabalho guardarem relação com categorias gerais do direito e os aspectos legais específicos nos referidos países serem semelhantes, conforme se passa a demonstrar.

2.1. França – consolidada situação de admissão da responsabilidade de terceiro (faute) e a construção do conceito de opposabilité

A referência ao direito francês é obrigatória ao tratar da responsabilização do terceiro interferente na relação obrigacional. Não só pelo destaque de sua jurisprudência, mas também pelo relevante papel da doutrina francesa, que sistematizou os resultados jurisprudenciais e construiu a relevante distinção na matéria entre a relatividade dos efeitos contratuais e sua oponibilidade perante terceiros.

De fato, na virada do século XIX para o século XX, os tribunais franceses já adotavam posicionamento favorável à responsabilização do terceiro interferente. A título ilustrativo, destaca-se julgado da *Cour de Cassation* de 1908 envolvendo a costureira Richard, a Casa Raudnitz e Doeuillet. Referida senhora recebia remuneração anual de 11.000 francos e tinha contrato com a Casa Raudnitz até 31 de dezembro de 1901, porém em junho do referido ano deixou de prestar serviços a esta empresa e assinou contrato com o designer parisiense Doeuillet.

Com base nesse novo negócio jurídico, com início previsto para 1º de julho de 1901, havia previsão de pagamento mais vultoso: doze mil francos no primeiro ano e quatorze mil francos no segundo. Em contrapartida, fixou-se cláusula penal de 10.000 francos para o caso de Richard não cumpri-lo integralmente. Destaque-se, ainda, que Doeuillet tinha plena ciência do contrato que a senhora Richard tinha com a Casa Raudnitz, tanto que previu indenização da costureira por qualquer responsabilidade decorrente do rompimento do contrato anterior. Inconformados, os dirigentes da Casa Raudnitz reagiram e, antes mesmo que Richard começasse a trabalhar em seu novo emprego, pagaram a mencionada cláusula penal

---

RODRIGUES JUNIOR, Otavio Luiz. Problemas na importação de conceitos jurídicos. *Consultor Jurídico*, São Paulo, 08 ago. 2012. Disponível em: < http://www.conjur.com.br/2012--ago-08/direito-comparado-inadequada-importacao-institutos-juridicos-pais>. Acesso em: 23 jun. 2013.

de dez mil francos e fizeram proposta mais elevada para voltar a contar com os serviços da costureira Richard.

Diante desse cenário, Raudnitz ajuizou ação indenizatória contra Doeuillet para reaver o valor do salário acrescido de Richard, bem como o valor pago a título de cláusula penal. Em maio de 1908, a *Cour de Cassation* rejeitou o recurso de Doeuillet e considerou-o civilmente responsável não com fundamento na responsabilidade contratual. Na oportunidade, restou inequívoco que o entendimento estava fundamentado no art. 1.382 do Código Civil francês[74].

Em 1910, Pierre Hugueney publicou importante obra monográfica intitulada *Responsabilité civile du tiers complice de la violation d'une obligation contractuelle*. Citando até mesmo precedente do direito romano, Hugueney defende que o art. 1.165 do Código Civil francês não impedia a responsabilidade de terceiro, mas apenas impossibilitava seu caráter contratual[75].

Após esse trabalho, houve farta produção na doutrina francesa até consolidação da matéria[76]. Entre outros livros específicos sobre o tema ou

[74] HUGUENEY, Pierre. *Responsabilité civile du tiers complice de la violation d'une obligation contractuelle*, cit., p. 96-97. Vários outros exemplos são citados nas páginas 89 a 114 da referida obra.

[75] "On le voit: l'article 1165 ne signifie pas du tout que les conventions sont inexistantes au regard des tiers. La règle res inter alios acta ... ne constitue pas a priori un obstacle absolu empèchant un contractant d'exercer une action contre les tiers que a aidé son co-contractant à violer son obligation. Serrons la question de plus près: essayons de demontrer que, non seulement cette action dirigée contre le tiers complice n'est pas juridiquement impossible à concevoir, mais qu'elle est conforme aux principes, qu'elle si impose aussi bien à celui que se place sur le terrain de la théorie qu'à celui qui l'envisage au point de vue pratique, dans son développement jurisprudentiel. Cette constatation préliminaire étant faite que la responsabilité du tiers, si elle existe, a nécessairement le caractere d'une responsabilité délictuelle, deux points sont à établir, le premier, c'est qu'une partie peut, nonobstant l'article 1165 du Code civil, invoquer son contrat en vue d'obtenir en son propre nom réparation des conséquences d'un delit, le second, qu'il existe dans l'hypothèse de complicité qui nous occupe, à la charge du tiers, un délit. Et d'abord, une partie peut-elle, malgré la régle res inter alios acta, invoquer son contrat en vue d'obtenir en son propre nom réparation des conséquences d'un delit? A cette première question il semble que le droit romain, déjà, au moins dans certains cas, répondait par l'affirmative. Un texte de Paul (Dig., liv. IV, tit. III, fr. 18, § 5) nous en fournit la preuve: si un tiers détruit la chose qu'un débiteur avait promis de livrer à son créancier, l'opinion générale, nous dit Paul, donne au créancier l'action de dolo contre l'auteur du délit." HUGUENEY, Pierre. op. cit., p. 205.

[76] LALOU, Henri. *1382 contre 1165 ou la responsabilité délictuelle des tiers à l'egard d'un contractant et d'un contractant à l'egard des tiers*. Paris: Dalloz, 1928. p. 69 e ss. (Chronique, n. 32); SAVATIER,

publicações afins, merecem destaque as contribuições de Savatier[77], Alex Weill[78], Simone Calastreng[79], Jean-Louis Goutal[80], José Duclos[81] e Robert Wintgen[82].

Além dos aspectos já destacados, o estudo do direito francês apresenta grande utilidade como parâmetro para reflexão do tema no direito brasileiro por três razões principais. Inicialmente, cumpre destacar que um dos traços marcantes do tema na jurisprudência francesa é a responsabilidade do terceiro interferente na relação obrigacional em casos que tiveram por objeto litígios resultantes da quebra por aliciamento de terceiro, sendo paradigmático o caso Raudnitz vs. Doeuillet[83]. Por sua vez, o art. 608 do Código Civil trata exatamente dessa hipótese. A segunda é que o teor do artigo 1.382 do *Code Civil*, o principal fundamento adotado na França, apresenta grande semelhança com o artigo 186 do Código Civil Brasileiro, o qual, combinado com o art. 927 fundamenta a responsabilidade civil do terceiro. Em terceiro lugar, considerando que uma das correntes doutrinárias com maior número de adeptos defende que a responsabilização do terceiro decorre da função social do contrato[84], o estudo da construção francesa, cujas bases foram lançadas em momento histórico no qual não se discutia a função social do contrato, pode servir como parâmetro para análise da fundamentação adotada no Brasil.

René. Le prétendu príncipe de l'effet relatif des contrats. *Revue Trimestrielle de Droit Civil*, Paris, t. 33, p. 525 e ss., 1934.

[77] SAVATIER, René. op. cit.

[78] WEILL, Alex. *La relativité des conventions en droit prive français*. Paris: Dalloz, 1938.

[79] CALASTRENG, Simone. *La relativitè des conventions*: étude de l'article 1165 du Code Civil. Paris: Recueil Sirey, 1939.

[80] GOUTAL, Jean-Louis. *Essai sur le príncipe de l'effet relatif du contrat*. Paris, LGDJ, 1981.

[81] DUCLOS, José. *L'opposabilité*: essai d'une théorie générale, cit.

[82] WINTGEN, Robert. *Étude critique de la notion d'opposabilité*: les effets du contrat à l'egard des tiers en droit français et allemande, cit.

[83] "Les applications les plus fréquentes du principe de la responsabilité délictuelle du tiers qui s'associe sciemment à la violation d'un contrat ont été faites en matière de débauchage d'ouvriers, ou d'employés, d'engagement théâtral et des marchés commercaiux." LALOU, Henri. *La responsabilité civile*: principle élémentaires et applications pratiques. 2.ed.Paris: Librairie Dalloz, 1932. p. 369.

[84] Relembre-se a existência do enunciado 21 do Centro de Estudos Jurídicos do Conselho da Justiça Federal: "A função social do contrato, prevista no art. 421 do novo Código Civil, constitui cláusula geral a impor a revisão do princípio da relatividade dos efeitos do contrato em relação a terceiros, implicando a tutela externa do crédito."

2.1.1. Pierre Hugueney: análise sistemática da *responsabilité civile du tiers complice* (1910)

Com a sistematização inerente aos autores franceses, Pierre Hugueney apresenta claramente o fato da vida que será objeto de análise logo nas primeiras páginas de seu livro: "Indiquons brièvement l'hypothèse: un vendeur traite avec un premier acquéreur; plus tard un tiers, désireux d'acquérir la chose, connaissant le contrat intervenu, offre au vendeur un prix plus élevé et le pousse ainsi à rompre son engagement antérieur, à violer son premier contrat."[85] Nesse contexto, surgem as dúvidas que passa a analisar sobre a possibilidade de responsabilização do terceiro.

À luz do direito francês, é inevitável a menção aos artigos 1.165 e 1.382 do *Code Civil*. O embate entre o clássico artigo da relatividade dos efeitos contratuais e o dever geral de reparar o dano revela, de início, a complexidade do tema a ser tratado, bem como sua importância no âmbito de análise do ordenamento jurídico como um todo.

Na França, o tema ganha ainda mais importância quando se considera o teor do artigo 1.138 do Código Civil[86]. A transferência de propriedade com base no mero consenso, aliás, é traço marcante do código francês. Não tardou, no entanto, a percepção de que essa previsão legal não era a mais adequada para regular a matéria em virtude do risco de insegurança jurídica e, por isso, foram criadas várias leis esparsas a respeito da matéria[87].

---

[85] HUGUENEY, Pierre. op. cit. p. 2.

[86] "Article 1138: L'obligation de livrer la chose est parfaite par le seul consentement des parties contractantes.

Elle rend le créancier propriétaire et met la chose à ses risques dès l'instant où elle a dû être livrée, encore que la tradition n'en ait point été faite, à moins que le débiteur ne soit en demeure de la livrer ; auquel cas la chose reste aux risques de ce dernier."

[87] "Certaines lois, postérieures à 1804, sont intervenues, qui, tout en maintenant entre les parties le transfert de propriété par le seul consentement, l'ont, à l'egard des tiers, subordonné à l'accomplissement de formalités nouvelles. Certains textes n'on eu qu'une portée spéciale. L'article 36 du Code de commerce a prescrit pour l'aliénation des tiers nominatifs une inscription de transfert sur les registres de la société débitrice. En matière de brevets d'invention, aux termes de l'article 20 de la loi du 5 juillet 1844, la cession pour être opposable aux tiers, devra "avoir été enregistrée au secretariat de la préfecture du département dans lequel l'acte aura été passe. Le tranfert de propriété des navires ne sera parfait que par une mutation en douane. Le loi du 23 mars 1855 a réalisé une reforme beaucoup plus vaste, elle a établi la formalité de la transcription pour toutes les aliénations d'immeubles passées entre vifs à titre onéreux. (...) Pour nous en tenir au point de vue qui tout spécialement nous intéresse,

INTERFERÊNCIA DE TERCEIRO NA RELAÇÃO OBRIGACIONAL

Analisando a jurisprudência da época, bastante rica em exemplos interessantes[88], Hugueney retrata, basicamente, a existência de três correntes de pensamento existentes à época. A primeira relaciona o tema à ação pauliana[89], mas a exigência de insolvabilidade do devedor afasta sua aplicação ao caso objeto de estudo. Uma segunda corrente apresenta como

à l'étude de notre droit actuel, il serait, nous l'avons vu, tout à fait inexact de penser, en se fondant sur les termes trop absolus de l'article 1138, que la propriété est toujours transférée erga omnes par le seul effet du consentement." HUGUENEY, Pierre. op. cit., p. 20-21.

[88] "Même lorsque la convention est seulement créatrice d'un droit personnel, il ne faudrait pas croire qu'elle soit inexistante à l'egard des tiers. La jurisprudence, de ces dernières anées surtout, nous offre à l'appui de cette affirmation plusieurs solutions interessantes. Dans certains cas d'abord, elle admet qu'abstraction faite de toute idée de stipulation pour autrui, les tiers peuvent invoquer à leur profit une convention à laquelle ils sont étrangers. Un arrêt de Rennes, en particulier, est arrivé sur ce point à une 'conception trés audacieuse, mais appelée, croit M. Demogue, à un grand avenir. Un adjudicataire avait soumissionné la fourniture de sucre d'une certaine marque. Mais, au lieu de fournir cette marque, il avait livré, sans d'ailleurs aucune intention malveillante, du sucre d'une autre marque. La Cour de Rennes, à la date du 18 juin 1906, autorisa le propriétaire de la marque qui devait être fournie à réclamer à l'adjudicataire des dommages-intérèts. Tout en déclarant expressément ne pais faire appel à la théorie de la stipulation pour autrui, elle reconnaissait donc à un tiers le droit d'agir pour ce seul motif qu'un contrat qui devait lui profiter n'avait pas été exécuté. La Cour de cassation belge, dans une espèce qui lui fut soumise le 27 mai 1909 consacra, quoique plus timidement, une solution analogue. Un garde-chasse assuré avait été blessé. Le médecin qui le soigna réclama par une action de in rem verso le prix de ses services à la Compagnie auprés de laquelle le garde étair assuré. La Cour suprême fit droit à cette prétention et en profita pour préciser le champ d'application de l'article 1165 du Code Civil. 'Se les conventions, dit l'arrêt, n'ont d'effet qu'entre les parties contractantes, ce principe ne règle que les droits et obligations qui découlent des contrats; il ne met pas obstacle à ce que ceux qui y sont demeurés étrangers constatent l'existence de conventions avouées ou légalement prouvées et tirent argument du fait de cette existence, non pour réclamer à leur profit l'execution des obligations qu'elles stipulent, mais pour en déduire, eu égard aux biens et aux droits qui en découlent, les conséquences favorables ou défavorables pour les parties que les évenements ou les agissements des tiers ont entraînées pour elles'." HUGUENEY, Pierre. op. cit., p. 203-204.

[89] "A se placer au point de vue historique, on serait tout d'accord tenté de voir dans le recours ouver contre le second acquéreur une application de l'action paulienne élargie. Les anciens auteurs admettaient généralement cette explication. C'est en se fondant sur l'action paulienne qu'ils annulaient le seconde vente faite en fraude des droits d'un premier acquéreur. Il n'y a pour s'en convaincre qu'à se reporter aux explications de Gomez, de Brunnemanus, de Covarruvias, plus tard de Ricard, de Loyseau et mème de Pothier. Les anciens arrêts sont ègalement formels sur la question [em nota são citados acórdãos do século XVI]. Mais en realité l'argument tiré de l'histoire a peut-être moins de poids qu'on pourrait croire à première vue. Sans doute les anciens auteurs appliquaient bien ici l'action paulienne, mais depuis lors les conditions juridiques ont changé. Dans l'ancien droit on suivait encore les errements du

justificativa o brocardo *fraus omnia corrumpit*[90], a qual, na visão do autor, é bastante genérica e não tem valor próprio e a terceira, que traz como fundamento o dever de reparar o dano.

Concluída a exposição de casos práticos e julgados da época, Hugueney trata sobre a sistematização do tema em termos legais e doutrinários e inicia com sua interpretação do art. 1.165 do Código Civil francês[91], deixando claro que o referido dispositivo legal não significa que relações jurídicas entre dois indivíduos sejam ineficazes com relação a terceiros.

Conforme já destacado, o tema apresenta grande relevância na França, pois a transferência de propriedade, a qual gera direitos reais, com eficácia *erga omnes*, pode ser feita por meio de contratos, que, em teoria, possuem eficácia apenas entre as partes. É importante registrar que o relato da situação é importante para compreender a linha adotado por Hugueney e toda sua preocupação com a transferência de propriedade por meio de

---

droit romain. On vivait sous une législation qui reconnaissait seulement un certain nombre de delicts particuliers." HUGUENEY, Pierre. op. cit., p. 35-36 – colchetes nossos.

[90] "Il convient tout d'abord, croyons-nous, d'écarter immédiatement la seconde, celle qui fait appel à l'adage: fraus omnia corrumpit. Cette explication ne parait pas avoir de valeur propre. Il n'y a là, comme il arrive souvent avec les formules toutes faites, surtout les formules latines, qu'un expédient destiné à éviter une discussion que semble gènante, c'est une sorte de bandeau que plus ou moins volontairement on se met sur les yeux." HUGUENEY, Pierre. op. cit., p. 28-29.

[91] "(...) l'article 1165 ne signifie pas du tout que les conventions sont inexistantes au regard des tiers. La règle res inter alios acta ... ne constitue pas a priori un obstacle absolu empêchant un contractant d'exercer une action contre les tiers qui a aidé son con-contractant à violer son obligation. Serrons la question de plus près: essayons de démontrer que, non seulement cette action dirigée contre les tiers complice n'est pas juridiquement impossible à concevoir, mais qu'elle est conforme aux principes, qu'elle s'impose aussi bien à celui que se place sur le terrain de la théorie qu'à celui qui l'envisage au point de vue pratique, dans son développement jurisprudentiel. Cette constatation préliminaire étant faite que la responsabilité du tiers, si elle existe, a nécessairement le caractère d'une responsabilité délictuelle, deux points, sont à établir, le premier, c'est qu'une partie peut, nonobstant l'article 1165 du Code Civil, invoquer son contrat en vue d'obtenir en son propre nom réparation des conséquences d'un delit, le second, qu'il existe dans l'hypothese de complicité qui nous occupe, à la charge du tiers, un delit." HUGUENEY, Pierre. op. cit., p. 205. "De l'effet des conventions, il interdit de réclamer aux tiers l'exécution de l'une des obligations résultant du contrat comme il interdit aux tiers de réclamer eux-mêmes cette exécution; mais il n'interdit pas à une personne que le fait d'un tiers contraint à exécuter ce contrat de demander au tiers la réparation du préjudice dont elle souffre par cette exécution; cette demande ne tend pas à faire produire au contrat lui-même un effet vis-à-vis du tiers, mais à obtenir de ce tiers la réparation d'un prejudice." HUGUENEY, Pierre. op. cit., p. 208.

contratos, mas esse modo de transferência de propriedade não se verifica no direito brasileiro, sendo necessária, por exemplo, a posterior tradição de bem móvel.

Delineada a possibilidade de responsabilização do terceiro em virtude da violação de um contrato, Hugueney demonstra seu conhecimento do posicionamento doutrinário alemão da época[92], mas defende solução própria. Com uma concepção muito apegada ao teor do art. 1.165 do Código Civil francês[93], o autor francês não vislumbra a possibilidade de responsa-

---

[92] "On peut songer d'abord à mettre a la charge du tiers une responsabilité délictuelle propre et indépendante; on peut au contraire prétendre que la seule responsabilité qui le menace est une responsabilité d'emprunt, calqueé sur la responsabilité encourue par le débiteur lui--même. De ces deux idées, laquelle faut-il préférer? La première consiste à dire qu'un tiers, toutes les fois qu'il parvient à porter atteinte à un rapport d'obligation, commet un délit, un délit pouvant résulter aussi bien de la violation d'un droit relative tel qu'un droit d'obligation que de celle d'un droit absolu tel qu'un droit de propriété. C'est une opinion qui en Allemagne a recueilli certains suffrages. Longtemps avant la promulgation du noveau Code civil, elle avait déjà été défendue; après sa promulgation, elle a trouvé dans l'interpretation du paragraph 823, al. 1er, B.G.B. l'occasion de s'affirmer et de se préciser. Le paragraphe 823, al. 1er, B.G.B. ayant en matière de responsabilité délictuelle posé la regle que 'celui qui, à dessein ou par négligence, porte illégalement atteinte au corps, à la vie, à la santé, à la liberté, à la proprieté ou a tout autre droit d'une autre personne, est tenu envers cette dernière à la reparation du préjudice causé', on s'est demandé si sous cette expression: tout autre droit, sonstiges Recht, il fallait englober même les droits d'obligation. Une fraction importante de la doctrine allemande résout la question par l'affirmative." HUGUENEY, Pierre. op. cit., p. 209-210.

[93] "Voilà, stylisé dans quelques-unes de ses conséquences, le système de la responsabilité autonome du tiers. Quelle valeur faut-il lui reconnaître? A première vul, il parait assez séduisant. Il semble qu'en sa faveur, il soit permis d'invoquer cette évolution bien connue et souvent tracée qui, par degrés, a transformé l'obligation, jadis conçue comme un droit du créancier sur la personne du débiteur, en un valeur patrimoniale ayant, à l'égard des choses corporelles, son existence au regard de tous et son droit au respect de tous. Mais il y a là, croyons-nous, pour une large part, un mirage. Ne nous laissons point abuser. Aujourd'hui comme autrefois, l'obligation reste un droit relative, un droit du créancier vis-à-vis du débiteur, un droit qui, pour cette raison, comme on l'a dit au cours des travaux préparatoires du Code civil allemand, 'ne peut être violé que par le débiteur'. Ce n'est donc pas seulement un obstacle de fait que s'oppose à la responsabilité du tiers, c'est un obstacle de droit. Cet obstacle de droit, on peut, si on veut, le considérer chez nous comme s'exprimant dans la formule de l'article 1165 du Code Civil: 'Les conventions n'ont d'effet qu'entre les parties contractantes.' Cette disposition, nous l'avons constate, ne signifie pas que les conventions sont inexistantes à l'égard des tiers. Elle signifie, c'est un premier sens que nous lui avons vu reconnaitre, que les parties ne peuvent pas, par une convention particuliére, conférer à un tiers um droit ou créer à sa charge une obligation. (...) Peu importe d'ailleurs que l'idée rentre ou ne rentre pas dans de l'article 1165 du Code civil. Le caractère relatif de l'obligation n'en doit pas moins être

bilidade autônoma do terceiro, ou seja, não vinculada ao devedor e acaba por recorrer a uma construção extraída do Direito Penal.

Segundo a visão do professor francês, a regra de que o devedor sempre incorre em responsabilidade contratual ao desrespeitar um contrato não é exata. Aliás, se aplicada sempre, seria até injusta, pois limita a responsabilização do devedor à punição prevista no art. 1150 do *Code Civil*[94] e o terceiro fica obrigado à reparação integral do prejuízo nos termos do art. 1.382. Nesse contexto, Hugueney propõe:

> *"Il faut, à notre sense, aller plus loin et dire que dans bien d'autres cas, la responsabilité délictuelle vient doubler la responsabilité contractuelle du débiteur. Pour nous, toute violation dolosive d'un contrat par un débiteur fait peser sur celui-ci une responsabilité dèlictuelle."*[95]

À luz do art. 1.165 do Código francês, defende que a responsabilidade do terceiro que auxilia o devedor não é autônoma, mas decorre exatamente da atuação conjunta com o devedor[96]. Nos termos do art. 55 do Código

considéré comme un principe certain. Il semble bien qu'il n'y ait pas faute, pas plus délictuelle que contractuelle, à manquer à un devoir dont on n'est pas tenu. Décider le contraire, ce serait fausser la notion d'obligation, lui reconnaître au lieu d'un caractère relatif un caractère absolu, faire passer le droit d'obligation, sinon dans la catégorie des droit réels, du moins dans celle des droits mixtes." HUGUENEY, Pierre. op. cit.,p. 214-215.

[94] "La faute contractuelle n'oblige à réparer que le dommage qu'on a prévu ou pu prévoir lors du contrat; le dol, en matiére de contrats, expose à la réparation intégrale du préjudice pourvu seulement que ce préjudice soit 'une suíte immédiate et directe de l'inexécution de l'obligation'. C'est ce qui résulte formellement de l'article 1151 du Code civil. Mais qu'est-ce que cette façon d'apprécier la responsabilité découlant du dol sinon l'application des principes reçus en matière de responsabilité délictuelle? (...) Tandis que la faute contractuelle ressortit au domaine de l'autonomie de la volonté, le dol lui échappe. De cette différence primordiale découlent les autres différences que nous avons relevées. Or, si nous avions à tracer une ligne de démarcation entre le champ d'application de la faute délictuelle et celui de la faute contractuelle, c'est précisément, croyons-nous, ce criterium que nous proposerions. Les conditions et les effets de la faute sont-ils déterminés par la volonté expresse ou tacite des parties, la faute est contractuelle, sont-ils au contraire en dehors et au-dessus de cette volonté, la faute est délictuelle. Le dol, étant soustrait à cette autonomie de la volonté, nous semble bien constituer une faute délictuelle et c'est à cette faute délictuelle que viendra s'attacher la responsabilité du tiers.". HUGUENEY, Pierre. op. cit., p. 233-235.

[95] HUGUENEY, Pierre. op. cit., p. 234.

[96] "La responsabilité du tiers que aide un débiteur à violer son obligation n'est donc pas une responsabilité propre. Si elle existe, elle ne peut ètre qu'une responsabilité d'emprunt,

Penal francês, "Tout les individus condamnés pour un même crime ou un même délit seront tenus solidairement des amendes, des restitutions, des dommages-intérêts et des frais."[97]

Com relação à necessidade de dolo pelos terceiros para configuração da responsabilidade, confira-se o seguinte trecho:

> *"En France, l'idée qu'un tiers, pour une simple négligence, pourrait être rendu responsable du dommage causé par la violation d'une obligation paraît encore plus étrangère aux conceptions de la pratique. La jurisprudence, nous l'avons à maintes reprises constaté, sous des formes variées, cherche toujours à découvrir comme base de la responsabilité du tiers une fraude, une collusion intervenue avec un débiteur qui lui-même viole intentionnellement son obligation. Il n'est guère qu'un point sur lequel nous ayons eu à enregistrer au passage certaines hésitations et certains doutes. En matière de cession de créance nous avons vu la jurisprudence et avec elle des représentants éminents de la doctrine s'ecarter de l'idée d'apres laquelle le concert frauduleux serait dans tout le cas exige, se contenter comme fondement de la resposabilitè du tiers d'une simple faute d'imprudence. Ne pourrait-on pas tirer argument en faveur du système que nous critiquons de cette idée mise en avant avec quelques reserves dans cette hypothèse spéciale? (...) Et c'est en ce qui*

modelée sur la responsabilité du débiteur lui-même. Cette responsabilité du tiers d'autre part, nous l'avons également démontré, ne peut avoir qu'un caractère délictuel. Mais, pour qu'en la personne du tiers vienne ainsi se refléter une responsabilité délictuelle, il faut d'abord que cette responsabilité délictuelle existe à la charge du débiteur." HUGUENEY, Pierre. *Responsabilité civile du tiers complice de la violation d'une obligation contractuelle*, cit., p. 222.

[97] "Nous devons dès lors rechercher dans quels cas le débiteur qui viole son obligation contractuelle pourra être considéré comme coupable d'un délit, dans quels cas par conséquent un tiers pourra être déclaré responsable comme complice de ce délit. A la règle d'après laquelle le débiteur qui viole son engagement encourt une responsabilité parement contractuelle MM. Aubry et Rau (Cours, 4ª ed., t. IV, p. 755, n. 7) ont apporté un premier tempérament. 'Il convient de remarquer, disent-ils, que les fautes commises dans l'exécution d'un contrat peuvent quelquefois dégénérer en delist de droit criminel, et dans ce cas les articles 1382 et suivants sont évidemment applicables.' C'est la un correctif qui enlève à la doctrine de la responsabilité exclusivement contractuelle du débiteur ce qu'elle avait de plus choquant. Mais pour nos cette concession n'offre pas grand intérêt. La responsabilité civile du complice que aide un débiteur à commettre un délit pénal ne peut guère être contestée. Elle est en effet consacrée formellement par l'article 55 du Code pénal: 'Tout les individus condamnés pour un même crime ou un même délit seront tenus solidairement des amendes, des restitutions, des dommages-intérêts et des frais.' Il faut, à notre sens, aller plus loin et dire que dans bien d'autres cas, la responsabilité délictuelle vient doubler la responsabilité contractuelle du débiteur. Pour nous, *toute violation dolosive d'un contrat par un débiteur fait peser sur celui-ci une responsabilité délictuelle.*" HUGUENEY, Pierre. op. cit., p. 230-231.

touche cette violation d'obligation que nous avons personnellement défendu l'idée d'après laquelle, là comme ailleurs, le concert frauduleux serait la condition indispensable de la responsabilité civile du tiers vis-à-vis du créancier lese."[98]

Ao comentar a respeito da obra de Hugueney, Ripert traz em consideração o valor moral envolvido na questão[99], bem como destaca o conhecimento pelo terceiro como elemento essencial, mas ressalva a insuficiência da aplicação das regras de responsabilidade civil. Afinal, para que o terceiro seja responsabilizado é necessária a existência de uma falta, o descumprimento de uma obrigação, o que não se configuraria. Nesse contexto, Ripert traz como solução para a situação a figura do abuso de direito, tendo como parâmetros a "intenção de prejudicar alguém ou, pelo menos, quando a consciência dessa ação prejudicial entrou na vontade duma das partes"[100].

---

[98] HUGUENEY, Pierre. op. cit.,p. 219-220.

[99] "O Sr. Pierre Hugueney estudou estes casos de cooperação na violação da obrigação contratual. Chegou à conclusão de que é necessário que haja cumplicidade. A palavra por si indica a necessidade da intenção culpável nos terceiros e explica também que ela é fonte do dever moral. Poder-nos-iamos admirar de ver o adquirente ou o locatário ser responsável em virtude da violação duma obrigação contratual quando esta obrigação em nada lhe incumbe, visto o contrato ter um efeito relativo. A culpabilidade do cedente ou do arrendatário vem de que estavam ligados por um compromisso anterior; o terceiro não tinha nenhuma obrigação. Raciocinar assim é não ter em consideração o dever moral. O terceiro não está comprometido, sem dúvida, em virtude do contrato, mas, conhecendo o contrato, não devia associar-se à fraude do devedor que assim deixava de cumprir aquele. Tem-se dito que isso é simplesmente uma aplicação das regras da responsabilidade civil, por ter o terceiro incorrido em culpa associando-se ao ato culposo. Para admitir esta explicação, seria preciso do mesmo modo reconhecer o caráter particular da ação de reparação, visto que a sanção da fraude do terceiro não é a ação de perdas e danos baseada no art. 1.382, mas uma ação de nulidade do ato realizado. A explicação é, aliás, insuficiente; para que haja responsabilidade do terceiro é preciso que haja uma falta cometida, e, para que haja falta, uma violação da obrigação. Voltamos sempre ao mesmo ponto." RIPERT, Georges. *A regra moral nas obrigações civis.* OLIVEIRA, Osório de (trad.). 2. ed. Campinas: Bookseller, 2002. p. 313-314.

[100] "O direito de praticar atos jurídicos é, como todos os direitos, suscetível de abuso. Há abuso quando o ato é praticado na intenção de prejudicar alguém ou, pelo menos, quando a consciência dessa ação prejudicial entrou na vontade duma das partes. Se o direito civil sentiu aqui a necessidade de sancionar a regra moral, é que foi preciso procurar na observação desta regra uma proteção que o direito não podia assegurar de outro modo. O locatário que assinou um contrato de aluguel, o futuro adquirente que é credor duma promessa de venda, o adquirente de móveis que não conseguiu que lhos entregassem, não podem por nenhum processo técnico impedir o proprietário de violar a obrigação contratual; são obrigados a fiar-se na sua palavra e, portanto, na sua consciência. Os terceiros devem-nos ajudar e obrigar

Na análise da obra de Hugueney, merece destaque a tentativa de sistematização de uma matéria que já vinha sendo apreciada pelos tribunais franceses desde a metade do século XIX. Ou seja, constatou-se uma situação prática que a jurisprudência já não admitia, qual seja, a interferência deliberada de terceiro no âmbito das relações obrigacionais, mas que ainda dependia de uma construção teórica mais evoluída para ultrapassar as barreiras artificiais da relatividade dos efeitos obrigacionais. O esforço de Hugueney é louvável, porém ainda demonstra claramente um apego às construções no âmbito do direito civil mais formalistas, tendo que recorrer aos institutos do Direito Penal para conseguir fundamentar a responsabilidade do terceiro.

2.1.2. René Savatier: análise crítica do princípio da relatividade dos efeitos contratuais (1934)

Em seu artigo *Le prétendu principe de l'effet relatif des contrats*, Savatier traz importantes contribuições na análise do problema da interface dos terceiros com o contrato. Inicia sua análise de modo empírico destacando cinco *conventions* que por sua natureza não são compatíveis com um efeito simplesmente relativo, quais sejam, *(i) les conventions relatives à l'etat et à la capacite des personnes; (ii) les contrats translatifs de droits; (iii) les conventions créant um droit de représentation; (iv) les contrats désignant l'individu sur qui pèsera une responsabilité légale e (v) les conventions que font naître une personne morale*. Os exemplos citados não são objeto específico da presente tese e, por isso, não serão analisados, mas é importante sua menção, pois demonstra a inquietação do autor com o tema e sua tentativa de organização de um assunto ainda não completamente sistematizado. No curso do artigo, também cita o contrato coletivo de trabalho, que possui força obrigatória até mesmo para os não aderentes.

Conhecedor da obra de Hugueney[101], Savatier identifica a evolução no tratamento da matéria da responsabilidade do terceiro que interfere no direito de crédito e já fixa as balizas para definição de sua responsabilidade

---

aquele a cumprir a sua palavra. A Lei de 5 de fevereiro de 1932 deu expressamente esta solução ao caso de quebra de contrato de trabalho permitindo atingir aquele que desmoralizou o operário ou o empregado." RIPERT, Georges. op. cit., p. 314.

[101] Faz referência à construção da "responsabilité du tiers sur une sorte de criminalité d'emprunt". SAVATIER, René. op. cit., p. 540.

como delitual[102]. Na caracterização da conduta passível de responsabilização do terceiro, afirma que não se faz necessária a presença da intenção de acarretar o dano ou *consilium fraudis* e tem como pano de fundo uma vedação a comportamentos de má-fé:

> *"Il est inexact, en effet, qu'il soit besoin, chez le tiers responsable, d'une intention de nuire volontairement au créancier, ou encore de manoeuvres frauduleuses destinées à empêcher le débiteur de s'exécuter. Tout acte de mauvaise foi constitue un délit civil et oblige à réparation. Or, la mauvaise foi du tiers existe toutes les fois qu'il savait le débiteur lié, et qu'il l'a provoqué ou aidé dans l'inexecution de l'obligation. Et qu'on ne s'étonne pas de voir la responsabilité délictuelle intervenir ici pour compléter la responsabilité contractuelle. C'est son rôle normal. Les diverses responsabilités reconnues par une bonne legislátion doivent s'articuler de manière à ne laisser aucun vide par où la faute, et spécialemente la mauvaise foi, puísse impunément passer."*[103]

Analisando a linha de raciocínio do autor francês, percebe-se claramente que a vedação ao comportamento de má-fé decorre única e exclusivamente da consciência da existência de uma obrigação prévia para a qual contribuiu no descumprimento. Na visão de Savatier, não faz sentido a necessidade de caracterização da conduta de terceiro como abuso de direito para justificar sua responsabilização, sendo o ato deliberado de prejudicar o terceiro já suficiente.

---

[102] "Mais la jurisprudence a cru plus simple et parfaitement correct, pour atteindre ces tiers, de faire appel à la notion de faute délictuelle. Nous croyons qu'elle a eu raison et nous ne lui reprocherons que de n'avoir pas toujours été assez loin dans cette voie. Sans doute l'obligation lie le débiteur seul, en ce sens que les tiers ne sont tenus d'aucun acte positif d'exécution. Ils ne sont meme astreints à aucune recherche pour savoir si l'obligation existe. Il faut leur reconnaître à ce double point de vue un double droit d'abstention. Mais c'est tout. S'ils ne sont pas personnellement obligés, ils ne sont pas non plus autorisés à porter delictuellement atteinte aux droits du créancier. Dès lors, s'ils sont su, en fait, qu'un débiteur était lié, et si, non contents de s'abstenir de l'aider à s'exécuter, ils l'ont assisté dans la violation de son obligation, ils portent par là, consciemment, un préjudice injuste au créancier, et une faute délictuelle existe à leur charge. La loi fait précisément l'application de cette idée, lorsqu'elle reconnaît, dans l'article 1167, la fraude paulienne, et en fait supporter la responsabilitè, à l'egard du créancier, au tiers de mauvaise foi. Il faut généraliser cette responsabilitè à tous les cas où un tiers pousse ou aide dolosivement un débiteur à ne pas s'exécuter." SAVATIER, René. op. cit., p. 540-541.

[103] SAVATIER, René. op. cit., p. 541-542.

INTERFERÊNCIA DE TERCEIRO NA RELAÇÃO OBRIGACIONAL

Ademais, na visão de Savatier, a caracterização de uma determinada conduta de terceiro como abuso de direito depende da valoração de seu potencial nocivo quando, na verdade, existe uma *faute délictuelle* sempre que o terceiro conscientemente ajude o devedor a descumprir sua obrigação. De fato, referido autor defende que a conduta lesiva do terceiro ciente de outra obrigação será sempre passível de responsabilização[104].

Nesse contexto, defende que a obrigação impõe deveres não apenas ao devedor, mas também aos terceiros. No caso destes, são puramente negativos, ou seja, consistentes na abstenção de interferir em sentido contrário ao seu adimplemento. Tratam-se, nas palavras de Savatier, de "conséquence générale et logique de toute obligation et, par suite, si elle est conventionnelle, du contrat qui la crée"[105].

Paralelamente ao esforço de Savatier na correta delimitação do princípio da relatividade dos efeitos contratuais, vai ganhando força a consolidação do art. 1.382 do *Code Civil* como fundamento da responsabilidade do terceiro[106]. A propósito, essa é uma consequência marcante da correta aplicação

---

[104] "Il y a encore des decisions judiciaries qui n'en ont pas pris entièrement conscience. Elles raisonnent comme si l'article 1165 constituait pour les tiers le principe d'un droit de nuire au créancier. Si, donc, un tiers facilite de mauvaise foi l'inexecution de l'obligation, il est en principe dans son droit, et ne saurait répondre du prejudice qu'en cas d'abus, caractérisé par la fraude ou l'intention de nuire. Ainsi, les juges auraient toute liberté de l'absoudre ou de le condamner selon le plus ou moins de noirceur de sa conduite. Nous avons déjà dénoncé ce point de vue. Une faute délictuelle existe toujours, du moment que le tiers a consciemment aidé le débiteur à manquer à son devoir." SAVATIER, René. op. cit., p.542.

[105] SAVATIER, René. op. cit., p.543.

[106] "Le tiers qui s'associe sciemment à la violation d'un contrat encourt une responsabilité; des arrêts nombreux et même anciens, sans toujours formuler avec pareille netteté ce principe; l'ont appliqué dans de multiples espèces. Cette solution a pour fondement l'article 1.382 c. civ. En effet, sans doute le tiers qui s'associe sciemment à la violation d'un contrat ne peut encourir aucune responsabilité contractuelle parce que le contrat ne lie pas; mais ce tiers, par son attitude, commet une faute extra-contractuelle ou quasi-délictuelle, la faute étant un acte soit contre la légalité, soit contre l'habileté, soit contre l'honnêteté. Or il y a faute contre l'honnêteté à s'associer en connaissance de cause à la violation d'un contrat. (...) la responsabilité du contractant est régie par les règles de la faute contractuelle tandis que celle du tiers complice de la violation du contrat est régie par les règles du faute delictuelle (Mazeaud, Responsabilité délictuelle et responsabilité contractuelle, Rev. Trim., 1929, p. 609)." LALOU, Henri. *La responsabilité civile*: principe élémentaires et applications pratiques, cit., p. 368-369 e 373. Entre as páginas 369 a 371 desta obra, são resumidos vários precedentes importantes dos tribunais franceses. Ressalvando a existência de algumas nuances nas construções doutrinárias sobre a responsabilidade extracontratual do *tiers complice de la*

do princípio da relatividade dos efeitos contratuais, pois o contratante responde com fundamento no contrato, mas o terceiro, por não ser parte, não pode ser responsabilizado a título de responsabilidade contratual, mas extracontratual.

Como pano de fundo de todo raciocínio, constata-se claramente um inconformismo com a simplicidade do teor do artigo 1.165 do Código Civil Francês à luz da evolução do direito, marcado claramente por um rompimento com o pensamento meramente individualista e concretizado em um raciocínio mais sistêmico de respeito às obrigações no contexto social[107]. Percebe-se, assim, que o texto de Savatier tem grande valor histórico, pois conseguiu dar grande contribuição ao tratamento sistemático na matéria na medida em que fixou balizas para responsabilização de terceiro no âmbito extracontratual e tendo como único parâmetro a impossibilidade de deliberadamente prejudicar o cumprimento de uma dada obrigação.

2.1.3. Alex Weill (1938) e Simone Calastreng (1939): esforços na sistematização do princípio da oponibilidade

Em virtude do grande distanciamento entre a previsão do artigo 1.165 do *Code Civil* e o que se observava na prática com relação aos inegáveis efeitos produzidos em relação a terceiros, especialmente a responsabilização de terceiro que interferia indevidamente nas obrigações contratuais, a doutrina francesa do final da década de 30 do século XX consolidou o princípio da oponibilidade como forma de delimitar o princípio da relatividade dos

---

violation d'un contrat, Lalou cita as contribuições de Hugueney, Demogue, Ripert e Josserand, o que deixa clara a força da construção doutrinária na França ainda no começo do século XX.
[107] "L'article 1165 est le témoin d'une conception purement individualiste du droit des obligations. Il part de l'idée que les affaires de chacun ne concernent que lui-même, qu'il les gère librement, et que la societé et les tiers n'ont point à s'en occuper. Cette conception simpliste d'une liberté absolue de l'individu ne tient pas suffisamment compt des liens qui rattachent inévitablement les uns aux autres tous les members d'une société. Et plus cette société se civilise et se complique, plus ces liens se multiplient et se consolident. L'évolution actuelle du droit patrimonial tient en grande partie dans la conscience de plus em plus nette chez les juristes modernes de ce principe que les affaires de chacun, auprès d'un cote individuel, ont aussi un côté social. Il faut donc reconnaître qu'elles ne concernent pas seulement celui qui y préside, mais à certains points de vue la société, et par conséquent les tiers." SAVATIER, René. Le prétendu príncipe de l'effet relatif des contrats, cit., p. 545.

INTERFERÊNCIA DE TERCEIRO NA RELAÇÃO OBRIGACIONAL

efeitos contratuais. Segundo Wintgen[108], a idéia foi lançada por E. Juille na obra *Effet des actes juridique à l'egard des tiers*, de 1904, e depois retomada na década de 30 por autores como L. Josserand[109] e R. Demogue[110].

No final da referida década, dois autores franceses, Weill e Calastreng, lançaram obras monográficas sobre *la relativité des conventions* e acabaram dando grande impulso na aplicação da teoria da oponibilidade. Apesar de Calastreng negar o conhecimento da obra de Weill, o fato é que há vários pontos comuns na abordagem do tema[111]. Em síntese, partem do princípio da relatividade dos efeitos contratuais para afirmar que o contrato é obrigatório apenas para as partes, mas é oponível a terceiros, o que resulta, por exemplo, no dever de abstenção por parte destes.

Até mesmo a explicação adotada por ambos os autores para justificar o princípio da oponibilidade apresenta traços de semelhança. Weill parte de uma interpretação muito restritiva do arigo 1.165 do *Code Civil* no sentido de que apenas impediria o terceiro de ser credor e devedor. Por sua vez, Calastreng faz um percurso desde as lições romanas[112] para dizer

---

[108] WINTGEN, Robert. *Étude critique de la notion d'opposabilité*: les effets du contrat à l'egard des tiers en droit français et allemande, cit., p. 2.

[109] Cours de droit civil positif français, t. II, 2ª ed., 1932, n.º 250.

[110] Traité des obligations, t. VII, 1933, n.º 703.

[111] "Notre ouvrage était déjà en cours d'impression lorsque nous avons connu la três important thèse de M. Weill." CALASTRENG, Simone. *La relativitè des conventions*: étude de l'article 1165 du Code Civil, cit., p. 416.

[112] "L'article 1165 n'est qu'une transcription de la vieille maxime romaine: res inter alios acta aliis nec nocere nec prodesse potest que M. Capitant, dans son vocabulaire juridique, traduit: 'la chose qui a été faite entre les uns ne nuit ni ne profite aux autres.' On présume qu'elle est l'oeuvre d'un jurisconsulte classique; car elle se rapproche par as forme de nombreux textes des Pandectes dont elle est visiblement inspirée: L. 74. D. de regul jur.; L. 17 paragraphes 4, 1, 27 (Code IVII T. 60). Il est surprenant de constater que sous cet aspect dépouillé elle est citée par non anciens auteurs, par les interprétes modernes, mais qu'en droit romain elle n'existe pas. Il y a des règles approcehées, de même sens, mais de forme moins heureuse. L'essentiel c'est que son origine soit incontestable: l'idée vient des Romains. Ces grands artisans du droit des obligations exprimaient une fois de plus, par cet adage, leur gout de la liberté et de l'indépendance des individus. Un acte juridique est une oeuvre essentiellement volontaire: il est difficile de le concevoir, abstraction faite du consentement de ses auteurs. Il est impossible d'admettre que deux personne puisent, par leurs seules volontés en rendre une autre créanciére ou débitrice sans son approbation. La base du contrat étant la volonté, sans accord, pas de lien juridique. (...) A la base de la maxime, nous retrouvons le grand principe de l'egalité essentielle des homes, de leur indépendance, de leur nécessaire autonomie. Que deux d'entre eux conviennent de rendre un troisième, absent de ces négociations, créancier

que *"l'article 1165 du Code civil est plus qu'une règle de droit civil français; c'est une exigence de liberte; c'est l'honneur et la dignité de l'homme"*[113] e que o referido artigo e o art. 1134 são inseparáveis e complementares[114]. A título de conclusão, afasta o art. 1165 como fundamento para inoponibilidade, pois tal entendimento seria contrário à razão, às regras do direito francês e a uma saudável compreensão psicológica e arremata seu posicionamento à luz de análise empírica[115]. Para facilitar o entendimento de seu posicionamento, Calastreng criou uma interessante metáfora:

> *"Pour mieux faire saisir notre pensée, nous nous servirons d'une image, celle par exemple que nous suggère la ronde enfantine. Nul enfant ne peut en obliger un autre à entrer dans le jeu; il ne peut, par sa seule volontè, lui imposer ce plaisir or cet ennui. Mais l'enfant doit tolérer la ronde de ses camarades, la voir passer et cela, indiscutablement, peut le peiner ou le réjouir; elle lui est opposable comme un fait."*[116]

A título de síntese, o traço marcante que aproxima as obras de Weill e Calastreng é a configuração da oponibilidade como uma outra face da relatividade dos efeitos decorrentes da obrigação. Estando a relatividade na interface entre os pólos da relação obrigacional e a oponibilidade criando

---

ou débiteur, qu'ils s'accordent pour vendre sa chose, ou qu'ils décident de le marier, est nettement attentatoire à la personne humaine. La raison, le sens de la Justice, le besoin de sécurité s'opposent à ce que des individus par leur entente en lient un autre; cela n'a pas besoin d'être prouve, l'être humain vient au monde avec cette mystérieuse certitude." S. CALASTRENG, Simone. op. cit., p. 5-8.

[113] CALASTRENG, Simone. op. cit., p. 413.

[114] "L'article 1134 du Code civil consacre la liberté conventionelle de chacun. L'article 1165, en limitant à certaines personnes les effets des conventions affirme par là même la liberte des tiers. Les articles 1134 et 1165 sont inséparables, ils sont complémentaires." CALASTRENG, Simone. op. cit., p. 413-414.

[115] "Nous espérons, dans cette thèse, avoir dégagé l'article 1165 du Code civil de cette liane envahissante et dangereuse qu'est le prétendu principe de l'inopposabilitè des conventions. Il faut comprendre que, sans attenter aux dispositions du Code, un contrat peut nuire ou profiter aux tiers. Parce qu'il est naturellement plongé dans le milieu humain, il reflue nécessairement, il échappe au cercle parfaitement clos des parties et des personnes assimilées; il atteint indirectement autrui. S'il est un acte réalisable entre contractants seulement, il est aussi un fait qui, à ce titre, peut naturellement réfléchir sur d'autres et acquérir des prolongements inattendus. Il est donc régulier que le contrat don't l'existence est certaine soit opposable à tous, exige de tous un respect attentif." CALASTRENG, Simone. op. cit., p. 415.

[116] CALASTRENG, Simone. op. cit., p. 21.

um dever de abstenção aos terceiros como forma até mesmo de garantir o cumprimento da obrigação.

2.1.4. José Duclos (1984) – consolidação e sistematização do conceito de oponibilidade

Após a longa evolução jurisprudencial e doutrinária francesa na análise da interface de terceiro nas relações obrigacionais e os esforços mais organizados, porém não suficientes de Weill e Calastreng, José Duclos teve a importante iniciativa de sistematizar de modo mais detalhado o conceito de oponibilidade no direito francês. Em seu estudo, não se limitou à esfera obrigacional, versou também sobre a oponibilidade dos direitos reais e de personalidade[117].

A análise da estrutura bipartite da obra *L'opposabilité (essai d'une théorie générale)* já diz bastante sobre o trabalho realizado. Na primeira parte, Duclos trata sobre o princípio da oponibilidade, trazendo em destaque a relação entre a oponibilidade e a relatividade dos efeitos contratuais em termos estritamente teóricos[118], ou seja, consolida a orientação da doutrina francesa sobre a matéria. Na segunda parte, sua abordagem volta-se para a utilização prática da oponibilidade com grande destaque para o papel desempenhado pelo conhecimento do terceiro sobre a relação jurídica a ele oponível[119].

[117] A aplicação da oponibilidade nas demandas judiciais, principalmente com relação à coisa julgada não será objeto da presente tese por dizer respeito à discussão puramente processual, mas foi objeto de estudo por Duclos.

[118] "Au point de vue d'abord du principe, malgré le laxisme du vocabulaire habituellement utilisé, l'originalité de la notion d'opposabilité apparaît surtout par contraste avec la relativité de l'effet direct. Cette dernière n'est pas synonyme en effet d'inopposabilité: au contraire tout les éléments juridiques – faits, actes, droits et situations – bien que relatifs, sont virtuellement opposables. On devine aisément dès lors, que le concept d'opposabilité distingué de celui de relativité, represente un précieux instrument d'analyse de la structure et de l'efficacité des divers éléments de l'ordre juridique." DUCLOS, José. *L'opposabilité*: essai d'une théorie générale, cit., p. 31.

[119] "Au point de vue ensuite de le mise en oeuvre, la connaissance par les tiers des éléments juridiques caractérise l'opposabilité, laquelle n'apparaît plus sous cet angle comme une qualité inhérente à tout élément, mais comme un acquis. Il convient donc de préciser le rôle de cette connaissance. Et cette fois, l'opposabilité conduit à s'elever au plan supérieur de la cohérence du système juridique, spécialment dans les rapports entre tiers et acteurs directs." DUCLOS, José. op. cit., p. 31.

A INTERFERÊNCIA LESIVA DE TERCEIRO NA RELAÇÃO OBRIGACIONAL

Com recurso à imagem de um círculo[120], Duclos diferencia os *acteurs directs* ou *sujets directs* ao interno do círculo, cujo relacionamento está baseado nos efeitos diretos da relação jurídica. Por sua vez, os efeitos indiretos, campo de atuação da oponibilidade, localizam-se na parte externa do círculo e dizem respeito aos não *acteurs directs*, ou seja, aos terceiros. Nesse contexto, a relatividade, relacionada à parte interna do círculo, tem a importância de garantir uma *liberté minimale*, na medida em que garante aos indivíduos que apenas a sua própria ação pode obrigá-los diretamente. Já a oponibilidade consagra a interdependência dos indivíduos na vida em sociedade na medida em que devem respeitar situações criadas pelos demais e, com isso, todos os elementos jurídicos são, ao menos em tese, relativos e oponíveis[121].

Na base teórica de seu raciocínio, Duclos destaca o conceito de direito subjetivo. De acordo com o autor francês, todas as prerrogativas existem em razão das relações de seu titular com seus semelhantes, sendo a vida em sociedade que justifica a existência de direitos subjetivos[122]. Nesse contexto, destaca a *opposabilité* como *"laquelle relie les différentes sphères d'activité juridique entre elles. Cette notion est donc inhérente à celle de droit subjectif"*[123]. Além da oponibilidade, ainda segundo Duclos, a *relativité* também figura como componente da estrutura dos direitos subjetivos[124], esta referente à

---

[120] "Afin de mieux saisir en quoi l'effet indirect consiste, il est possible dans un premier temps, 'd'une manière toute physique, pour ainsi dire, comme on distingue le dedans et le dehors', d'imaginer un cercle dont la circonférence délimite, en deça et au-delà, dieux tipes de rapport juridique. L'intérieur représente le domaine de l'effet direct: il concerne les personnes directement en relation avec l'élément juridique considéré, et que l'on peut donc appeler globalement les 'acteurs directs' ou 'sujets directs'. Ce rapport interne peut d'ailleurs existe aussi bien entre plusiers individus, comme les cocontractants ou les colitigants, qu'entre une personne et une chose, comme pour les droits réels ou les droits intellectuels. A l'extérieur du cercle symboliquement tracé, se développe le rapport juridique indirect, domaine spécifique de l'opposabilité, laquelle en conséquence intéresse ceux qui ne sont pas acteurs directs, c'est-à-dire les tiers." DUCLOS, José. op. cit., p. 23.

[121] DUCLOS, José. op. cit., p. 26-27.

[122] "Si les droits subjectifs sont opposables, c'est simplement parce qu'ils constituent des prerogatives protégées par la loi et, plus simplement encore, parce qu'ils existent." DUCLOS, José. op. cit., p. 205.

[123] Na construção teórica do aspecto externo dos direitos subjetivos, foi de grande importância a contribuição de Jean Dabin com os conceitos de *alterité, inviolabilité* e *exigibilité*. Para maiores detalhes, confira-se a obra DABIN, Jean. *Le droit subjectif.* Paris: Dalloz, 1952. p. 93 e ss.

[124] DUCLOS, José. op. cit., p. 159.

relação interna (credor – devedor no direito de crédito) e a oponibilidade relacionada à relação externa (credor – terceiros).

Em termos concretos, significa que cada um *est tenu juridiquement* a respeitar os direitos dos demais[125]. Caso contrário, seria o caos generalizado e os direitos não teriam qualquer valor. Nesse ponto, é importante destacar que o autor está tratando da oponibilidade em tese, ou seja, não significa que o terceiro pode ser sempre responsabilizado pela interferência no exercício do direito de alguém[126].

Já o conhecimento pelo terceiro, presumido ou efetivo, é *la condition générale, represente la piéce maîtresse de la mise en oeuvre de l'opposabilité*. Dessa forma, partindo da premissa adotada por Duclos no sentido de que todos os elementos jurídicos são em princípio oponíveis, o que vai definir a aplicação da oponibilidade é o conhecimento, o qual está intimamente relacionado aos mecanismos de publicidade no caso dos direitos patrimoniais[127]. Ou

---

[125] Id. Ibid., p. 162.

[126] A respeito da teoria que justifica a oponibilidade com fundamento na propriedade de créditos, assim se manifestou Duclos: "Sans discuter en détail la théorie objectiviste et spécialement le 'système rationnel des droits patrimoniaux' de M. S. Ginossar, on doit rejeter, comme inutile, la justification de l'opposabilité du droit personnel par le concept de proprieté des creánces. C'est d'abord l'opportunité de ce concept lui-même qui est contestable. Il n'ajoute rien à la notion traditionelle de droit patrimonial: la possibilité de disposer caractérise les droits patrimoniaux, et personne n'a jamais douté que la créance constitue un bien inscrit à l'actif du patrimoine de son titulaire. Sans doute, peut-on estimer que cet aspect serait plus clairement exprimé, si au concept de titularité on substituait celui de proprieté. Cependant, en l'espèce, le mieux est n'ennemi du bien. Car, non seulement la notion de proprieté est vidée de son sens du fait de cette extension, mais encore la spécificité du droit de créance exige de réintroduire l'idée de rapport interpersonnel pour detérminer les pouvoirs du créancier. De toute façon, le recours à cet artifice ne s'explique pas davantage par la necessite de justifier l'opposabilité des créances: la proprieté absorbe ni la notion de droit subjectif, ni celle d'opposabilité. Ainsi, les droits de la personnalité sont opposables, bien que l'idée de proprieté soit encore moins adptée à ces prérogatives qu'aux obligations." DUCLOS, José. op. cit., p. 204-205.

[127] "L'opposabilité, comme le dieu antique Janus, se présente au juriste avec deux visages. Celui d'abord, qui apparait lorsqu'on l'examine dans son príncipe et son essence, et où elle est virtuellement commune à tous les éléments juridiques en dépit de leur relativité. Celui ensuite, qui se dévoile par l'étude de sa mise en oeuvre, et où l'efficience de l'opposabilité peut dépendre de la connaissance par le tiers de l'element juridique en cause. (...) Et finalement, cette dualité de vues correspond à deux dégres d'analyse: situé, le premier, au stade de la micro-analyse, puisqu'il envisage la structure et l'efficacité de chaque espèce d'élément juridique; le second, à celui de la macro-analyse, car il s'élève au plan supérieur de la cohérence générale du systéme juridique." DUCLOS, José. op. cit., p. 463.

seja, são considerações de cada um dos ordenamentos jurídicos sobre a eficácia da publicidade, relacionadas à conveniência, oportunidade e à coerência do comércio jurídico, que acabarão por definir o efetivo campo de atuação da oponibilidade.

A propósito, Duclos destaca, com razão, que a ausência de sistematização de informação legal sobre direitos pessoais ou direitos reais mobiliários não constitui uma lacuna do sistema jurídico, mas uma opção. Afinal, a publicação sistemática das obrigações seria inviável em termos práticos e, principalmente, sob o pretexto de segurança, seriam criados entraves à liberdade de agir, configurando paradoxalmente um clima totalmente contrário, marcado por insegurança, na medida em que a falta de informação é tão nefasta quanto o excesso de informações. Além de todos esses aspectos, não se pode esquecer dos custos envolvidos e do tempo gasto nessas operações de registro e busca por informações.

2.1.5. Robert Wintgen (2004): análise crítica da oponibilidade

O conceito de oponibilidade no âmbito do direito francês foi alvo de importantes críticas por parte de Wintgen, que realizou interessante estudo no qual verifica as bases do raciocínio que a fundamenta. Em sua análise, o referido autor questiona os fundamentos da oponibilidade partindo de uma comparação entre o regramento no direito francês e no direito alemão[128]. Esse estudo comparativo se demonstrou de grande valia no curso da obra referida na medida em que propiciou a Wintgen o distanciamento

---

[128] Um dos motivos de sua inquietação surge da constatação de que: "Le principe de l'opposabilitè est, en revanche, propre au droit français. Ni le principe lui-même, ni les principes dérivés en matière de responsabilité ne sont reconnu en droit allemand. Cette différence est surprenante. La surprise ne vient pas seulement de ce que ces deux droits connaissent un principe de l'effet relatif des contrats, mais également du caractère universel des fondements du principe de l'opposabilité proposés par la doctrine française. Selon les auteurs, ce principe est fondé sur l'idée que le contrat est un fait, qu'il crée des droits subjectifs par nature opposables à tous ou qu'il est obligatoire entre les parties et donc nécessairement opposable aux tiers. Or, il va de soi qu'en droit allemand, le contrat est également un fait, qu'il crée des droits subjectifs et qu'il est obligatoire entre les parties. Comment expliquer alors l'absence, en droit allemand, du principe d'opposabilité, considéré comme un correctif indispensable de l'effet relative des contrats en droit français?" WINTGEN, Robert. *Étude critique de la notion d'opposabilité*: les effets du contrat à l'egard des tiers en droit français et allemande, cit., p. 4.

necessário para correta ponderação de construção teórica já arraigada no direito francês.

O primeiro fundamento da aplicação da oponibilidade atacado por Wintgen é do contrato-fato. Em síntese, segundo essa corrente de pensamento, defendida por Weill e Calastreng, por exemplo, o contrato é um fato que se impõe pela sua própria existência, pela sua própria força. No entanto, o referido autor ressalva que os contratos só produzem efeito na medida em que um determinado dispositivo legal atribui a eles essa consequência jurídica[129]. Não é, portanto, um fato inerente, devendo ser analisado no interior de cada ordenamento e nessa medida é relevante sua análise à luz do direito alemão para diferenciar do que ocorre na França[130].

Acrescenta, ainda, que muitas vezes não é sequer o contrato o fato levado em consideração pelo direito para fundamentar a interface entre o contrato e terceiros, mas outras condutas e consequencias a ele relacionadas. Um bom exemplo relatado é o caso em que o cumprimento de uma obrigação contratual acaba por acarretar danos a um terceiro. Nesse cenário, não se faz necessário opor o contrato ao causador do dano, bastando, no direito francês, arguir a aplicação do artigo 1382 e aplicar a responsabilidade aquiliana.

A segunda teoria atacada por Wintgen é da oponibilidade absoluta dos direitos subjetivos. O citado autor reconhece ser válida a alegação de que seria incoerente e ilógico que um mesmo direito pudesse ser reconhecido a uma parte e ao mesmo tempo desconsiderado pelo terceiro, mas isso não significa deduzir que a violação de um direito subjetivo acarrete responsabilidade extracontratual[131].

Na verdade, a depender do ordenamento jurídico sob análise, a resposta pode variar entre a ausência de responsabilidade de terceiro à previsão expressa sobre oponibilidade existente no *Code des obligations civile et*

---

[129] "Pour l'instant, il suffit de souligner que l'opposabilité 'en tant que fait' ne peut produire aucun effet proper. L'intervention d'une règle qui contient dans son préssuposé un element du contrat ou le contrat lui-même est, dans cette logique, indispensable. L'existence du contrat n'est qu'un préalable, nécessaire, mais insuffisant, au 'rayonnement' du contrat ou à son 'opposabilité'." WINTGEN, Robert. op. cit., p. 91.

[130] Wintgen critica também a noção de fato social, chegando a afirmar que não tem significação jurídica. WINTGEN, Robert. op. cit., p. 94.

[131] WINTGEN, Robert. op. cit., p. 128.

commerciales du Sénégal[132]. Ou seja, a gradação da proteção ao direito subjetivo não passa de uma escolha de valores, plasmada em regras, não sendo, portanto, um efeito direito dos direitos subjetivos[133]. Caso contrário, em termos de oponibilidade, os direitos de crédito e reais teriam o mesmo tratamento.

Destaca-se, ainda, que Wintgen afasta também as variantes da teoria da oponibilidade absoluta dos direitos subjetivos[134] e defende que "L'opposabilité du contrat apparaîtrait ainsi dans le Code Civil comme ce qu'elle est: la possibilité pour la loi de faire produire au contrat des effets à l'egard des tiers."[135]

2.1.6. Conclusão parcial sobre o direito francês

À luz do que foi tratado no âmbito do direito francês, é possível sistematizar as seguintes afirmações:

a) desde meados do século XIX, a jurisprudência francesa reconhece a responsabilidade de terceiro por interferência na relação obrigacional;

b) no início do século XX, Pierre Hugueney teve papel de grande destaque ao escrever obra monográfica sobre o tema;

c) ao longo do século XX, a doutrina se esforçou na construção da base teórica para justificar que os limites da relatividade dos efeitos

---

[132] Chapitre III – Les effets du contrat, Section II – Effets a l'egard des tiers, Article 110 – Relativité du contrat: Le contrat ne produit d'obligations pour les tiers que dans le cas prévus par la loi. Cependant, le contrat leur est opposable dans la mesure ou il crée une situation juridique que les tiers ne peuvent méconnaître. NOUVEAU CODE DES OBLIGATIONS CIVILES ET COMMERCIALES. Sénégal. *Droit-Afrique*. Disponível em: <http://www.droit--afrique.com/images/textes/Senegal/Senegal%20-%20Code%20des%20obligations%20civiles%20et%20commerciales.pdf>. Acesso em: 16 nov. 2014.

[133] "Pour résumer les développements qui précèdent, on peut dire que la notion même de droit subjectif implique une exclusivité, un domaine reserve reconnu à son titulaire. Cette exclusivité ne préjuge pas pour autant des moyens par lesquels le droit l'assure. Une protection délictuelle du droit contre les atteintes qui y sont portées par des tiers est possible, mais elle n'est pas indispensables. Surtout, la portée d'une éventuelle protection délictuelle ne se déduit pas de la notion même de droit subjectif." WINTGEN, Robert. op. cit., p. 140-141.

[134] WINTGEN, Robert. op. cit., p. 141.

[135] WINTGEN, Robert. op. cit., p. 355.

contratuais – artigo 1.165 do *Code Civil* – não impediam que o terceiro tivesse a obrigação de respeitar o contrato;

d) nesse percurso, merece destaque a criação e o fortalecimento do conceito de oponibilidade como fator de eficácia perante terceiros;

e) atualmente, a construção clássica sobre oponibilidade como um conceito da teoria geral do direito privado sofre forte contestação na França, cabendo destacar a obra de Wintgen; e

f) durante toda a evolução do direito moderno francês, a corrente amplamente majoritária foi no sentido de responsabilização do terceiro por violação da relação obrigacional com fundamento no artigo 1.382 do *Code Civil*.

2.2. Itália: ampla esfera de responsabilização do terceiro (danno ingiusto) e importância do nexo de causalidade

> *"Il problema della risarcibilità del danno causato dal terzo che interferisce con il contratto, o induce l'inadempimento del contratto, si trova sotto il nuovo codice indissolubilmente legato alla definizione dell'ingiustizia del danno." (B. G. TEDESCHI, L'interferenza del terzo nei rapporti contrattuali: un'indagine comparatistica*, Dott. A. Giuffrè Editore, S.p.A., Milano, 2008, p. 288)[136]

[136] A propósito das bases históricas para elaboração da cláusula geral de responsabilidade extracontratual no *Codice Civile*, GALGANO ensina: "Nelle codificazioni moderne confluiscono, in misura diversa nelle varie codificazioni, sia materiali di fonte romana, con gli adattamenti apportati da glosatori e commentatori, sia materiali di piú recente fonte giusnaturalistica. I primi sono piú largamente ricevuti nell'area tedesca, dove il diritto romano era rimasto in vigore fino al 1899 ed i giudici avevano continuato ad applicare, fino a quella data, la lex aquilia de damno, sia pure con tutte le variante richieste non solo dalla mutata realtà economica e sociale della Germania dell'Ottocento, ma anche dalla ben diversa sensibilità culturale che in essa era maturata. In Francia, per contro, è più avvertibile l'influsso del giusnaturalismo, anche se il code civil del 1804 si esprime ancora, romanisticamente, in termine di 'delitti' (art. 1382). Tali sono 'qualunque fatto dell'uomo, che cagioni ad altri un danno": nasce ciò che noi definiamo come l'atipicità del danno risarcibile, comprensivo di qualsiasi specie di danno da altri cagionato. Resterà, invece, tipico, secondo la tradizione romanistica, il danno che il codice civile tedesco del 1900 valuterà come risarcibile: dalla tradizione romanistica il BGB si discosta sul terreno lessicale: non si parla più di delitti, ma di atti illeciti (Unerbaubte Handlungen); il § 823 limita la tutela aquiliana a specifici beni, quali 'la vita, il corpo, la salute, la libertà, la proprietà o altri diritti'". (...) Il codice civile italiano del 1865, che si esprimeva ancora in termini di 'delitti', aveva ripetuto, anche nella sostanza, la norma del code Napoléon, facendo riferimento 'a qualunque fatto dell'uomo che

Em obra publicada em 2010 e reimpressa em 2011, Guido Alpa qualifica a *fattispecie* lesão do direito de crédito por terceiro como *"una delle più eleganti questioni di responsabilità civile che da mezzo secolo appassiona i giuristi italiani"*[137].

Nesse pequeno trecho do renomado professor, podem ser extraídas algumas informações importantes sobre o tema no direito italiano. Inicialmente, a complexidade e as nuances envolvidas ao tratar da questão – definida como elegante. Em seguida, o grande interesse dos juristas italianos pela matéria, refletida em vasta produção científica sobre o tema[138].

O fortalecimento do interesse pelo tema no direito italiano confunde-se com a análise de duas tragédias que envolveram a *Associazione Calcio Torino*. O primeiro caso, conhecido como Superga, refere-se ao acidente aéreo na colina Superga, que vitimou todos os atletas da equipe de futebol do Torino. Na demanda judicial, que contou com a participação dos mais renomados juristas italianos como advogados das partes ou pareceristas, a *Associazione* pretendia que a companhia aérea fosse responsabilizada pelo dano resultante da extinção do vínculo com cada um de seus jogadores. Em todas as instâncias, a demanda foi julgada improcedente, mas o caso teve o grande mérito de trazer o tema para a pauta dos grandes juristas italianos da época, entre os quais podem ser citados Andrioli, Barbero[139], Bigiavi[140],

---

arreca danno ad altri' (art. 1151). Il vigente codice civile adotta, invece, una formula che può considerarsi intermedia fra i modelli francese e tedesco: resta, secondo il primo modelo, la atipicità del danno; ma è legislativamente introdotto un criterio seletivo dei danni risarcibili, essendo tali solo i danni definibili come ingiusti (art. 2043). Non ogni danno è risarcibile, come vuole il sistema francese; ma la selezione dei danni risarcibili non è fatta dal legislatore, come nel sistema tedesco, essendo invece rimessa all'interprete, e piú oltre si dirá quale evoluzione abbia ricevuto, nell'esperienza italiana, l'interpretazione della clausola generale del danno ingiusto." GALGANO, Francesco. *Trattato di diritto civile*. 2. ed. Padova: Cedam, 2010. v. 3, p. 104.

[137] ALPA, Guido. *La responsabilità civile*: principi, cit., p. 264.

[138] Entre outras obras, podem ser citadas: BUSNELLI, Francesco Donato. *La lesione del credito da parte di terzi*. Milano: Giuffrè, 1964; DI MARTINO, Patrizia. La responsabilità del terzo "complice" nell'inadempimento contrattuale. *Rivista Trimestrale di Diritto e Procedura Civile*, Milano, ano 29, n. 4, 1975. BESSONE, Mario, Lesione del credito, l'induzione a non adempiere, la tutela aquiliana dei diritti personali di godimento negli orientamenti di uma giurisprudenza evoluta. *Rivista del Notariato Rassegna di Diritto e Pratica Notarile*, v. 36, 1982; TEDESCHI, Bianca Gardella. *L'interferenza del terzo nei rapporti contrattuali*: un'indagine comparatistica. Milano: Giuffrè, 2008.

[139] BARBERO, Domenico. Responsabilità aquiliana per lesione di rapporto personale. *Il Foro Padano*, v. 6, 1951, p. 157-168.

[140] W. BIGIAVI. L'associazione Calcio Torino e il disastro di Superga. *Giur. it.*, 1951. IV, 81.

Greco[141], Nicolò, Pugliatti, Redenti[142], Trabucchi – em favor do time de futebol – já Ambrosini, Betti[143], Riccobono e Vassalli[144] com entendimento favorável aos interesses da companhia aérea.

No âmbito jurisprudencial, a situação mudou com o julgamento pela Corte de Cassação do caso Meroni. O jogador Luigi Meroni, uma das principais estrelas da *Associazione Calcio Torino* à época foi vítima de um acidente automobilístico. Na ocasião, a referida associação ingressou com demanda para obter o ressarcimento de Attilio Romero pelos danos sofridos em razão da morte do jogador e obteve êxito na última instância recursal, em julgamento com grande repercussão no direito italiano[145].

Atualmente, de maneira semelhante ao que ocorre no direito francês em termos de consequências jurídicas, a responsabilidade jurídica do terceiro por violação ao direito de crédito é pacífica. A construção jurídica da península tem como pilar o art. 2043[146] do código civil italiano e a interpretação do conceito de *danno ingiusto* presente no referido dispositivo[147].

---

[141] GRECO, Paolo. Se un'associazione calcistica ha diritto a risarcimento del danno aquiliano per la perdita della sua squadra avvenuta durante un trasporto aereo. *Rivista del Diritto Commerciale e del Diritto Generale delle Obbligazioni*, Milano, anno 49, pt. 1, p. 422-435.

[142] REDENTI, E. Aspetti giuridici della tragedia di Superga. *Giur. it.*, 1951, IV, 49.

[143] BETTI, Emilio. Sui limiti giuridici della responsabilità aquiliana. *Nuova Rivista di Diritto Commerciale, Diritto dell'Economia, Diritto Sociale*, v. 4, pt. 1, p. 143-150, 1951.

[144] VASSALLI, Responsabilità contrattuale ed extracontrattuale per la morte del passeggero in trasporto aereo. *Riv. it. sc. giur.*, 1950, 128.

[145] "È pur vero che già prima di tale sentenza il principio della risarcibilità della lesione del credito si andava sporadicamente affermando nella giurisprudenza di merito (App. Napoli, 2.7.1965, in Foro Pad., 1966, I, 221, con nota di BUSNELLI; Trib. Milano, 15.10.1964, in Temi nap., 1965, 96; Trib. Roma, 12.8.1952, in Foro it., 1953, I, 693), e non mancava di avere qualche remoto precedente nella stessa giurisprudenza di legittimità (Cass., 17.7.1940, n. 2411, in Rep. Foro it., 1940, voce "Responsabilità civile", n. 305; Cass., 30.3.1942, n. 882, in Rep. Foro it., 1942, voce 'Obbligazioni e contratti', n. 325; e per alcune applicazioni specifiche, cfr. Cass. 29.1.1964, n. 229, e Cass., 25.10.1961, n. 2371, in Foro it., 1964, I, 778). Ma solo con la sentenza n. 174 del 1971 il principio si afferma con carattere di generalità." ALPA, Guido; FERRANDO, Gilda. La lesione del diritto di credito da parte di terzi. *La Nuova Giurisprudenza Civile Commentata*, anno 1, parte prima, 1985. p. 52.

[146] Art. 2043 – Risarcimento per fatto illecito. Qualunque fatto doloso o colposo, che cagiona ad altri un danno ingiusto, obbliga colui che ha commesso il fatto a risarcire il danno.

[147] Analisando o julgamento do caso Meroni, ALPA leciona que: "I passi più salienti riguardano: (i) l'ammissibilità in astratto del risarcimento della lesione del credito; ciò perché la formula di 'danno ingiusto' di cui all'art. 2043 si deve intendere come 'danno prodotto non iure e contra ius: non iure, nel senso che il fatto produttivo del danno non debba essere altrimenti giustificato dall'ordinamento (per esempio, artt. 2044 e 2045 cod. civ.); contra ius, nel senso

Considerando o teor do mencionado dispositivo legal, não se exige sequer a natureza de direito para fins de proteção contra a interferência de terceiro, sendo admitidos os *interessi meritevoli di tutela*. Até chegar a esse estágio de desenvolvimento da cultura jurídica italiana, o qual também será tratado com riqueza de detalhes, a evolução no estudo da matéria é de grande valia para reflexão no direito brasileiro, justificando a breve incursão histórica no próximo item.

2.2.1. Breves apontamentos históricos e desconstrução de conceito arraigado sobre o art. 1.372 do Codice Civile[148]

Para fins de tratamento da responsabilidade de terceiro por direito de crédito no direito italiano moderno e contemporâneo, propõe-se a divisão da matéria em três fases, quais sejam, (i) do Código Civil de 1865 ao Código Civil de 1942; (ii) do Código Civil de 1942 até começo da década de 70 e (iii) a fase atual: da década de 70 até os dias de hoje[149]. Conforme restará demonstrado ao longo do presente item, são identificáveis traços que marcam cada uma dessas fases, o que não significa dizer que não havia vozes dissonantes em cada uma das etapas. Pretende-se apenas relatar os traços

---

che il fatto debba ledere una situazione soggettiva riconosciuta e garantita dall'ordinamento giuridico nella forma del diritto soggettivo. La quale interpretazione, mentre lascia fuori dalla sfera di protezione dell'art. 2043 quegli interessi che non siano assurti al rango di diritti soggettivi (...) pone in luce, d'altra parte, l'arbitrarietà di ogni discriminazione fra una categoria e l'altra dei diritti soggettivi, al fine di riconoscere o escludere la difesa aquiliana'; (ii) la qualificazione del danno come diretto e immediato; ciò perché non si puó escludere che il dano sia tale solo facendo una correlazione tra bene leso e norma che quel bene direttamente tutela; questa connessione – precisano i giudici – si porrebbe in contrasto con i saldi principi recepiti dalla giurisprudenza della Suprema Corte, la quale, da un lato, in caso di reato, non solo alla persona offesa dal reato ma a chi sia 'danneggiata dal reato, e dall'altro lato, ammette il diritto al risarcimento a favore dei familiari del debitore ucciso, ma a titolo proprio, non a titolo ereditario; (iii) le condizioni perchè la lesione di credito sia risarcibile: esse riguardano l'estinzione dell'obbligazione conseguente alla uccisione del debitore, la definitivà e irreparabilità della perdita del creditore, la insostituibilità del debitore." ALPA, Guido. *La responsabilità civile*: principi, cit., p. 269-270.

[148] Art. 1372 – Il contratto ha forza di legge tra le parti. Non può essere sciolto che per mutuo consenso o per cause ammesse dalla legge. Il contratto non produce effetto rispetto ai terzi che nei casi previsti dalla legge.

[149] Essa divisão é influenciada pela análise da matéria proposta por TEDESCHI, Bianca Gardella. op. cit.

marcantes de cada período e trazer ao leitor panorama mais próximo da realidade italiana do que simplesmente afirmar que a admissão da responsabilidade do terceiro só ocorreu de modo reiterado depois do julgamento do caso Meroni, até porque isso significaria simplificação indevida da evolução da matéria. A propósito, será feita uma análise aprofundada desse julgamento, bem como do episódio Superga para verificar se são, de fato, casos em que a resposta deve ter como fundamento a responsabilidade de terceiro por interferência do direito de crédito.

Sob a égide do Código Civil de 1865, autores italianos de grande expressão não vislumbravam qualquer dificuldade na responsabilização de terceiro por violação do contrato. Polacco, por exemplo, trata do "generico dovere di non turbare terze persone nell'esercizio delle loro attività" e com fundamento na obrigação geral de *neminem laedere*.

Na visão de Carnelutti, "*la responsabilità del terzo che interviene nella violazione del contratto, o comunque nell'adempimento dell'obbligazione, è così energicamente affermata dalla coscienza comune che non vi sono esitazioni, in pratica, nel ritenerla; ma vi sono invece oscillazioni nella teoria quando si tratta di spiegarla con i principi*"[150]. Para justificar seu entendimento, afirma que a ilicitude da conduta do terceiro que coopera com o devedor no inadimplemento é um corolário lógico da ilicitude do inadimplemento[151], ou seja, não extrai o fundamento da responsabilidade de um dever do terceiro de respeitar o contrato por entender que as obrigações dele decorrentes são limitadas ao contratante.

Percebe-se, em todos os autores citados e sob diferentes fundamentos, uma preocupação comum de responsabilizar o terceiro que viola ou contribui para a violação de uma obrigação contratual. A ilicitude, para os autores italianos da época, deriva da violação do direito alheio, sem qualquer outra especificação técnica[152].

No caso específico dos contratos de locação, confira-se o entendimento de Abello, renomado jurista italiano na matéria:

---

[150] CARNELUTTI, F. Appunti sulle obbligazioni. *Rivista del Diritto Commerciale*, Milano, v. 1, p. 525, 554, 1915.

[151] Id. Ibid., p. 555.

[152] Citando a obra de vários autores como F. Ricci, G. Giorgi e G. Cesareo Consolo, confira-se TEDESCHI, Bianca Gardella. op. cit., p. 277.

"La lettera latissima della legge e lo spirito del sistema legislativo patrio inducono a ritenere che qualsiasi violazione di diritto (e non v'è ragione per escludere quelli d'obbligazione) obbliga al risarcimento, senza che basti obiettare che in ordine ai diritti d'obbligazione non può parlarsi di violazione da parte dei terzi perchè in tali rapporti nulla deve potersi pretendere se non da chi è obbligato e il danno recato alla cosa non è per sé lesivo del diritto di obbligazione a questa rivolta."[153]

Diante de posicionamentos doutrinários que claramente indicavam a resposta sobre a responsabilidade do terceiro, mas não mencionavam de modo preciso o fundamento legal para tanto, coube à jurisprudência o papel de apreciar de modo mais técnico a matéria. Por exemplo, um julgado de 1937 indica expressamente o dispositivo de lei a fundamentar a responsabilidade do terceiro e o mais interessante: em fase ainda de tratativas. Confira-se: *"Il terzo che, in occasione di una trattativa di contratto tra due persone abbia, per malizia, dato delle informazioni inesatte e per tal modo provocato l'errore e causato il danno di uno dei contraenti, può essere dichiarato responsabile e condannato al risarcimento a norma degli* art. 1.151 e seg. Cod. Civ."[154]. Ao comentar o julgado, Lordi também defende a adoção do art. 1.151 do Código Civil Italiano de 1865 como fundamento legal[155].

Sob a égide do Código Civil de 1865, outro fato importante que contribuiu para a evolução da regulamentação da responsabilidade do terceiro foi a não existência de regulamentação específica para a concorrência desleal. Com isso, o regramento da concorrência desleal acabou sendo feito com fundamento no art. 1.151, conforme lecionam Franceschelli e Ascarelli[156].

---

[153] L. ABELLO, Della locazione, in P. FIORE, Il diritto civile italiano, Napoli, 1905, 161, *apud* TEDESCHI, Bianca Gardella. op. cit., p. 267.

[154] Cass., 31 maggio 1937, Riv. dir. comm., 1937, II, p. 481.

[155] "Qualunque fatto dell'uomo che arreca danno ad altri obbliga quello per colpa del quale à avvenuto a risarcire il danno: 1.151 c.c. Se il dano è arrecato a mezzo di contratto (cioè dal contraente) ovvero a chi contrata (cioè al contraente) resta sempre la responsabilità per danno recato. Il contratto non è un diaframma che valga ad immunizzare il colpevole dall'obbligo di risarcire il danno." L. LORDI, Contratto a danno di terzi e danno recato da un terzo a un contratante, in Riv. dir. comm., 1937, II, p. 489.

[156] FRANCESCHELLI, Remo. *Sulla concorrenza sleale, in Studi riuniti di diritto industriale*, cit., 353 e prima in Annuario di diritto comparato e di Studi legislative, XXXI, 1955 e Riv. dir. ind., 1954, I, 197; ASCARELLI, Tulio. *Teoria della concorrenza e dei beni immateriali: istituzioni di diritto industriale.* 3 ed. Milano: Giuffrè, 1960.

INTERFERÊNCIA DE TERCEIRO NA RELAÇÃO OBRIGACIONAL

Nesse contexto, o campo de aplicação do art. 1.151 do Código Civil italiano[157], o qual, à semelhança do Código Civil francês, adotou a fórmula de responsabilização do *neminem laedere*[158], acabou sendo bastante amplo. O contato com a doutrina alemã da época fez nascer uma relevante discussão na Itália sobre a diferença entre culpa e antijuridicidade, o primeiro termo relacionado ao estado subjetivo do terceiro e o segundo, ao fato objetivo do direito violado[159].

Segundo Bianca Gardella Tedeschi, "*la natura del diritto risarcibile non era centrale nella riflessione degli interpreti sotto il vechio codice ed il problema della lesione del credito era un argomento marginale nei primi importante studi sulla responsabilità extracontrattuale nel nostro ordinamento*"[160]. Isso, no entanto, conforme expressamente reconhecido pela referida autora, não significa que juristas já no final do século XIX e início do século XX não trouxessem clara a ideia de proteção dos direitos pessoais decorrentes de obrigações[161].

---

[157] A propósito do referido dispositivo legal, confira-se o interessante artigo de G. ROTONDI, Dalla 'lex aquilia' all'art. 1.151 cod. civ. Ricerche storico-dogmatiche, Riv. dir. comm., 1917, I, p. 236.

[158] O caso mais famoso de não adoção de uma cláusula geral de responsabilidade é o alemão. A propósito do tema, ZIMMERMANN, Reinhard. *Roman law, contemporary law, European law*: the civilian tradition today. Oxford: Oxford University Press, 2001. p. 52 ss. O autor informa que a definição do teor do §823 do BGB foi resultado de uma apertada votação em que o modelo atual venceu por 10 votos a 8 a corrente que optava por uma ampla fórmula de responsabilidade com base no modelo francês.

[159] Confira sobre o tema a interessante obra de CURSI, Maria Floriana. *Iniuria cum damno. Antigiuridicità e colpevolezza nella storia del danno aquiliano*. Milano: Giuffrè, 2002.

[160] TEDESCHI, Bianca Gardella. op. cit., p. 279.

[161] TEDESCHI, Bianca Gardella. op. cit., p. 279. Oportunidade em que traz citações de CHIRONI, Colpa extracontrattuale, Torino, 1886, I, 62, 84: "sia il diritto reale, o personale, quando sia ingiustamente leso, ha sempre luogo la responsabilità dell'ofensore"; FADDA, Rapporti del conduttore coi terzi in tema di danni, Giur. it., 1891, I, 1, 66,132: "L'art. 1.151 Codice Civile italiano dispone che qualunque fatto dell'uomo, che arreca danno ad altri, obbliga quello per colpa del quale è avvenuto, a risarcire il danno. In questa espressione così larga e comprensiva rientra qualunque fatto lesivo di un diritto altrui, ove manchi la violazione del diritto manca inesorabilmente l'obbligo al risarcimento. (...) Naturalmente le parole della lege e lo spirito del nostro sistema legislativo hanno tolto di mezzo tutte le restrizioni che accompagnavano nel diritto romano la lex Aquilia. Qualunque violazione di qualunque diritto costituisce un delitto o un quasi delitto civile ed obbliga al risarcimento. Sono quindi egualmente protetti non solo il dominio ed i così detti diritti reali frazionari, ma i diritti di obbligazione, quelli di famiglia, e quelli sulla propria persona"; e POLACCO, Le obbligazioni nel diritto civile italiano, I, 2ª ed., Roma, 1915. P. 25-26: "Quando si dice che il diritto di obbligazione o di credito spetta in confronto ad una determinata persona, mentre il

Com o advento do Código Civil de 1942, chega-se a uma nova fase no tratamento da matéria no direito italiano[162]. Esse novo momento é justificado por duas mudanças de grande revelância: o tratamento autônomo da concorrência desleal – arts. 2.598 a 2.601 do *Codice*[163] – tema responsável por grande parte dos casos apreciados até então sob a égide da interferência de terceiro no direito de crédito e a introdução da expressão *"danno ingiusto"*[164] no art. 2043, que corresponde ao antigo art. 1.151 do Código Civil de 1865.

A propósito da inclusão na expressão, confira-se o seguinte trecho da Relazione al Re, n. 267:

> *"Perché il fatto doloso o colposo sia fonte di responsabilità occorre che esso produca un danno ingiusto. Si precisa, così, conferendo maggior chiarezza alla norma dell'art. 1151 cod. civ. 1865, che la colpa e l'iniuria sono concetti distinti e quindi si esige che il fatto o l'omissione, per essere fonte di responsabilità debba essere doloso o colposo, ossia imputabile, e debba inoltre essere compiuto mediante la lesione dell'altrui sfera giuridica."*[165]

Tal foco na esfera jurídica do sujeito lesado, conjugado com a influência do direito alemão sobre a matéria, em que a previsão no § 823 do BGB não é geral como na França, por exemplo, acabaram por fazer com que se

---

diritto reale in confronto a tutti, si vuol significare soltanto questa verità, essere il contenuto dell'obbligazione tale che solo una determinata persona (il debitore) ha la possibilità di non prestarlo perché è altresì la sola che di prestarlo ha l'obbligo: il nesso obbligatorio, come tale, lega solo la persona del debitore al creditore, e quindi egli può solo ledere il diritto non adempimento: a tutti incombe (...), il generale dovere di non turbare terze persone nella loro attività. Quand'io, per esempio, impedisco con la violenza a Tizio di pagare il suo creditore Caio, non che io non adempia il dovere ch'è correlativo al diritto di Caio, ché soltanto da parte del debitore si riscontra il dovere di compiere quella tal prestazione correlativa al diritto del creditore. Manco invece all'obbligo generico del neminem laedere".

[162] Ainda que a influência alemã seja marcante, principalmente na doutrina, o fato é que o Codice mantém a fórmula geral de responsabilidade inspirada no *neminem laedere* e não na categorização em ilícitos típicos. A esse respeito, ALPA, Guido, Danno ingiusto e ruolo della colpa. Un profilo storico. *Rivista di Diritto Civile*, Padova, v. 36, n. 2, p. 148 e ss., mar./apr. 1990.

[163] No direito alemão, a matéria da concorrência desleal foi subtraída da disciplina dos atos ilícitos nos §§ 823 a 826 do BGB em virtude da lei de 7 de junho de 1909.

[164] TEDESCHI, Bianca Gardella. op. cit., p. 288: Il problema della risarcibilità del danno causato dal terzo che interferisce con il contratto, o induce l'inadempimento del contratto, si trova sotto il nuovo codice indissolubilmente legato alla definizione dell'ingiustizia del danno."

[165] Apud ALPA, Guido Danno ingiusto e ruolo della colpa. Un profilo storico, cit., p. 135.

fortalecesse a corrente que defende a impossibilidade de ressarcimento decorrente da lesão do direito de crédito.

À luz dos fatos já apresentados, percebe-se claramente que o tratamento da lesão do direito de crédito como não passível de ressarcimento não é uma visão antiga no direito italiano, mas fruto de uma mudança de entendimento em virtude das alterações no Código Civil de 1942 e da influência da doutrina alemã. Nesse contexto, é marcante a obra de De Cupis intitulada *Il danno. Teoria generale della responsabilità civile*[166], cuja primeira edição é de 1946, ou seja, poucos anos após a entrada em vigor do novo *Codice*. O autor identifica a injustiça do dano apenas nas hipóteses em que ocorre violação de direito subjetivo absoluto. A justificativa é extraída do Direito Romano, na medida em que a ação com base da Lex Aquilia não era concedida aos titulares de direito de crédito. Por mais que a base de sua análise seja extremamente restritiva, De Cupis admite, em caráter excepcional, a responsabilidade de terceiros quando possuem o único escopo de causar prejuízo a um dos pólos da relação obrigacional.

Com uma análise diferente da apresentada por De Cupis, outros autores como Barassi[167] defendiam que a violação ao direito de crédito deveria ser ressarcida. O último, aliás, já distinguia a responsabilidade do devedor e do terceiro, destacando que o primeiro responde pelo inadimplemento e o segundo pelo ato ilícito de natureza extracontratual.

Em que pesem esses últimos posicionamentos, fortemente influenciados pela doutrina francesa, o fato é que a leitura inicial da *ingiustizia del danno* após o Código Civil de 1942 é fortemente restritiva e limitativa da responsabilização por violação do direito de crédito. No cenário evolutivo específico de admissão da tutela do direito de crédito, possuem papel central os célebres casos conhecidos como Superga e Meroni, os quais serão objeto de tratamento específico e detalhado na sequencia.

Após esses julgados, o posicionamento foi alterado e a expansão do que se considera *danno ingiusto* tornou-se marcante no direito italiano, conforme explica Galgano:

---

[166] DE CUPIS, Adriano. *Il danno: teoria generale della responsabilità civile*. Milano: Giuffrè, 1979. v. 1, p. 286 ss.

[167] BARASSI, Ludovico. La teoria generale delle obbligazioni. Milano: Giuffrè, 1948.

A INTERFERÊNCIA LESIVA DE TERCEIRO NA RELAÇÃO OBRIGACIONAL

"Al riguardo bisogna subito dire che l'area del danno risarcibile suscita l'immagine dell'universo in espansione: gli antichi limiti giurisprudenziali della tutela aquiliana sono stati gradatamente superati; le nuove frontiere raggiunte sono state a loro volta valicate da una giurisprudenza propensa ad attingere sempre più largamente dalla clausola generale della risarcibilità del 'danno ingiusto'. La principale linea di espansione si è svolta lungo la sequenza: a) danno ingiusto uguale lesione di un diritto assoluto; b) danno ingiusto uguale lesione di un diritto soggettivo, anche relativo; c) danno ingiusto uguale lesione di un interesse meritevole di tutela secondo l'ordinamento giuridico, anche se non protetto come diritto soggettivo. L'equazione di cui sub a) ha dominato la giurisprudenza fino a tutti gli anni sessanta. La tutela aquiliana era concepita come espressione della tutela spettante ai diritti assoluti: si muoveva dalla premessa che solo i diritti assoluti, cioè i diritti della personalità e i diritti reali, sono diritti erga omnes, protetti nei confronti di chiunque; sicché solo la lesione di un diritto assoluto poteva consentire al suo titolare di agire per danni contro chiunque lo avesse leso. A partire dagli anni settanta la giurisprudenza sprezza il nesso fra tutela risarcitoria e diritto erga omnes; accoglie l'idea che la risarcibilità del danno ingiusto sia una clausola generale, posta a presidio di ogni diritto, anche relativo, come il diritto di credito. Infine, nel corso degli anni novanta, è spezzato anche il nesso fra tutela risarcitoria e diritto soggettivo, e l'area del danno risarcibile è estesa fino a comprendere la lesione di qualsiasi interesse degno di tutela."[168]

Por mais que o enfoque principal na admissão de novas hipóteses de responsabilidade civil fosse da configuração do *danno ingiusto*, não se pode deixar de lado a importância das novas interpretações dadas aos demais elementos da responsabilidade civil[169], sempre aumentando os casos de

---

[168] GALGANO, Francesco. op. cit., v. 3, p. 115-116. No mesmo sentido, confira-se F. D. BUSNELLI: "Comune è stato l'impulso a un progressivo allargamento dell'area dei danni risarcibili, un tempo circoscritta ai soli fatti lesivi di diritti soggettivi assoluti, a loro volta identificati dalla dottrina tradizionale nei diritti reali e nei c.d. diritti della personalità tipizzati dal codice civile o desumibili dal codice penale (diritto all'integrità fisica; diritto al nome; diritto all'onore). Al riguardo, una svolta particolarmente significativa si è verificata quando, a seguito di un ampio dibattito dottrinale culminato in un clamoroso revirement della Corte di Cassazione, 'il capo del diritto assoluto è stato ... doppiato'. Diversi si sono manifestati gli indirizzi, quando si è cominciato a ipotizzare che 'dal piano dei diritti occorre trascorrere al piano degli interessi': e, ancora una volta, i fattori di diversità si riallacciano alle distinte scelte di fondo." BUSNELLI, Francesco Donato; PATTI, Salvatore. *Danno e responsabilità civile.* 3. ed. Torino: G. Giappichelli, 2013. p. 153-154.

[169] "Giunta a questo punto, la giurisprudenza aveva esaurito le possibilità espansive implicite nella clausola generale del danno ingiusto; su questo terreno non poteva andare oltre. Tuttavia

responsabilização. Constata-se, assim, que a evolução do tema no direito italiano teve importantes alterações no curso da evolução da legislação e atualmente atingiu patamar mais amplo do que os adotados pela doutrina francesa.

2.2.2. A obra de referência de Francesco Donato Busnelli: tratamento sistemático da interferência de terceiro

No momento em que Busnelli publicou a obra *La Lesione del credito da parte di terzi*, referência sobre a matéria no direito italiano, o posicionamento doutrinário e jurisprudencial majoritário na Itália era no sentido de não admitir a responsabilidade de terceiro por violação ao direito de crédito. Em sua construção para alterar a *communis opinio* a respeito do tema, trata sobre dois aspectos da relação obrigacional, quais sejam: o interno, na relação do credor com o devedor e reservando a esse o caráter de relatividade; e o externo, com relação aos terceiros[170].

Com isso, registra que a relevância da relação obrigacional não se limita ao vínculo credor-devedor. Na verdade, o próprio ordenamento reconhece a possibilidade do cumprimento da prestação por terceiro, nos termos do art. 1.180 do *Codice Civile*[171], sendo a outra face da incidência da atividade do terceiro no direito de crédito a possibilidade de sua lesão por terceiro

---

poteva proseguire, ed in effetti preseguí, sul terreno di altre clausole generali, contenute nello stesso art. 2043 o in altre norme del medesimo titolo nono del quarto libro. È accaduto per il concetto di causalità, anch'esso in sé elástico: oltre la tradizionale concezione della causalità, intese come regolarità statistica, è pervenuta a partire dagli anni novanta alla sua piú compreensiva concezione quale consequenzialità razionale, che ha attratto nell'area del danno risarcibile eventi dannosi in precedenza esclusi. Il concetto stesso di danno si è dilatato, per effetto della molteplice tipologia dei danni alla persona giudicati come risarcibili: prima il danno biologico, poi il danno alla vita di relazione, il danno psichico, fino al danno esistenziale. Una ulteriore operazione interpretativa, anch'essa tesa ad allargare l'area del danno risarcibile è quella che ha avuto per oggetto l'ultimo articolo del titolo nono, relativo alla risarcibilità del danno non patrimoniale." GALGANO, Francesco. op. cit., v. 3, p. 111.

[170] Esclarece que o dever de não interferência por terceiros não é novo e cita autores alemães com obras no século XIX e início do século XX – Neuner, Von Liszt, Hellwig, Oertmann e Jhering – destacando que segundo o último autor já se reconhecia uma tutela erga omnes do credor no período de maior esplendor do direito romano. BUSNELLI, Francesco Donato. *La lesione del credito da parte di terzi*, cit., p. 6-7.

[171] Art. 1.180 do Código Civil italiano: "L'obbligazione può essere adempiuta da un terzo, anche contro la volontà del creditore, se questo non ha interesse a che il debitore esegua

com fundamento no art. 2043[172]. O desafio ao se chegar a essa etapa do raciocínio consistiu em identificar os pressupostos para configuração da *ingiustizia del danno*, sendo certo que não basta a alegação genérica com fundamento no dever de não causar dano[173].

Ainda segundo Busnelli, o pressuposto subjetivo da *ingiustizia del danno* é o comportamento *non iure* do causador do dano. Por sua vez, as pessoas que agem no exercício dos próprios direitos podem até causar alguma interferência negativa na esfera econômica de outros indivíduos, mas essa conduta é totalmente irrelevante juridicamente e, com isso, não passível de responsabilização[174]. É clássico na doutrina italiana o seguinte exemplo: "Se io ho una lepre appesa alla finestra ed il mio vicino promette al suo inquilino di comperare da me l'animale e di donarglielo, il promittente diventa libero, quand'io mangi la lepre od in altro modo la distrugga. E se io faccio questo sapendo che la lepre è divenuta oggetto di un'obbligazione e col proposito di frustrare l'obbligazione, io devo diventare responsabile di fronte al creditore?"[175] Indubitavelmente, a resposta deve ser dada em sentido negativo por não se tratar de um comportamento *non iure* do dono da lebre, mas mero exercício regular das suas faculdades de proprietário.

---

personalmente la prestazione. Tuttavia il creditore può rifiutare l'adempimento offertogli dal terzo, se il debitore gli ha manifestato la sua opposizione."

[172] BUSNELLI, Francesco Donato. *La lesione del credito da parte di terzi*, cit., p. 30, 31 e 53.

[173] "Giova, forse, accennare alla differenza che corre tra il parlare, in sede di giustificazione politica della normativa sull'illecito e sulla responsabilità civile, di un principio di alterum non laedere, ed il parlare, in senso rigorosamente tecnico, della esistenza ed operatività giuridica di un vero e proprio dovere di neminem laedere. A nostro avviso, delle due proposizioni, soltanto la prima è corretta. In effetti, se è doveroso riconoscere, dal punto di vista della tradizione giuridica, che il principio dell'alterum non laedere fa parte di quegli iuris praecepta che 'circolando costantemente per secoli nell'ambiente che vide sorgere e svolgersi il diritto romano, il diritto comune e il diritto canonico, sono portatori di una tradizione che non può essere totalmente svalutata' (in questo senso può spiegarsi la propensione della prevalente giurisprudenza a far riferimento a tale principio nel risolvere i casi concreti); se, d'altro canto, il principio in questione è l'espressione di una 'regola di morale elementare' la cui influenza si fa sentire in tutti i campi; tuttavia, in sede di valutazione improntata ad un criterio rigorosamente tecnico, non vi è dubbio che il cosidetto dovere di neminem ledere costituisce una sovrastruttura rispetto allo schema lineare della 'fattispecie di responsabilità', vista sotto il particolare profilo dell' 'inguistizia' del danno." Id. Ibid., p. 71-72.

[174] Id. Ibid., p. 75-83.

[175] THON, August. *Norma giuridica e diritto soggettivo indagini di teoria generale del diritto*. 2. ed. Padova: Cedam, 1951. p. 200.

Já o segundo pressuposto, objetivo, é a lesão de uma situação jurídica subjetiva do lesado. Na época da obra de Busnelli, a Corte di Cassazione não reconhecia sequer o direito de crédito como passível de proteção por terceiros, mas ele já registrava a existência de defensores da proteção de meros interesses[176].

Por fim, na tentativa de elaborar um tratamento sistemático da matéria, Busnelli propõe a divisão das principais hipóteses de interferência do crédito por terceiros com base no objeto da conduta: (i) a pessoa do devedor – morte, ferimento, sequestro, entre outros exemplos; (ii) o objeto da prestação – destruição ou deterioração de um bem; e (iii) a posição jurídica do credor, sendo um clássico exemplo a situação do terceiro, credor aparente, que recebe o pagamento de um devedor de boa-fé[177].

2.2.3. Casos Superga e Meroni: reflexões sobre os históricos julgados e os limites impostos pelo nexo de causalidade

Em maio de 1949, um avião da empresa A.L.I. Flotte Riunite caiu na colina Superga e todos os membros da equipe de futebol da Associazione Calcio Torino faleceram. A questão jurídica consiste em saber se o referido clube de futebol deve ou não ser ressarcido pela companhia aérea em virtude da extinção do vínculo contratual com seus atletas e comissão técnica mortos. Como se pode imaginar em um país apaixonado pelo futebol, a repercussão do acidente foi enorme na Itália, especialmente porque o time de Turim atravessava um ótimo momento.

A base do entendimento adotado pelo *Tribunale di Torino*, correspondente à primeira instância no Brasil, para afastar o pleito está relacionada à inexistência de nexo de causalidade capaz de justificar a responsabilidade da companhia aérea[178], *in verbis*:

---

[176] Tratando-se de questão bastante complexa e não crucial para o objeto do seu trabalho, afasta-se da discussão sobre a proteção legal de outros interesses para confirmar apenas o direito ao ressarcimento nos casos de lesão de um direito subjetivo. BUSNELLI, Francesco Donato. *La lesione del credito da parte di terzi*, cit., p. 86.

[177] Id. Ibid., p. 171-173, 209-212 e 243-247.

[178] Registra-se que os direitos dos herdeiros ao recebimento dos alimentos foram observados "perchè i parenti dell'ucciso hanno un diritto proprio agli alimenti, nei confronti del loro congiunto, e questo diritto è condizionato alla vita di lui, sorge anzi per il solo fatto che costui è in vita. È la legge stessa che, da quel legame naturale (independentemente da qualsiasi determinazione volitiva del soggetto passivo), fa sorgere quel diritto; per cui

"Ritiene il Tribunale, pur senza pretendere di esaurire tutti gli aspetti della delicatissima questione, che, almeno secondo il nostro ordenamento giuridico, il punto di partenza, per impostarla e risolverla correttamente consista nell'art. 1223 cod. civ., richiamato dall'art. 2056, che condiziona la risarcibilità del danno (per inadempienza contrattuale o atto illecito) alla 'conseguenza immediata e diretta' della lamentata lesione. (...) Basti qui affermare che, in virtù del principio riconosciuto dall'art. 1223 è risarcibile soltanto il danno di coloro, il cui diritto è stato immediatamente e direttamente violato dall'uccisione dei giocatori del Torino."[179]

Ciente da linha argumentativa prevalente na época no sentido de que a responsabilidade aquiliana só era aplicável nas hipóteses de violação de direitos reais, o time do Torino construiu o argumento de que seus jogadores faziam parte do seu patrimônio[180]. Esse argumento também foi rejeitado nos seguintes termos:

"La difesa dell'attrice ha detto che questi giocatori costituivano tutto, o quasi tutto, il 'patrimonio' dell'Associazione; ha fatto cenno di quel particolare 'mercato calcistico' a tutti

l'uccisione dell'alimentante (coniuge, padre, figlio, ecc.) incide direttamente sul diritto degli alimentandi, imprescindibilmente collegato alla vita di lui. In tali casi, l'uccisione di una persona costituisce dunque una diretta violazione del diritto che taluno deriva dall'esistenza stessa di una persona." Sentenza del Tribunale di Torino – 15 settembre 1950, Pres. Gay P., Est. A. Galante Garrone; Ass. Calcio Torino c. A.l.i. Flotte Riunite, in Il foro italiano, volume LXXIII, anno 1950, p. 1233.

[179] Sentenza del Tribunale di Torino – 15 settembre 1950, Pres. Gay P., Est. A. Galante Garrone; Ass. Calcio Torino c. A.l.i. Flotte Riunite, in Il foro italiano, volume LXXIII, anno 1950, p. 1232.

[180] A propósito dos danos causados ao Torino, Barbero enumera-os e tenta demonstrá-los como dano direto do óbito das vítimas e com clara tendência para qualificá-los como reais sempre que possível: "Tre specie di beni dell'Associazione Torino me pare d'aver dimostrato aver subito lesione dalla sciagura Superga: il credito alle prestazioni individuali dei calciatori; la possibilità di guadagno per effetto di cessioni; la squadra come prodotto, di carattere o tipo aziendale dell'oganizzazione che l'Associazione aveva saputo realizzare. Di tutti e tre questi beni la lesione, perciò il danno, è conseguenza diretta del fatto imputabile. (...) Quanto al credito alle prestazioni individuali dei calciatori, il fatto di Superga è stato causa immediata della sua distruzione: questo credito esisteva ed era certo un 'bene' nel patrimonio del creditore; ha cessato di esistere per effetto diretto del fatto di Superga. (...) Analogamente si deve dire della perdita della possibilità dei forti lucri realizzabili con la 'cessione' dei calciatori. Anzi qui ci si accosta ad un danno emergente, come danno emergente è indubbiamente la perdita della cosa che poteva essere venduta. (...) Lo stesso concetto è a più forte ragione applicabile alla terza specie di bene, la squadra sub specie d'organizzazione aziendale o similare a questa. La dispersione di questo bene assai più del precedente sembra un effetto diretto, come danno emergente, del disastro di Superga." BARBERO, Domenico. op. cit., p. 167-168.

INTERFERÊNCIA DE TERCEIRO NA RELAÇÃO OBRIGACIONAL

noto, ove si quotano, si 'acquistano' e si cedono al migliore offerente i calciatori; ha infine parlato, all'udienza di spedizione, di un 'rapporto di appartenenza" che caratterizzerebbe lo specifico legame fra associazione e giocatori, e che sarebbe distinto dall'altro, paralelo e comune, rapporto di prestazione d'opera. (...) Ma altro essi non sono di fronte all'associazione che prestatori d'opera, che 'professionisti': cioé uomini liberi che per una certa mercede e per un certo tempo si impegnano a svolgere una determinata attività. La loro uccisione, per colpa di un terzo, non costituisce pertanto, come sopra si è detto, una direta violazione della sfera giuridica dell'assuntore di questa loro attività. Nessun bene dell'attrice è stato leso direttamente dalla convenuta. Soltanto i calciatori, non i piloti dell'A.L.I., potevano violare i diritti patrimoniali del Torino; poichè nessun vincolo, all'infuori di quello di prestazione d'opera, li legava, e il preteso collaterale rapporto di 'appartenenza' non ha la consistenza di un diritto reale, valevole erga omnes, e in quello si confonde e si esaurisce."[181]

Orientado por um raciocínio receoso com os limites da responsabilidade, o *Tribunale di Torino* vedou o que considerou dano por ricochete e manteve os limites da responsabilidade aquiliana vinculada *ai beni giuridici, in verbis*:

"Nè pare un fuor d'opera considerare, a suggello delle considerazioni giuridiche sopra svolte, che l'accoglimento della tesi propugnata dall'attrice esporebbe non solo le compagnie di navigazione aerea, ma qualsiasi privato, alle più sconvolgenti e insopportabili conseguenze, al di là d'ogni limite logico. La nozione del risarcimento dei danni di rimbalzo, par ricochet, esteso cioè alle più remote e indirette ripercussioni, è estranea al nostro ordenamento giuridico, tuttora saldamente ancorato al tradizionale concetto della colpa aquiliana. È bensì vero che un unico atto, doloso o colposo, può determinare contemporaneamente la violazione di diversi ed eterogenei beni giuridici; e, in omaggio al principio del naeminem laedere, tutti questi beni meritano di essere egualmente protetti contro l'atto illecito: ma occorre pur sempre, perchè questi danni possano essere risarciti, che essi siano la conseguenza immediata e diretta dell'illecito."[182]

De modo diverso ao *Tribunale di Torino*[183], a Corte d'Appello analisou expressamente a inadmissibilidade da responsabilidade de terceiro por

---

[181] Sentenza del Tribunale di Torino – 15 settembre 1950, Pres. Gay P., Est. A. Galante Garrone; Ass. Calcio Torino c. A.l.i. Flotte Riunite, in Il foro italiano, volume LXXIII, anno 1950, p. 1236-1237.

[182] Sentenza del Tribunale di Torino – 15 settembre 1950, Pres. Gay P., Est. A. Galante Garrone; Ass. Calcio Torino c. A.l.i. Flotte Riunite, in Il foro italiano, volume LXXIII, anno 1950, p. 1237.

[183] Em seu parecer criticando o julgamento do *Tribunale di Torino*, Domenico Barbero expõe que: "il principio generale non è che il credito sia senza tutela o sia tutelato soltanto nei

confronti del debitore. Solo nei confronti del debitore è tutelato sotto il profilo del suo adempimento (art. 1218); ma è tutelato anch'esso verso tutti sotto l'altro profilo dell'offesa illecita (art. 2043), tanto più quando questa uccida lo stesso rapporto. Che cosa in fin dei conti potrebbe far pensare che sia da escludere questa seconda tutela? Niente, se non un altro equivoco: che la tutela del credito non sia anch'essa assoluta, vale a dire erga omnes. Qui c'è un'altra confusione, fra due modi diversi di essere del credito. Se si considera il credito come quel rapporto in cui è accumulato un potenziale d'impulso da una situazione di debito a una situazione di soddisfazione, poichè il trapasso dalla prima alla seconda non s'ha diritto di esigerlo che dalla persona dell'obbligato, si perviene giusto alla conclusione che il credito è un rapporto relativo o in personam, relativo cioè alla persona dell'obbligato. Ma tocata questa meta, non ne deriva che il credito, in questa sua struttura, non sia poi oggetto della tutela generica erga omnes, e in questo senso assoluta, che involge ogni interesse garantito dalla legge, contro ingiuste offese e che precisamente è expressa nell'art. 2043. In questo senso il credito è, come il rapporto reale, come ogni rapporto direttamente protetto, un rapporto anch'esso assoluto: assoluto non nel senso che tutti i terzi siano chimati ad 'adempierlo', ma nel senso che tutti i terzi sono tenuti a 'rispettarlo', nel senso di 'non rendersene ingiustamente offensori', come appunto sono tenuti a rispettare e a non offendere il diritto reale e il diritto alla vita. In altre parole: assoluto non sotto il profilo dell'art. 1218 (dovere di adempiere) ma appunto dell'art. 2043 (dovere di non ledere). BARBERO, Domenico. op. cit., p. 160-161.

Conforme já destacado, o julgado também foi objeto de análise por E. Betti. Conforme destacado nos trechos que seguem, admite a possibilidade de responsabilização do terceiro por violação ao direito de crédito, *in verbis*: "Ora, all'imprescindibile esigenza della qualificazione di illicietà risponde la formula (anch'essa derivata dal concetto romanistico della 'iniuria') che ricollega la responsabilità aquiliana, c.d. extra-contrattuale, non già ad ogni e qualsiasi danno ad altri recato, ma solo al 'danno ingiusto'. Questa disciplina legislativa addita all'interprete un criterio di correlatività, che preme qui mettere in piena luce. Quando la fattispecie dell'illecito consista nell'inadempimento di una preesistente obbligazione (artt. 1218, 1223), il criterio di correlatività è di agevole diagnosi. L'interesse protetto dal diritto, che vien leso con l'inadempimento, è l'interesse del creditore alla prestazione (art. 1175; 1322 capv.): solo in sostituzione del creditore (es: 1705 capv.; 2900) possono dei terzi (art. 1372) far valere quell'interesse in confronto del debitore inadempiente. (...) Sotto questo profilo può dirsi che il rapporto d'obbligazione sia separato dalla sfera giuridica dei terzi per mezzo di un 'diaframma di irrelevanza', nel senso che i terzi non sono tenuti, in virtù di esso, a collaborare con creditore per adempiere l'aspettativa. Il che tuttavia non esclude che l'appartenenza di tale aspetattiva alla sfera d'interessi del creditore possa assumere rilevanza giuridica in confronto di un comportamento doloso di terzi, consapevolmente diretto ad impedirne l'adempimento (mostra 'Teor. gener. d. negozio, giur., 2 ed., 267; cfr. HUGUENEY, 'Responsabilité civile du tiers complice', 1910; A. WEIL, 'Relativité des concentions", nn. 231-260; NOVARA, Respons. d. terzo complice n. inademp.', in 'Temi' 1951, 5-32). In siffatto caso il dolo specifico del terzo, violando un elementare dovere di correttezza e stabilendo un nesso di causalità psicologica oggettivamente controllabile, penetra, per così dire, attraverso l'accennato diaframma di irrelevanza, per colpire l'appartenenza di un elemento patrimoniale alla sfera del creditore (perchè è sempre solo quest'appartenenza , non già un preteso 'diritto di personalità', come suppone il NOVARA, l. cit. 8, il bene colpito dal comportamento illecito del terzo; sul conc.

violação ao direito de crédito e assim se manifestou[184], com fundamento histórico e doutrinário:

"Un antico indirizzo dottrinale, tuttora autorevolmente seguito, discrimina la colpa contrattuale da quella extracontrattuale, nel senso che quella è l'effetto della violazione di una norma dalla quale attinge la propria forza giuridica il vincolo obbligatorio, mentre questa è il prodotto della violazione di una norma che sta a tutela di un diritto soggettivo assoluto, e perciò l'antigiuridicità vi si configura unicamente come contrarietà

di appartenenza, cfr. CHIAROTTI, in 'Annali univ. Camerino', 1950, 202-208). Ben s'intende, però, che la responsabilità del terzo complice per aver impedito l'adempimento ha puramente carattere aquiliano, 'extracontrattuale'. BETTI, Emilio. op. cit., p. 145-146.

A propósito da distribuição dos riscos, confira-se: "Constatazione certamente decisiva: ma, a nostro sommesso avviso, non già nel senso in cui è stata fatta, bensì nel senso di denunziare la irrimediabile inanità della tesi. Secondo la quale, per il solo fatto della conoscenza di altri rapporti afferenti alla persona dei passaggeri, il vettore dovrebbe rispondere due volte e a doppio titolo del sinistro che sia per colpirli; una volta a titolo contrattuale (art. 1681) e una seconda volta a titolo extracontrattuale (art. 2043); e ciò – si noti bene – senza che la rappresentazione di quegli altri rapporti abbia comunque determinato e configurato il contenuto precettivo del contratto di trasporto; in particolare, senza che vi sia stata, da parte del vettore, un'assunzione di garanzia (receptum) per i rischi maggiori, eccedenti i rischi normali che ineriscono al trasporto di persone in confronto dei comuni viaggiatori. Si propone, così dicendo, il problema della sopportazione di rischi maggiori di quelli che rientrano nell'alea normale del contratto, problema, questo, che va risolto sulla scorta del criterio discretivo fra obbligo altrui e onere dello stesso interessato, secondo il cenno fatto sopra. (...) Naturalmente in tal caso il vettore – ove avesse accettato questo tipo di contratto – avrebbe richiesto un compenso almeno dieci volte maggiore della tarifa normale: ma avrebbe provveduto con particolari e maggiori cautele, sia in fatto di apparechie, sia in fatto di personale (cosi aumentando il numero dei piloti come selezionando al massimo la qualità, l'attrezzature e l'efficienza degli apparecchi). L'aumento del corrispettivo è nella stessa indole dell'assunzione del rischio (...) In mancanza d'altre misure l'A.C. avrebbe avuto l'onere di concludere con una società di assicurazione (che assume per professione questo genere di rischi) un contratto di assicurazione sulla vita dei propri calciatori. Non avendolo fatto, invane essa pretende oggi di riversare sul vettore il rischio del danno subito." BETTI, Emilio. op. cit., p. 149-150.

[184] Em sentido contrário ao entendimento adotado, Greco manifestava-se no seguinte sentido: "In conclusione delle precedenti indagini, a me non pare che dal nostro sistema legislativo, e in mancanza di norme analoghe all'art. 45 c. svizz. e ai par. 844, 845 c. germ., si possa trarre un argomento sicuramente valido e decisivo a favore di un'interpretazione restrittiva dell'art. 2043, pr cui questo non riguarderebbe la lesione dei rapporti obbligatori cagionata da un atto illecito di terzi." GRECO, Paolo. Se un'associazione calcistica ha diritto a risarcimento del danno aquiliano per la perdita della sua squadra avvenuta durante un trasporto aereo, cit., p. 433.

a tale diritto. Questo insegnamento è sorretto anzitutto da una ragione storica. Come è noto, la lex Aquilia introdusse dapprima un'azione per danno unicamente a favore del dominus della cosa, solo più tardi tale azione fu estesa ai titolari di altri diritti reali, ed eventualmente anche contro il proprietario, nel caso che egli fosse l'autore del danno. Non fu invece, secondo la opinione dominante, mai estesa ai titolari dei diritti di credito (un'unica eccezione a favore del colono, danneggiato nei frutti non ancor separati, si giustifica con um motivo di specie) e neppure negli sviluppi storici susseguitisi fino alle moderne codificazioni è stata mai attribuita una tanto vasta portata alla responsabilità che ancora da essa prende nome."[185]

Além de retomar alguns argumentos já destacados nas instâncias inferiores, especialmente com relação a não configuração de dano direto e imediato apto justificar a condenação da companhia aérea em benefício do time de futebol, a *Corte di Cassazione* afastou a tentativa do Torino de

---

[185] Sentenza della Corte d'Appello di Torino – 28 gennaio 1952, Pres. De Matteis P., Rel. Caprioglio, Est. Merlo, Ass. Calcio Torino c. Soc. A.l.i. Flotte riunite, in Foro Italiano, volume LXXV, anno 1952, p. 225. Na sequencia do julgamento, a *Corte d'Appello di Torino* apresentou o seguinte raciocínio para demonstrar a diferença de tratamento entre um direito de personalidade e um direito de crédito e novamente voltando ao fundamento do nexo de causalidade: "La lesione della situazione patrimoniale del creditore non si realizza direttamente ad opera del terzo. Il meccanismo lesivo cioè colpisce prima necessariamente un diritto assoluto, e solo per il tramite di un rapporto giuridico ulteriore, di cui il titolare di quello è uno dei soggetti, attinge la sfera giuridica del titolare del diritto di credito; il che è un riflesso dell'acennato rilievo, secondo il quale solo il diritto assoluto ha per oggetto immediato un bene. (...) sembra alla Corte, anche ammettere che nell'ipotesi in cui fossero gli stessi giocatori, lesi in rilevanti aspetti della loro integrità física, a richiedere il risarcimento per i lucri previsti, e necessariamente frustrati, della loro attività sportiva (che si possono prospettare come strettamente coincidenti o correlativi a quelli oggi dedotti dall'AC Torino), una tale pretesa non potrebbe trovare, salve le necessarie cautele accertive, ostacolo all'acoglimento. Tuttavia, a ben considerare, l'ipotesi in questione si differenzia da questa, perchè in essa diverso da quello leso direttamente dal fatto illecito è il soggetto che si fa a chiedere il risarcimento di quel danno, diversa è la titolarità del diritto leso, il che importa che il risarcimento, se ha nell'un caso come nell'altro un medesimo ambito oggettivo, ripete necessariamente il titolo dalla lesione di diritti diversi, là da un c.d. diritto di personalità (integrità física), qui da un diritto di credito, i quali ne costicuiscono quindi il vero diverso contenuto giuridico. Pertanto la formale interposizione di un rapporto obbligatorio, il quale spiega la sua efficienza con lo spostare da un soggetto a un altro la incidenza del danno, viene a interrompere il nesso di causalità giuridica, qualificando quello come indiretto ed escludendolo dall'ambito della risarcibilità." Sentenza della Corte d'Appello di Torino – 28 gennaio 1952, Pres. De Matteis P., Rel. Caprioglio, Est. Merlo, Ass. Calcio Torino c. Soc. A.l.i. Flotte riunite, in Foro Italiano, volume LXXV, anno 1952. p. 227.

aplicar, por analogia, a previsão contida no dispositivo legal que garante indenização a quem tinha direito a alimentos das vítimas a sua situação jurídica[186], mas reconheceu expressamente a possibilidade de responsabilização em virtude do que chamou de *diritti relativi, in verbis*:

> *"Ora, è bensì vero che l'art. 2043 c.c. non pone la distinzione fra diritti assoluti e relativi per cui, anche se con maggior frequenza l'ingiustizia del danno che vale a renderlo risarcibile si profila in relazione alla lesione di diritti assoluti, non è tuttavia da escludere che danno ingiusto possa aversi anche in dipendenza della lesione di un diritto relativo"[187].*

Dessa forma, constata-se que o fundamento para afastar a condenação da companhia aérea com relação à equipe do Torino não foi a impossibilidade de responsabilização com fundamento na violação de um direito de crédito, mas a existência de nexo causal mediato e indireto entre a conduta e o dano.

Em 1967, ou seja, cerca de vinte anos após a ocorrência do desastre de Superga[188], ocorreu outra tragédia envolvendo a equipe do Torino. Na ocasião, o atleta Luigi Meroni perdeu a vida em um acidente automobilístico.

---

[186] "(...) la difesa della ricorrente Associazione ha trato argomento per sostenere l'applicabilità del su enunciato principio al caso in esame osservando che quell'utilità che l'Associazione aveva diritto a conseguire dai giocatori ingaggiati, in riferimento anche alla infungibilità della prestazione dovuta al loro particolare valore, è rimasta irreparabilmente e definitivamente annulata in conseguenza della loro morte. Simile argomentazione non ha però pregio perchè, non solo trascura la particolare natura del diritto alimentare che da sola giustificherebbe una interpretazione equamente lata delle norme di legge al caso applicabili, ma sopratutto perchè non tiene conto di una circostanza di decisivo rilievo cioè deve trattarsi di diritto di credito che si estingue con la morte dell'obbligato ed esclusivamente per effetto di questa". Corte di Cassazione, Sez. III, Pres. Valenzi, Est. Mastrapasqua, P. M. Berri, Associazione Calcio Torino c. Soc. A.L.I. Flotte Riunite, in Giustizia Civile, anno III, 7-8, luglio-agosto 1953, p. 2231.

[187] Corte di Cassazione, Sez. III, Pres. Valenzi, Est. Mastrapasqua, P. M. Berri, Associazione Calcio Torino c. Soc. A.L.I. Flotte Riunite, in Giustizia Civile, anno III, 7-8, luglio-agosto 1953, p. 2230.

[188] A respeito da evolução do entendimento sobre a matéria na Itália entre o julgamento do caso Superga e a apreciação do episódio envolvendo Meroni, Busnelli afirma que: "In questo periodo, invero, l'orientamento giurisprudenziale emerso dalla conclusione della prima vicenda (occasionata dal disastro aereo di Superga), e seguito da una serie di decisioni contrarie ad ammettere una tutela aquiliana dei diritti di credito, è stato con sempre maggiore frequenza disatteso da giudici di merito; i quali in varie occasioni hanno espressamente prospettato l'opportunità di 'un riesame del problema', sulla scia della 'crescente tendenza in dottrina di superare l'antica distinzione' (tra diritti assoluti e relativi)." BUSNELLI, Francesco

Além de processo penal por homicídio culposo, foi ajuizada ação de indenização pelo time de futebol perante o Tribunal de Turim.

Em primeira instância, o *Tribunale di Torino* rejeitou de ofício o pleito em virtude de vício processual[189]. Superada a discussão processual pela *Corte d'Appello di Torino*, o mérito da demanda foi apreciado e o resultado acabou sendo desfavorável ao time de futebol. A linha argumentativa já adotada no caso Superga, qual seja, (*i*) a de que a responsabilidade por violação de um direito de crédito depende da existência de um preceito legal específico, ficando o dever de *neminem laedere* restrito ao campo ético[190] e (*ii*) a ausência de nexo causal direto e imediato[191].

A grande novidade ocorreu por ocasião do julgamento do recurso perante a *Corte di Cassazione*. Tornou-se célebre a seguinte passagem: *"Ma ritiene questa Corte che quel principio di rigida separazione e contrapposizione tra diritti assoluti e relativi, in quanto venga invocato a giustificazione di un diverso trattamento delle due categorie ai fini della risarcibilità dei fatti lesivi, meriti di essere*

Donato. Un clamoroso 'revirement' della Cassazione dalla 'questione di Superga' al 'caso Meroni. *in Foro Italiano*, v. 1, p. 1287, 1971.

[189] "Il Tribunale di Torino, con sentenza del 22 maggio 1968 (Foro it., 1968, I, 2287), rilevato che la pronunzia che veniva chiesta non era inquadrabile nello schema del sillogismo giuridico perché riferita ad un fatto ipotetico (la responsabilità del Romero), il cui futuro accertamento rimaneva estraneo alla pronunzia stessa, dichiarò d'ufficio la inammissibilità della domanda e compensò le spese." Cass. S.U., 26 gennaio 1971, n. 174, Foro it., 1971, I, p. 343.

[190] "È noto che una non trascurabile corrente dottrinale, sul rilievo che l'art. 2043 cod. civ., per la genericità della sua formulazione, non induce necessariamente nell'opinione che il concetto di ingiuria ivi posto sia limitato alla violazione dei doveri imposti da specifiche norme e vieti l'estensione del concetto stesso ad ogni comportamento contrario al generale precetto del neminem laedere, sostiene che non sia inconciliabile con il nostro ordenamento giuridico il principio che tra i fatti illeciti generatori di responsabilità debba comprendersi anche il comportamento del terzo in pregiudizio di diritti di credito. La corte osserva, peraltro, che il precetto neminem laedere, se, nella sfera etica, possiede un suo valore imperativo generale ed autonomo, nel senso che impone di astenersi da ogni atto riprovato dalla comune coscienza, proiettato nella sfera giuridica, valore imperativo conserva soltanto quando al precetto corrisponda uno specifico dovere legal di astensione." App. Torino, 27 gennaio 1969, Foro it., 1969, I, p. 997.

[191] "Infatti, se il legislatore ha voluto che tra l'illecito e il danno esista, ai fini della risarcibilità, un nesso immediato e diretto, segno è che, a maggior ragione, identico nesso deve sussistere tra l'interesse leso e la norma invocata a sua protezione, mentre è evidente che simile rapporto di immediatezza manca quando il portatore dell'interesse sia soggetto diverso dal titolare del diritto direttamente e primariamente protetto." App. Torino, 27 gennaio 1969, Foro it., 1969, I, p. 997.

riconsiderato."[192] *A linha argumentativa consistiu basicamente em afirmar que, aliada à correta interpretação do princípio da relatividade dos efeitos contratuais, o art. 2043 do Codice Civile não possibilita a diferenciação entre direitos absolutos e direitos relativos para fins de fixação das hipóteses que possibilitam sua defesa com fundamento na tutela aquiliana*[193].

Na verdade, conforme transcrito acima, a grande mudança teórica não foi em relação à possibilidade de indenização por violação do direito de crédito, a qual, conforme demonstrado, já havia sido admitida no caso Superga[194], mas aos limites para configuração do nexo de causalidade[195]. Partindo

---

[192] Cass. S.U., 26 gennaio 1971, n. 174, Foro it., 1971, I, p. 350.

[193] "E l'attenta considerazione della realtà normativa, quale si esprime nell'art. 2043 cod. civ., porta a concludere che la norma non consente di assumere come un dato certo e decisivo la rigida contrapposizione dei diritti assoluti ai diritti relativi, al fine di limitare ai primi la tutela aquiliana, negandola ai secondi. Invero, la 'ingiustizia', che l'art. 2043 assume quale componente essenziale della fattispecie di responsabilità civile, va intesa nella duplice eccezione di danno prodotto non iure e contra ius: non iure, nel senso che il fatto produttivo del danno non debba essere altrimenti giustificato dall'ordinamento (per es., art. 2044, 2045 cod. civ.); contra ius, nel senso che il fatto debba ledere una situazione soggettiva riconosciuta e garantita dall'ordinamento giuridico nella forma del diritto soggettivo. La quale interpretazione, mentre lascia fuori dalla sfera di protezione dell'art. 2043 quegli interessi che non siano assunti al rango di diritti soggettivi (cfr. Cass., Sez. un., 6 agosto 1962, n. 2418, Foro it., 1963, I, 64; e 3 giugno 1968, n. 1670, id., 1968, I, 2133), pone in luce, d'altra parte, l'arbitrarietà di ogni discriminazione fra una categoria e l'altra dei diritti soggettivi, al fine di riconoscere o escludere la tutela aquiliana." Cass. S.U., 26 gennaio 1971, n. 174, Foro it., 1971, I, p. 351.

[194] "Ed ancora più significativo è che proprio nel precedente giurisprudenziale più noto in materia (la sentenza n. 2085 del 1953) si rinviene l'esplicito riconoscimento che l'art. 2043 non pone la distinzione fra diritti assoluti e diritti relativi e che non è da escludere che danno ingiusto possa aversi anche in dipendenza della lesione di un diritto relativo." Cass. S.U., 26 gennaio 1971, n. 174, Foro it., 1971, I, p. 351.

[195] "Risolto cosí, in senso positivo, il problema dell'astratta risarcibilità della lesione del diritto di credito da parte del terzo, occorre ora porsi l'altro problema della causalità; il quale problema fu risolto negativamente da questa corte nella sentenza n. 2085 del 1993 sulla base degli art. 1223 e 2056 cod. civ., essendosi allora considerato che il danno subito dell'associazione calcistica per la morte dei giocatori della sua squadra non fosse conseguenza immediata e diretta dell'unico fatto lesivo che direttamente ed immediatamente aveva inciso soltanto sul preminente diritto delle vittime alla vita ed all'integrità personale. (...) Chi con il suo fatto doloso o colposo cagiona la morte del debitore altrui è obbligato a risarcire il danno subito dal creditore, qualora quella morte abbia determinato l'estinzione del credito ed una perdita definitiva ed irreparabile per il creditore medesimo. È definitiva ed irreparabile la perdita quando si tratti di obbligazioni di dare a titolo di mantenimento o di alimenti, sempre che non esistano obbligati in grado eguale o posteriore, che possano sopportare il relativo

de parâmetros altamente questionáveis, perda definitiva e irreparável, a *Corte di Cassazione* permitiu ao time do Torino o ressarcimento pela morte de um dos seus principais jogadores à época. A mudança só não foi ainda maior e pior, pois o Tribunal limitou as hipóteses de ressarcimento aos critérios indicados acima, o que não altera o entendimento no sentido de que a decisão não foi acertada.

Em que pese o julgado não ter ficado imune a críticas[196] com relação ao nexo de causalidade, principalmente, os argumentos nele elencados foram amplamente discutidos pela doutrina e pela jurisprudência italianas desde então, não restando dúvidas sobre a possibilidade de responsabilização de terceiro em caso de violação ao direito de crédito. A grande preocupação ocorreu com o receio de proliferação de ações de responsabilização[197].

Para concluir a análise dos casos Superga e Meroni, cabe uma observação final em virtude do art. 948, II, do Código Civil brasileiro, o qual prevê a prestação de alimentos às pessoas a quem a vítima de homicídio os devia. Como não poderia deixar de ser, o argumento de aplicação analógica

---

onere, ovvero di obbligazioni di fare rispetto alle quali vi è insostituibilità del debitore, nel senso che non sia possibile al creditore procurarsi, se non a condizioni più onerose, prestazioni eguali o equipollenti." Cass. S.U., 26 gennaio 1971, n. 174, Foro it., 1971, I, p. 351 e 356.

[196] "Trattasi di una decisione che riscuoterà certamente in favore di quanti hanno cara una squadra di calcio, e che sarà molto applaudita; ed ogni tecnico del diritto non può che apprezzare la dottrina dell'estensore, la sua dialettica, l'accorta manovra di tutti gli strumenti del diritto; è veramente una dotta sentenza. Che non soddisfa però chi, come il sottoscritto, si professa un 'calzolaio del diritto', desidera cioè un uso delle norme giuridiche che (s'intende non falsandole; Dio ci salvi dagli abusi della libera interpretazione e piú che mai dal diritto libero) le adegui ai bisogni sociali, che tenga conto della realtà, quale si profila nella vita quotidiana (calzolaio del diritto, perché penso che le scarpe debbono essere comode, servire per le lunghe camminate, e non apprezzo le scarpe dalle linee estetiche, ma che lasciano i piedi indolenziti. Sicché noto con soddisfazione che il p.m. aveva concluso per il rigetto del ricorso." JEMOLO, Arturo Carlo. Allargamento di responsabilità per colpa aquiliana. *Foro Italiano*, Milano, v. 1, 1971. p. 1285.

[197] Após o julgamento do caso Meroni, "Ora, dopo la decisione, vedo già delinearsi una proliferazione di soggetti che si affermino lesi, nella materia del lavoro subordinato; e per porvi freno occorrerà poi che la Cassazione non applichi i principi qui enunciati, ma risponda a chi invochi questa decisione, che si è trattato di una decisione 'di specie'. Se la vittima dell'infortunio era una donna, perita o rimasta deturpata o semplicemente costretta ad assentarsi dal lavoro per lungo periodo, che aveva egregia qualitá di venditrice (in un negozio di 'modelli' per signora) o che per la sua prestanza fisica attraeva i clienti in una pasticceria, accanto ai familiari non potrà presentarsi come creditore il titolare del negozio in cui essa lavorava?' JEMOLO, Arturo Carlo. op. cit., p. 1285.

desse preceito às hipóteses de violação ao direito de crédito como categoria geral foi afastado pela *Corte di Cassazione* com a acertada fundamentação no sentido de que o caso dos alimentos possui razões específicas ligadas à manutenção da própria pessoa[198], logo sua extensão a outras hipóteses não se justifica.

Dessa forma, conclui-se que a admissão da responsabilidade civil de terceiro por violação ao direito de crédito pela *Corte di Cassazione* aconteceu ainda na década de 50, não se verificando em concreto no caso Superga por questões relacionadas única e exclusivamente ao nexo de causalidade, tema da mais alta relevância na limitação da responsabilidade.

2.2.4. Apontamentos atuais sobre a *opponibilità* no direito italiano

No âmbito do direito italiano, já se chamou atenção para o art. 1372, o qual trata sobre a relatividade dos efeitos contratuais. É interessante observar que o *Codice Civile* emprega a expressão *Efficacia del Contratto*, deixando já nítida a possibilidade de propagação de efeitos para terceiros. A propósito dos efeitos benéficos em relação a terceiros e sempre ressalvando a possibilidade de recusa do terceiro, tem-se o art. 1141. Esses dispositivos auxiliam no enquadramento da matéria, mas não resolvem o problema em relação à oponibilidade.

---

[198] "In proposito, va rilevato che il credito alimentare, in quanto derivante dalla volontà della legge e attinente a necessità primarie dell'uomo, possiede una natura sua particolare, i cui riflessi pubblicistici lo pongono in posizione di supremazia rispetto agli altri diritti di credito di contenuto meramente patrimoniale; che, inoltre, il suo soddisfacimento è cosí intimamente legato alla permanenza in vita dell'obbligato da comportare inscindibile connessione tra la lesione al bene assoluto (vita del debitore), direttamente protetto e la distruzione del diritto del creditore. Ne consegue che nessuna insormontabile difficoltà pare impedire l'inquadramento dei diritti alimentari nell'ambito dei diritto protetti, almeno in via mediata, anche contro le lesioni provocate da terzi estranei al rapporto, poiché la particolare natura dei diritti stessi permette di ritenere che la legge abbia voluto, in rapporto ad essi, allargare la cerchia di protezione dal titolare del diritto assoluto (vita del debitore), direttamente protetto e la distruzione del diritto del creditore. (...) Ne consegue che nessuna insormontabile difficoltà pare impedire l'inquadramento dei diritti alimentari nell'ambito dei diritti protetti, almeno in via mediata, anche contro le lesioni provocate da terzi estranei al rapporto, perché la particolare natura dei diritti stessi permette di ritenere che la legge abbia voluto, in rapporto ad essi, allargare la cerchia di protezione dal titolare del diritto assoluto al titolare del diritto relativo." App. Torino, 27 gennaio 1969, Foro it., 1969, I, p. 998.

A INTERFERÊNCIA LESIVA DE TERCEIRO NA RELAÇÃO OBRIGACIONAL

Na verificação específica da oponibilidade, Giuseppe Vettori chama atenção para o art. 2914[199] do *Codice Civile*, uma vez que trata de uma série de títulos no confronto de outros e estabelece qual deve prevalecer. O mais interessante é o destaque dado a um direito de crédito diante de um direito real. Percebe-se, assim, que é o plano jurídico específico relacionado ao título que determina qual deve prevalecer e não a natureza subjetiva do direito[200].

Analisando a doutrina francesa, Vettori relata sua perplexidade a respeito da construção do conceito de oponibilidade na medida em que apresenta duas faces diferentes a depender de levar em consideração a sua essência ou as suas condições de operatividade. Sob o primeiro enfoque, caracteriza-se, sobretudo, pelo contraste com a relatividade dos efeitos diretos[201] e, sob o

---

[199] Art. 2914 Alienazioni anteriori al pignoramento
Non hanno effetto in pregiudizio del creditore pignorante e dei creditori che intervengono nell'esecuzione (Cod. Proc. Civ. 498 e seguenti), sebbene anteriori al pignoramento:
1) le alienazioni di beni immobili o di beni mobili iscritti in pubblici registri (812 e seguenti), che siano state trascritte successivamente al pignoramento;
2) le cessioni di crediti (1260 e seguenti) che siano state notificate al debitore ceduto o accettate dal medesimo successivamente al pignoramento;
3) le alienazioni di universalità di mobili che non abbiano data certa (2704);
4) le alienazione di beni mobili di cui non sia stato trasmesso il possesso anteriormente al pignoramento salvo che risultino da atto avente data certa.

[200] "Da quanto osservato si trae che la tematica delle conseguenze indirette del contratto nei confronti dei terzi è suscettibile di utili svolgimenti sul piano del fatto giuridico (titolo costitutivo) e non del rapporto (situazioni soggettive e oggettive). Del resto l'idea che l'opponibilità sia connaturata alla natura del credito è contradetta dalla storia e dal diritto positivo. (...) L'aver precisato che l'opponibilità è qualifica non del diritto ma del fatto ha un'importanza notevole; basta pensare che per decidere quali situazioni obbligatorie possono assumere rilievo erga omnes non sarà decisivo alcun ossequio al 'dogma' della tipicità dei diritti reali ma sarà decisiva la ricerca della rilevanza normativa del titolo." VETTORI, Giuseppe, Opponibilità. In: Enciclopedia Giuridica Trecanni, v. XXIV. Roma: Istituto Poligrafico e Zecca dello Stato, 2007. p. 3-4.

[201] Tratando da interpretação do art. 1.372 do Codice Civile, Franzoni destaca seus limites: "l'autonomia privata, se normalmente non soffre di limitazioni al momento della scelta sull'an, sul quando e sul quomodo dell'atto da compiere, si esaurisce una volta che questo sia compiuto. (...) Più che voler affermare il dogma della volontà e la possibilità di equiparare ontologicamente l'atto di autonomia privata alla norma giuridica, il riferimento alla legge qui vale ad affermare un principio di sicurezza nella circolazione giuridica: ciascuno può confidare che, se il contratto è concluso, le parti dovranno darvi esecuzione, secondo il noto adagio pacta sunt servanda. In questo modo si chiude un cerchio immaginario che vede nel contempo il contratto come fonte di obbligazioni, secondo l'art. 1173 c.c., e lo stesso contratto

segundo, assume relevância no momento do conhecimento por parte de terceiros, sendo atributo de apenas algumas situações. Dessa forma, sob um mesmo conceito, são tratados os efeitos que possuem causa no negócio jurídico, mas que são diversos dos efeitos diretos desse[202]. Da comparação entre a realidade francesa e a alemã, o mencionado autor também traz pertinentes observações[203].

A propósito da contraposição de títulos, de natureza real ou obrigacional, nada mais natural quando se tem em mente que é oriunda de origens diferentes e não pode encontrar nelas a resposta para interferência envolvendo terceiros. Os elementos de fato – os dois contratos, por exemplo, ou um direito decorrente de um contrato e outro de propriedade – são avaliados e o ordenamento define qual posicionamento deve ser privilegiado.

Nesse contexto, é bastante salutar a análise proposta por Franzoni sobre os limites da eficácia da autonomia privada no ordenamento jurídico[204]. Na visão do referido professor, o contrato pode ser analisado como um ato e como uma relação, estando relacionados ao primeiro os vícios genéticos e a esta os vícios funcionais. Em ambos os casos, o contrato é visto como negócio jurídico e comporta a ideia clássica de nascimento até a extinção

come mezzo per trasferire la proprietà, secondo gli art. 952 e 1376 c.c. Queste funzioni possono compiersi, dato che il contratto ha forza di legge tra le parti: la nascita di obbligazioni e l'effetto reale sono le normali, tipiche, necessarie conseguenze della sua perfezione, non una mera eventualità." FRANZONI, Massimo. La rilevanza del contratto verso i terzi. In: D'ANGELO, Andrea e ROPPO, Vincenzo (a cura di). *Annuario del contratto 2013*. Torino: G. Giappicheli, 2014. p. 28-29.

[202] Além das paráfrases do texto de Vettori, cumpre destacar o seguinte trecho: "Né si può dire che il contratto è sempre opponibile e che i suoi effetti sono diversi, per la natura del diritto creato e trasmesso che inerisce o non inerisce ad una cosa, che è protetto o meno da un'azione petitoria o possessoria e la cui violazione dà luogo ad una riparazione in natura o solo per equivalente. In tal modo la rilevanza esterna del contratto dipenderebbe dalla situazione creata e allora resta difficile comprendere se si debba parlare di opponiblità del diritto o del titolo.". VETTORI, Giuseppe, Opponibilità, cit., p. 2.

[203] "In Francia si formula una nozione indeterminata che raccoglie ogni conseguenza indirettamente riferibile al contratto, e resta irrisolto il dubbio se si debba parlare di opponibilità del diritto o del contratto che ne è la fonte. In Germania la Pandettistica studia il termine nella problematica degli effetti in funzione delle categorie logiche e giuridiche su cui si costruisce la stessa nozione di negozio come dichiarazione di volontà: in questa luce ciò che conta è la chiarificazione dei mezzi che possono riferire ogni conseguenza esterna al negozio, in via indiretta o riflessa, ma sempre con carattere di causalità." VETTORI, Giuseppe, Opponibilità, op. cit., p. 3.

[204] FRANZONI, Massimo. La rilevanza del contratto verso i terzi, cit., p. 31-32.

da obrigação. Acontece que o contrato também pode ser analisado como fato jurídico, ao qual o ordenamento atribui efeitos independentemente da vontade das partes. Tratando da eficácia do contrato em relação a terceiro, a análise sob o ponto de vista de fato jurídico é essencial.

Realmente, não faz sentido imaginar o contrato como centro de irradiação de todos os efeitos em mero exercício da autonomia privada das partes. Seu respeito por terceiros depende de outros elementos do ordenamento jurídico, não passando pela vontade dos contratantes. Novamente recorrendo a Franzoni, é bastante interessante sua linha argumentativa crítica sobre a conhecida teoria dos efeitos diretos – entre os contratantes – e reflexos do contrato – para terceiros, destacando, com acerto, a análise do contrato como fato jurídico na interface com terceiros e o foco na regulamentação da circulação dos bens e dos direitos, *in verbis*:

> *"Fin da ora preme sottolineare che, esaminando il contratto nei rapporti con il terzo, è bene impiegare la terminologia che lo definisce come atto o come fatto giuridico, anzichè quella derivata da coloro che distinguono tra effetti diretti ed effetti riflessi: Reflexwirkung. Quest'ultima teoria pressuppone l'idea che il negozio giuridico sia comunque l'elemento centrale del prodursi degli effetti, ancorchè questi non siano stati neppure considerati dai dichiaranti le volontà. Viceversa, nel considerare il contratto come fatto giuridico, si sposta l'attenzione dal negozio alla circolazione giuridica dei beni e dei diritti e da questa si muove per comprendere la natura e la portata dell'efficacia degli atti. Com'è stato sostenuto molto convincentemente, l'autoregolamento [il negozio giuridico] assume rilievo di un fatto in presenza del quale la norma dispone certi effetti, la cui natura non può riferirsi, in alcun modo, al contratto, ma ai criteri che di volta in volta il sistema reputa di assumere per la soluzione dei conflitti". Si può fin da ora osservare che il principio consensualistico e le regole dell'opponibilità del contratto non operano sullo stesso piano, di conseguenza non si può sinteticamente affermare che la regola dell'opponibilità prevale sul principio consensualistico. Anche se l'effetto concreto porta al sacrificio di un contratto rispetto ad un altro contratto, il punto è che il consenso ne regola la nascita, mentre la opponibilità governa i conflitti fra diritti derivanti dai titoli contrattuali. La funzione dell'uno e la funzione dell'altra sono distinte, sicchè non può porsi un problema di prevalenza, posto che è diverso l'ambito di operatività in vista dello scopo: il consenso permette la circolazione; la opponibilità governa i conflitti che ne derivano."*[205]

---

[205] FRANZONI, Massimo. op. cit., p. 32-33.

Conforme destacado no trecho acima, a relatividade dos efeitos contratuais e a oponibilidade não atuam no mesmo plano. A primeira regulamenta a eficácia direta das obrigações decorrente do exercício de vontade das partes e a segunda trata dos conflitos decorrentes de declarações de vontade conflitantes.

A análise da oponibilidade no âmbito do direito italiano também permite trazer claramente sua diferenciação com outro conceito muito importante na interface entre as obrigações contratuais e o terceiro: a responsabilidade civil por violação do contrato. Considerando a oponibilidade, define-se qual direito deve prevalecer na lógica de circulação dos bens. Por sua vez, a configuração da responsabilidade, prevista no art. 2.043 do *Codice Civile* – Qualunque fatto doloso o colposo che cagiona ad altri un danno ingiusto, obbliga colui che ha commesso il fatto a risarcire il danno – depende de uma série de requisitos referentes não só à cooperação, cumplicidade ou indução ao inadimplemento, mas também aos demais pressupostos da responsabilidade civil (*danno ingiusto*, nexo causal, culpa) e tem fins ressarcitórios no direito italiano[206].

À luz do quanto exposto, é pertinente a manifestação de Vettori: "*il concetto di opponibilità riassume il complesso delle regole destinate a risolvere i conflitti determinati dalla circolazione dei beni e di questa costituisce la disciplina più significativa, condizionata, più di altre, dalle esigenze e dalle idee del tempo*"[207]. Ao tratar do tema no âmbito do direito brasileiro, a diferenciação entre relatividade dos efeitos contratuais, oponibilidade e responsabilidade civil será retomada, inclusive com exemplos da legislação nacional no intuito de tornar a diferenciação ainda mais clara.

---

[206] A propósito da responsabilização do terceiro, manifesta-se, de modo acertado, no seguinte sentido: "In un caso si tratta di accertare l'efficacia immediata e prevalente di un acquisto compiuto nel rispetto della legge di circolazione del bene, nell'altro di riconoscere possibile, ai soli fini risarcitori, un giudizio di responsabilità (ex. art. 2043 c.c.) su di un comportamento in mala fede di un terzo estraneo all'accordo. (...) A ben vedere la nuova figura si afferma nell'Europa continentale e nel mondo anglosassone come strumento usato delle Corti, più che dalla dottrina, per mitigare l'astrattezza delle categorie ottocentesche sull'illecito e sul contratto." VETTORI, Giuseppe. Opponibilità, cit., p. 10.

[207] VETTORI, Giuseppe. Opponibilità, cit., p. 1.

2.2.5. Conclusão parcial sobre o direito italiano

Considerando a abordagem do tema no âmbito do direito italiano, é possível afirmar o quanto segue:

a) a corrente majoritária no direito italiano durante a vigência do Código de 1865 era no sentido de admitir a responsabilidade de terceiro por violação da relação obrigacional;

b) com as alterações ocorridas no Código Civil italiano de 1942 e a influencia do direito alemão, a corrente que não caracteriza a conduta de terceiro como ilícita ganhou força e tornou-se majoritária;

c) no julgamento do caso Superga pela *Corte di Cassazione* em 1953, admitiu-se que o art. 2.043 do *Codice Civile*, cláusula geral de responsabilidade civil no direito italiano, não faz distinção entre violação de direito absoluto e direito relativo;

d) ao apreciar o caso Meroni, a *Corte di Cassazione* equivocou-se não ao admitir a possibilidade de responsabilização por direito relativo, mas por ter flexibilizado o conceito de nexo causal, admitindo a configuração da responsabilidade do causador do dano mesmo em um caso no qual o dano para o time do Torino foi mediato e indireto;

e) ao contrário da construção francesa, a doutrina italiana destacou, com acerto, que a relatividade dos efeitos contratuais e a oponibilidade não atuam no mesmo plano;

f) no tocante aos contratos, a análise destes como ato jurídico, fruto da vontade das partes, está relacionada à relatividades dos efeitos contratuais e, por sua vez, como fato jurídico regulamentado pelo ordenamento sem intervenção das partes, liga-se à oponibilidade; e

g) como o art. 2.043 do *Codice Civile* trata do *danno ingiusto* como fator que fundamenta a responsabilidade, sem fazer menção expressa ao bem da vida violado, admite atualmente responsabilização não só por violação de direito, mas também por *interessi meritevoli di tutela*.

2.3. Portugal – responsabilização do terceiro com fundamento no abuso de direito

Conforme demonstrado no item 2.1, a construção jurisprudencial e doutrinária da responsabilidade do terceiro por violação do direito de crédito

INTERFERÊNCIA DE TERCEIRO NA RELAÇÃO OBRIGACIONAL

já era forte na França desde o final do século XIX e início do século XX. Por sua vez, a contribuição dos juristas portugueses a respeito da matéria passou a ganhar destaque um pouco mais tarde e a reação inicial não foi favorável ao entendimento francês[208]. De fato, marcado por forte influência do direito alemão, o posicionamento dos juristas portugueses foi no sentido de afastar a responsabilidade de terceiro[209].

---

[208] "A responsabilidade extra-contratual subjacente é pura fantasia (...) a inexecução dum contrato, ainda que intencional, não é delito nem quase delito (...) o contraente e o terceiro não podem ser devedores solidários, sem disposição legal ou expressa previsão das partes (...) O Direito pode ser amoral, e até imoral. Não podemos, invocando a moral, destruir o conceito e o alcance dos direitos relativos. (...) Um contrato só pode ser violado por quem nele se obrigou e não por um terceiro; e posto que do contrato tenha nascido para um dos contraentes determinado direito, este é relativo, é direito de obrigação; não é direito real, ou direito intocável *erga omnes*, que por toda a gente haja de ser respeitado." GONÇALVES, Luiz da Cunha. *Tratado de direito civil*. v. 1 Coimbra: Coimbra Ed., 1937. p. 742-743.

[209] Embasado nas lições de Heck, Larenz e Canaris e à luz do § 823/I do Código Civil Alemão ("Quem, com dolo ou negligência, violar ilicitamente a vida, o corpo, a saúde, a liberdade, a propriedade ou outro direito alheio, fica obrigado a indemnizar o dano que daí resulte."), Menezes Cordeiro reconhece que o problema está na definição da expressão "outro direito" e afirma que "A doutrina e a jurisprudência admitem, nessa categoria, direitos reais menores, direitos sobre bens imateriais, expectativas reais, direitos de personalidade, direito à empresa, direitos participativos e a posse. Mas exclui, dessa categoria, os créditos, seja pelos preparatórios, seja pela lógica do sistema, seja pela prática habitual. O Direito alemão é dos mais restritivos neste domínio, embora não seja unívoco". Apesar de o presente tópico ter como enfoque a abordagem do direito português, vale a pena uma breve abordagem a respeito do direito alemão para registrar que o projeto de Código tinha uma grande cláusula geral de responsabilidade. O teor do § 704 do projeto era o seguinte (tradução de Menezes Cordeiro): "Quando alguém, através de um acto ilícito cometido com dolo ou negligência – por acção ou omissão – provoque dano a outrem, cuja ocorrência tivesse previsto ou tivesse podido prever, fica obrigado, perante ele, à indemnização dos danos causados pelo acto, sem diferenciar se o âmbito do dano era, ou não, de prever." e acabou sendo substituído por três previsões mais restritivas de responsabilidade, quais sejam, §§ 823/I, 823/II e 826. Em obras elaboradas logo após a aprovação do Código Civil Alemão, era marcante a divergência na doutrina alemã a propósito da defesa aquiliana do crédito mesmo com a redação mais restritiva que acabou prevalecendo. Franz von Liszt, Otto Christian Fischer, Engelmann, Kipp, Cosack, Stammler, List, Meyl, Meitzer, Kuhlenbeck, Hesse, Niedermann e Ide eram favoráveis a tal entendimento; em sentido contrário, destacam-se: Mathiass, Ebert, Endemann, Neumann, Dernburg, Staudinger, Linkelmann, Oertmann, Schollmeyer, Leonhard, Tietze, Elzbacher, Goldmann e Lilienthal, Leske, Achilles, Jung, Burkhard, Schaususs, Doerinkel, Luthardt e Müller. A propósito das diferentes passagens da presente nota, confira-se MENEZES CORDEIRO, António Manuel da Rocha e Menezes. *Tratado de direito civil*. op. cit.. p. 365 e 379-380.

Na evolução dos trabalhos para elaboração do atual Código Civil Português, Vaz Serra chegou a propor os seguintes dispositivos a respeito da matéria, mas que acabaram não sendo aprovados na tramitação do projeto:

1. O terceiro, por facto de quem os direitos de crédito não são satisfeitos, não incorre em responsabilidade para com os respectivos credores, salvo no caso de abuso do direito, nos termos do art. ...
2. O disposto no parágrafo antecedente não prejudica o direito que eventualmente tenha o credor contra o terceiro, resultante das regras do enriquecimento sem causa, da gestão imprópria de negócios, de negócio existente entre eles ou de outra fonte.[210]

A doutrina portuguesa, por sua vez, não é unânime a respeito da responsabilidade de terceiro decorrente de interferência no direito de crédito. Renomados autores[211] defendem a eficácia externa das obrigações, porém outro grupo de juristas[212], a maioria, no entendimento de Mário Júlio de Almeida Costa[213], faz depender a responsabilidade do terceiro cúmplice

---

[210] Adriano Vaz Serra, Responsabilidade de terceiros no não-cumprimento de obrigações, BMJ 85 (1959), p. 360, *apud* MENEZES CORDEIRO, António Manuel da Rocha. Tratado de Direito Civil, op. cit., p. 391.

[211] Entre outros, podem ser citados: FERRER CORREIA, A. Da responsabilidade do terceiro que coopera com o devedor na violação de um pacto de preferência. *Revista de Legislação e de Jurisprudencia*, ano 98, p. 355 e ss. e 369 e ss.; PESSOA JORGE, F. *Lições de direito das obrigações*. Ed. policopiada. Lisboa, 1967. v. 1, p. 599 e ss; PESSOA VAZ, A. *Do efeito externo das obrigações (algumas perspectivas da mais recente doutrina portuguesa e alemã)*. Coimbra, 1977; I. GALVÃO TELLES, Direito das Obrigações, 7ª edição, Coimbra, 1997, p. 20.

[212] G. ALVES MOREIRA, Instituições do Direito Civil Português, vol. II, Coimbra, França Amado, 1911, pp. 6 e seguintes; LUIZ DA CUNHA GONÇALVES, Tratado de Direito Civil em Comentário ao Código Civil Português, vol. XII, Coimbra, 1937, pp. 742 e seguintes; ANTUNES VARELA, Das obrigações em geral, v. I, pp. 172 e seguintes; MOTA PINTO, Direito das Obrigações, pp. 156 e seguintes, entre outros.

[213] "Todavia, a nossa doutrina predominante, que temos como exacta, não admite, em princípio, o efeito externo das obrigações. E a jurisprudência, após breves hesitações iniciais, tornou-se unânime na mesma orientação, isto é, faz depender a responsabilidade do terceiro cúmplice de abuso de direito. O problema ultrapassa, obviamente, a pura análise da letra da lei e ocasiona controvérsia mais ampla. Entende-se que uma tal orientação levaria demasiado longe a responsabilidade de terceiros, sendo até susceptível, por isso mesmo, de entravar a actividade negocial. A esta consideração de razoabilidade junta-se, no plano do direito constituído, a verificação de que, em vários preceitos, o nosso legislador parece haver aderido ao conceito da eficácia relativa dos direitos de crédito (Cod. Civ., arts. 406º, n.º 2,

INTERFERÊNCIA DE TERCEIRO NA RELAÇÃO OBRIGACIONAL

de exercício abusivo de direito. Ou seja, a conduta do terceiro é, em princípio, lícita, sendo punível apenas nas hipóteses de exercício abusivo[214]. Ao tratar da matéria em Portugal, faz-se necessária também uma análise pormenorizada da construção da titularidade do direito de crédito.

Para a finalidade do presente estudo, voltado à análise do direito brasileiro, mais importante do que verificar qual corrente de pensamento tem prevalecido[215] – é entender devidamente cada uma delas para verificar a aplicabilidade dos conceitos envolvidos no Brasil. No direito lusitano, conforme destacado, chama atenção a construção do abuso de direito realizada pela doutrina clássica. Para diferenciá-la com o rigor científico necessário e

---

413º e 421º, 495º, n.º 3, e 1306, n.º 1). Trata-se, contudo, de uma conclusão em tese geral. A própria lei, no art. 495º, n.º 3, consagra a doutrina do efeito externo no âmbito restrito e bem demarcado dos credores de uma relação obrigacional de alimentos, pois confere-lhes o direito de serem indemnizados pelo autor da lesão corporal que atingiu o devedor, especialmente se lhe causou a morte, impedindo-o do cumprimento. Acrescentam-se as situações em que o terceiro que impediu o cumprimento da obrigação pode responder perante o credor, por ter agido com abuso de direito – o qual actua, portanto, como decisivo critério de imputação objectiva do dano na esfera da presente matéria. Este instituto, concebido nos termos amplos que assinalámos, possui virtualidades que permitem atender aos casos mais graves, em que a conduta de terceiros se mostre particularmente chocante e censurável. Nem se afigura necessário outro suporte técnico para satisfazer, numa equilibrada medida, as aspirações de certa tendência no sentido da responsabilização de terceiros pela lesão de créditos e conseqüente reforço da posição do credor." ALMEIDA COSTA, Mário Júlio de. *Direito das obrigações*. 12. ed. rev. e atual. Coimbra: Almedina, 2009. p. 93-96.

[214] "Todavia, uma outra posição doutrinária intermédia defende que não basta ao terceiro cúmplice conhecer a existência do crédito e contribuir para o inadimplemento da obrigação para que ele seja responsabilizado. Para que o terceiro, ao impedir ou perturbar o exercício do crédito, aja ilicitamente, violando já o direito do credor, é necessário que a sua atuação exceda a margem de liberdade que a existência dos direitos de crédito ainda consente a estranhos à relação. Desse modo, seria admitida alguma oponibilidade dos créditos perante terceiros através da aplicação do instituto do abuso do direito, podendo o terceiro cúmplice ser responsabilizado nos casos em que a sua atuação lesiva do direito de crédito se possa considerar como um exercício inadmissível da sua liberdade de ação ou da sua autonomia privada." TONNERA JUNIOR, João. A responsabilidade civil do terceiro cúmplice por lesão ao direito de crédito. Revista de Direito Privado, São Paulo, v. 66, p. 151-171, ab.-jul. 2016.

[215] "Na jurisprudência portuguesa, representada pelo seu mais alto tribunal, nota-se uma clara abertura à teoria da eficácia externa das obrigações, ao princípio, enfim, da responsabilidade de terceiro por lesão de crédito." SANTOS JÚNIOR, E. op. cit., p. 436 e "E a jurisprudência, após breves hesitações iniciais, tornou-se unânime na mesma orientação, isto é, faz depender a responsabilidade do terceiro cúmplice de abuso de direito." ALMEIDA COSTA, Mário Júlio de. *Direito das obrigações*, cit. p. 94/95.

A INTERFERÊNCIA LESIVA DE TERCEIRO NA RELAÇÃO OBRIGACIONAL

com todas as nuances do jurista lusitano, pede-se licença para transcrever as palavras de Mário Júlio de Almeida Costa sobre o tema:

"Consideramos que a diferença entre as chamadas doutrinas clássicas e doutrina do efeito externo, colocando de parte toda a roupagem conceitual, se resume numa outra que se pode enunciar de modo muito simples: perante um dano provocado ao credor por terceiro, qual o critério de imputação jurídica a adoptar? O critério geral da causalidade adequada – responderão os adeptos da doutrina do efeito externo – ou, pelo contrário, a acrescer a esse nexo de causalidade adequada, o critério mais limitativo do abuso do direito – responderão os adeptos da doutrina clássica. Apura-se, assim, que na sua expressão rectilínea a contraposição das duas correntes se reconduz à dissenção nuclear entre dois critérios de imputação jurídica do dano: o da causalidade adequada pura e simples e o do abuso de direito. Ora, colocando a análise neste plano e uma vez que o direito constituído, em boa hermenêutica, não aponta para uma solução segura, opta-se pela doutrina clássica, como se expôs, porque se mostra a que melhor exprime a teleologia do direito civil e proporciona as soluções mais justas e equilibradas."[216]

A análise comparada com o direito brasileiro torna-se ainda mais interessante quando se constata que o art. 187 do Código Civil brasileiro, que regula abuso de direito, tem redação muito semelhante ao artigo 334 do Código Civil português[217]. Resta a dúvida, no entanto, se, utilizando as palavras de Mário Júlio de Almeida Costa, a boa hermenêutica do direito brasileiro já não aponta para uma solução segura e quais seriam seus fundamentos.

No curso do presente capítulo, a aplicação do abuso de direito no tratamento da matéria será analisada pormenorizadamente, com verificação do entendimento de autores consagrados e do posicionamento adotado pelo Supremo Tribunal de Justiça Português, sempre com a intenção de propiciar ao leitor um cenário completo do posicionamento em Portugal.

---

[216] Id. Ibid., p. 98-99.

[217] É ilegítimo o exercício de um direito, quando o titular exceda manifestamente os limites impostos pela boa-fé, pelos bons costumes ou pelo fim social ou econômico desse direito. Conforme detidamente analisado por Daniel Boulos, o artigo 187 do Código Civil brasileiro tem como fonte imediata o art. 334 do Código Civil Português e o artigo 281 do Código Civil grego como fonte mediata. BOULOS, Daniel Martins. *Abuso de direito no novo Código Civil*. São Paulo: Editora Método, 2006, p. 189-192.

2.3.1. A proteção da titularidade do direito de crédito e os casos de abuso de direito

Ao tratar dos efeitos da obrigação em relação a terceiros, Antunes Varela entende que "a obrigação é essencialmente o poder de exigir uma prestação, que apenas recai sobre o devedor e, por isso, se considera um direito relativo"[218]. Esse posicionamento, entretanto, não o impede de verificar que (i) a titularidade na relação de crédito constitui um direito absoluto e oponível a terceiros e (ii) a legislação, em atenção a determinados interesses relevantes, impõe ou permite a oponibilidade de relações obrigacionais a terceiros em casos específicos.

Por violação à titularidade do crédito, o autor português, alinhado com o entendimento de Larenz e Fikentscher, considera a pessoa que se intitule credor de uma dada prestação ou que se deixe tratar como tal quando na verdade não o é[219]. Caso tenha êxito a tentativa de terceiro de receber prestação que não lhe era devida, será obrigado não só a devolvê-la ao verdadeiro credor, mas também a ressarcir eventuais prejuízos decorrentes do não recebimento no momento correto. Nesses casos, sua responsabilidade é com fundamento no art. 483º do Código Civil.

Com relação aos casos de perturbação do cumprimento ou instigação ao incumprimento, por exemplo, Antunes Varela entende que não há ilicitude na conduta do terceiro ao interferir no direito de crédito, pois está dentro de sua margem de liberdade de contratar por mais que tenha conhecimento prévio da relação obrigacional[220]. No seu entendimento, a

---

[218] ANTUNES VARELA, João de Matos. *Das obrigações em geral*. 10. ed. rev. e atual. 9. reimpr. Coimbra: Almedina, 2012. p. 172.

[219] Id. Ibid., p. 172.

[220] Sem prejuízo da paráfrase de alguns trechos do autor português no presente item, é importante, sempre com o intuito de fomentar o debate, reproduzir literalmente seu posicionamento: "Não basta, por conseguinte, que o terceiro conheça a existência do crédito para que, impedindo ou perturbando o exercício da relação obrigacional, ele possa ser constituído em responsabilidade. Não é para os direitos de crédito (a não ser quanto ao valor absoluto de sua titularidade) que aponta a responsabilidade delitual ou extracontratual, prevista e regulada nos artigos 483º e seguintes. Para que o terceiro, ao impedir ou perturbar o exercício do crédito, aja ilicitamente, violando já o direito do credor, é necessário que a sua actuação exceda a margem de liberdade que a existência dos direitos de crédito ainda consente a estranhos à relação, pisando nomeadamente os terrenos interditos pelo abuso de direito (art. 334º). Com efeito, para que haja abuso de dirito por parte do terceiro que adquira coisa sujeita

A INTERFERÊNCIA LESIVA DE TERCEIRO NA RELAÇÃO OBRIGACIONAL

responsabilidade de terceiro só encontra fundamento por meio de violação a outros institutos como "a proibição da concorrência desleal, o abuso de direito (quando se verifiquem os pressupostos deste), os negócios usurários, as sanções penais, quando a conduta do terceiro integre qualquer tipo legal de infracção criminal (burla, abuso de confiança, simulação, etc.), será possível reagir contra a conduta reprovável do terceiro"[221].

2.3.2. Os prismas da relatividade dos direitos de crédito de Menezes Cordeiro: estrutural, de eficácia e de responsabilidade

Ao tratar da relatividade dos efeitos obrigacionais e de sua eficácia perante terceiros, Menezes Cordeiro fragmenta a análise da oponibilidade em forte, média e fraca. Nessa abordagem, a oponibilidade consiste na pretensão de proteger o *quid* valioso atribuído pelo Direito[222]. Como bem destaca o referido jurista, as dúvidas principais a respeito da matéria surgem nos casos de oponibilidade fraca e média, inserindo-se nesta a doutrina do terceiro-cúmplice, relacionada à eficácia externa das obrigações.

A propósito da eficácia externa das obrigações no âmbito do direito português, Menezes Cordeiro realiza verificações de ordem sócio-política,

---

à preferência de outrem, por exemplo, não basta que ele tenha conhecimento do direito do preferente. É preciso que, ao exercer sua liberdade de contratar ele 'exceda manifestamente por força do disposto no artigo 334º, os limites impostos pela boa-fé'. Assente que o direito de crédito só pode ser exigido do devedor e que o terceiro não responde em princípio, pela falta de cumprimento da obrigação, fácil se torna solucionar algumas situações que, sem essa premissa bem assente no espírito do jurista, podem causar dúvidas e perturbações." ANTUNES VARELA, João de Matos. *Das obrigações em geral.* 10. ed., cit., p. 177-178.

[221] ANTUNES VARELA, João de Matos. op. cit., p. 179.

[222] "A oponibilidade forte traduz a pretensão que o titular de um direito tenha de exigir o *quid* valioso que o Direito lhe atribui: pode ser *erga omnes* (o poder de reivindicar a coisa, conferido ao proprietário, artigo 1311º) ou *inter partes* (o poder de exigir o cumprimento ao devedor, cometido ao credor). A oponibilidade média exprime a possibilidade, reconhecida ao titular, de solicitar o acatamento de deveres instrumentais que permitam o aproveitamento do *quid* valioso que lhe compita ou um melhor aproveitamento desse mesmo *quid*; também ela pode ser *erga omnes* (o proprietário pode pedir silêncio aos vizinhos, artigo 1346º) ou *inter partes* (o credor pode exigir o acatamento, ao devedor, das prestações secundária ou dos deveres acessórios). A oponibilidade fraca manifesta a pretensão geral de respeito; *erga omnes* (todos devem respeitar certa situação de propriedade) ou *inter partes* (o credor não pode piorar a situação do devedor)." MENEZES CORDEIRO, António Manuel da Rocha. *Tratado de direito civil.* op. cit.. p. 353.

interpretativa, dogmática e histórica ou de direito estrangeiro para verificar se é justificável a negativa de sua aplicabilidade com fundamento no artigo 483º/1 do Código Civil Português. Em todas suas análises, a resposta é contrária.

Em primeiro lugar, não se sustenta a vedação da eficácia perante terceiros com fundamentação de natureza sócio-política[223]. Afinal, os pressupostos da responsabilidade civil são suficientes para evitar que ocorra restrição injustificada da liberdade dos terceiros, com a consequente multiplicação sem critérios de casos de responsabilização. Só será passível de sanção a atitude de terceiro nos casos em que simultaneamente, forem demonstrados a ilicitude de sua conduta, sua culpa, a ocorrência de dano e o nexo de causalidade entre este e a ação ou omissão do terceiro. Ainda nesse contexto, vale destacar que o crédito não é conhecido e muitas vezes não é cognoscível pelo terceiro, o qual sempre tem resguardada sua posição de terceiro de boa-fé.

Em segundo lugar, a análise sistêmica e interpretativa do direito português leva à conclusão de que o artigo 483º/1 é passível de ser utilizado para fundamentar a responsabilidade do terceiro que interfere na relação de crédito. Isso porque o referido artigo não deixa qualquer margem de alegação no sentido de que sua aplicação ficaria restrita aos direitos "absolutos"[224]. Nem se alegue que o dispositivo aplicável no caso de violação por parte de terceiro seria o artigo 798º/1 do Código Civil Português, o qual trata da responsabilidade do devedor. Ocorre que "só assim seria se o 798º se aplicasse a terceiros; como apenas funciona perante o devedor, o elemento sistemático até deporia em sentido favorável à eficácia externa: porque os terceiros não podem ser irresponsáveis, cairiam (pelo menos) no artigo 483º"[225].

Ainda em sede interpretativa e dogmática[226], alguns artigos também precisam ser alvos de necessários esclarecimentos no ordenamento português. O primeiro deles é o artigo 406º – relatividade dos contratos – sendo natural que a obrigação oriunda de contrato só é exigível do devedor, nada se podendo exigir com relação ao cumprimento da obrigação por terceiro,

---

[223] Id. Ibid.. p. 400.

[224] Para tornar ainda mais clara a verificação do acerto dessa afirmação, basta verificar o teor da cláusula geral de responsabilização do direito português com a previsão a respeito da matéria na França e na Itália, conforme cemonstrado nos itens anteriores.

[225] MENEZES CORDEIRO, António Manuel da Rocha e. *Tratado de direito civil*. op. cit.. p. 401.

[226] MENEZES CORDEIRO, António Manuel da Rocha e. *Tratado de direito civil*. op. cit.. p. 401.

A INTERFERÊNCIA LESIVA DE TERCEIRO NA RELAÇÃO OBRIGACIONAL

a não ser o respeito pelo contrato, mas é fato também que o ordenamento chega a permitir o cumprimento da obrigação por terceiro. Ademais, os casos de promessa real e preferência real – artigos 413º e 421º – em que a lei assegura eficácia *erga omnes* a justificar condutas contra qualquer terceiro, decorrente de previsão legal específica, cabendo destacar que as promessas e as preferências obrigacionais só justificam a sanção de terceiro quando desrespeitados os critérios da responsabilidade civil. Outro exemplo interessante é regulamentado no artigo 495º/3 – em casos de morte ou lesão corporal, as pessoas que poderiam exigir alimentos do lesado têm direito à indenização – o qual pode configurar uma exceção ao sistema de responsabilidade civil ou reflexos de um modelo geral, a depender do posicionamento doutrinário a respeito da interferência de terceiro.

No âmbito do direito estrangeiro, conforme demonstrado nos itens anteriores, não pairam dúvidas a respeito da possibilidade de tutela do direito de crédito perante terceiros[227]. Esses posicionamentos, aliás, são resultantes de construções jurisprudenciais e doutrinárias ainda no final do século XIX e começo do século XX para se falar apenas em termos de Direito Moderno e Contemporâneo. Nesse cenário, além da percepção empírica, constata-se claramente que é de rigor o reconhecimento da eficácia externa das obrigações, cabendo a quem se propõe a estudar a matéria verificar as hipóteses de responsabilidade do terceiro à luz dos preceitos do ordenamento.

Como a expressão eficácia externa é muito ampla, por tratar de tudo que transcende a relação entre credor e devedor, Menezes Cordeiro propõe sua divisão em: "eficácia externa *lato sensu*: corresponde a todos os elementos que superem a relatividade e, designadamente, o que chama de eficácia

---

[227] "No Direito alemão dos nossos dias, é cada vez mais divulgada a ideia de que uma recusa total de proteção dos créditos perante terceiros é exagero e não surge adequada. A defesa da linha tradicional, clara em Canaris, deve ser reconduzida à realidade da responsabilidade civil alemã, no seu todo. Através da técnica dos deveres acessórios, dos deveres do tráfego, da multiplicação de vínculos assentes na confiança, da titularidade absoluta e do próprio funcionamento não supletivo do enriquecimento sem causa, os créditos acabam por ser, na prática, muito protegidos e com segurança. O drama jurídico-científico poderá advir quando se transponha (como, porventura, sucede entre nós) a ideia da relatividade, com exclusão da tutela aquiliana, sem acolher toda a demais instrumentação que permite, na prática, colmatar a lacuna daí resultante. Há que ter muito cuidado com recepções parcelares, que desconheçam as realidades globais da Ordem Jurídica dadora." MENEZES CORDEIRO, António Manuel da Rocha e. *Tratado de direito civil.* op. cit., p. 383.

forte e média; questões como os deveres acessórios eficazes perante terceiros ou a formação de vínculos semelhantes aos contratuais, que respeitem a terceiros, têm solução à luz dos respectivos institutos e não devem aqui, interferir; e eficácia externa *stricto sensu* ou própria: tem a ver com a tutela aquiliana dos créditos, sendo esta a questão em aberto"[228].

Conforme tratado no item anterior ao relatar o posicionamento de Antunes Varela com relação ao crédito sob o prisma da titularidade, ou seja, na ligação credor/crédito, Menezes Cordeiro defende a aplicação do art. 483º/1. Entre outros exemplos dessa situação, este autor indica: o terceiro que se faça passar por credor, o terceiro que destrua as condições materiais para o credor exercer o seu direito, o terceiro que impeça materialmente a percepção do crédito[229]. Em todas essas situações, por se tratar de responsabilidade extracontratual do terceiro, não se pode esquecer que incumbe ao credor comprovar todos os elementos para configuração da responsabilidade civil.

O ponto central para fins da presente tese consiste em saber se, na visão de Menezes Cordeiro, a interferência de terceiro que contrate com o devedor em termos incompatíveis com o crédito preexistente deve ou não ser sancionado com fundamento na cláusula geral de responsabilidade do Código Civil Português. Por sua importância, são reproduzidos abaixo os principais trechos do posicionamento defendido:

> "Contratar, só por si, não poderia levar ao 483.º/1: os pressupostos da responsabilidade civil seriam suficientes para o evitar: basta ver que não há ilicitude[230] ... O dever geral de respeito não tem, pois, este alcance. Ainda teríamos de lidar, neste ponto, com o subsistema da concorrência. (...) O legislador português define, com alguma minúcia, as práticas concorrenciais que tem por inadmissíveis. A *contrario*, as restantes condutas são lícitas, não fazendo sentido proibi-las com recurso ao artigo 483º/1, do Código Civil: o sistema perderia alguma coerência, além de se postergar a elementar relação de prevalência da

---

[228] MENEZES CORDEIRO, António Manuel da Rocha e. *Tratado de direito civil.* op. cit., p. 383.

[229] MENEZES CORDEIRO, António Manuel da Rocha e. *Tratado de direito civil.* op. cit., p. 403.

[230] Tratando especificamente a respeito da ilicitude, que se demonstrará de grande relevância no curso do presente trabalho, o autor português afirma: "O terceiro poderia sempre contratar com o devedor: quando o faça, exerce a sua liberdade contratual. Mesmo quando atinja direitos alheios, não há ilicitude, explicitamente exigida pelo artigo 483º/1. Repare-se: para que o artigo 483º/1 funcione, não basta que se atinjam direitos alheios: é necessário que isso suceda ilicitamente e, ainda, com culpa. O abuso do direito retira a 'licitude' de quem exerça a sua liberdade contratual." MENEZES CORDEIRO, António Manuel da Rocha e. *Tratado de direito civil.* op. cit.. p. 405.

A INTERFERÊNCIA LESIVA DE TERCEIRO NA RELAÇÃO OBRIGACIONAL

lex specialis sobre a *lex generalis*. (...) A possibilidade de contratar com terceiros é uma das portas abertas pela concorrência. As regras desta prevalecem. (...) Admitir que ninguém pudesse contratar com certos devedores poderia gerar uma estranha 'ghetização': essa, sim, claramente contrária às '... normas e usos honestos de qualquer ramo de atividade...'. Pois bem: o acto de concorrência que seja julgado admissível, perante as leis da concorrência, não pode ser vitimado pelo artigo 483º/1, do Código Civil. De outro modo, teríamos de considerar ilícito o próprio mercado: pois é perante ele que os devedores podem, eventualmente pretender melhores soluções. O problema terá, em definitivo, de ser equacionado em face dos contratos em jogo e das concretas partes que os hajam celebrado. Justamente neste ponto intervém a doutrina do abuso do direito, repetidamente invocada, neste domínio, pela nossa jurisprudência, retomando uma intuição de Manuel de Andrade."[231]

Assim, de acordo com a divisão proposta por Menezes Cordeiro, apenas as interferências relativas à relação credor/crédito podem ser sancionadas com fundamento na cláusula geral de responsabilidade, ficando os casos pertences à doutrina do terceiro-cúmplice para apreciação residual à luz do direito concorrencial e sanção no âmbito do Código Civil apenas nas hipóteses de configuração de abuso do direito.

Dessa forma, conclui-se que autores renomados em Portugal admitem a possibilidade de responsabilização de terceiro por interferência na relação obrigacional, separando-a basicamente em dois grupos: um com fundamento na cláusula geral de responsabilidade civil quando se trata de proteção da titularidade do crédito – art. 483º do Código Civil português e o outro, no qual estão inseridas as hipóteses pertencentes à doutrina do terceiro-cúmplice, são regulamentados com base no abuso de direito – art. 334º do Código Civil português.

2.3.3. Posicionamento atual do Supremo Tribunal de Justiça Português

Na evolução da jurisprudência do Supremo Tribunal de Justiça Português[232], alguns acórdãos, não tão numerosos inicialmente, acabaram por

---

[231] MENEZES CORDEIRO, António Manuel da Rocha e. *Tratado de direito civil*. op. cit.. p. 404/405.

[232] "Na actual organização judiciária, o Supremo Tribunal de Justiça é o órgão superior da hierarquia dos tribunais judiciais, sem prejuízo da competência própria do Tribunal

INTERFERÊNCIA DE TERCEIRO NA RELAÇÃO OBRIGACIONAL

ter papel de destaque[233]. Dois julgados da década de 60: um de 1964 em que se discutiu a interferência de terceiro em um pacto de preferência relativo a ações de uma sociedade anônima e outro de 1969 versando sobre o contrato de edição musical do cantor Rafael com a Hispavox S.A., o qual foi alvo de interferência consciente da Valentim de Carvalho, que produziu e colocou à venda um disco do referido cantor. Nas duas oportunidades, o referido tribunal manifestou-se favorável à responsabilidade do terceiro por interferência no direito de crédito, identificada como eficácia externa das obrigações em Portugal, mas acabou não condenando no segundo caso por falta de provas.

Em dois recursos da relatoria do Conselheiro Miranda Gusmão, cujas datas dos acórdãos são 27 de janeiro e 15 de abril de 1993, começou-se a perceber uma mudança de posicionamento tendente a exigir a verificação de abuso de direito por parte de terceiro – os casos eram de contratos-promessa sobre imóveis e contratos-promessa de arrendamento – mas nada de modo muito sistemático. Em outubro do mesmo ano, o tribunal julgou um caso envolvendo contrato de transporte e adotou a ideia de que a relatividade dos efeitos contratuais não impossibilita a responsabilização de terceiro com fundamento no art. 483º do Código Civil Português[234], a cláusula geral de responsabilidade.

Constitucional. Em regra, o Supremo Tribunal de Justiça apenas conhece de matéria de direito e é constituído por quatro Secções Cíveis, duas Secções Criminais e uma Secção Laboral. Existe ainda uma Secção de Contencioso, para julgamento dos recursos das deliberações do Conselho Superior da Magistratura." PORTUGAL. SUPREMO TRIBUNAL DE JUSTIÇA. *O Supremo Tribunal de Justiça em Portugal*. Disponível em: <http://www.stj.pt/stj/historia/curiosidades?start=5>. Acesso em: 27 set. 2014.

[233] A propósito dos comentários sobre os julgados até 2003 e para informações completas sobre o inteiro teor dos mesmos, vide SANTOS JÚNIOR, E. op. cit., p. 424-435 e MENEZES CORDEIRO, António Manuel da Rocha e. *Tratado de direito civil*. op. cit., p. 393-399

[234] Nesse sentido, cabendo ressaltar o grande papel de destaque dado à doutrina, confira-se o seguinte trecho do julgado: "Acórdão recorrido, isto não significa que este, como terceiro, não possa ser responsabilizado, fazendo apelo à chamada eficácia externa das obrigações. A doutrina tradicional, encarada no pretenso dogma da relatividade dos direitos de crédito, tem-se mostrado renitente em aceitar a oponibilidade dos créditos frente a terceiros. Todavia, confrontada com a natureza das coisas, tem sido obrigada a fazer algumas cedências. Assim, admite, nomeadamente, que, nos casos em que a relatividade dos créditos conduza a situações de injustiça gritante, o terceiro possa ser condenado por abuso de direito (Prof. Vaz Serra, Responsabilidade de terceiros, página 348; Prof. Manuel de Andrade, Teoria Geral das Obrigações, página 53; Prof. Almeida Costa, Direito das Obrigações, 3 edição página 68;

A INTERFERÊNCIA LESIVA DE TERCEIRO NA RELAÇÃO OBRIGACIONAL

Em julgados de 1997 e principalmente de 2001 e 2002, momento em que Menezes Cordeiro afirma que "tudo parecia em aberto, na jurisprudência portuguesa, a qual prenunciava uma evolução semelhante à italiana, crescentemente favorável à eficácia externa"[235], o Supremo Tribunal de Justiça mostrou-se favorável à tese do abuso de direito, influenciado por um pensamento finalista que considerava que a eficácia externa poderia causar graves entraves às operações comerciais.

Nos últimos anos, três julgamentos do Supremo Tribunal de Justiça português marcaram claramente seu posicionamento a respeito da adoção da tese da responsabilização do terceiro por violação ao direito de crédito. O primeiro[236], cujo acórdão é de 20 de setembro de 2011, trata a respeito de

---

Prof. Pereira Coelho, Obrigações, página 69 e seguintes; Prof. Rui de Alarcão, Direito das Obrigações, página 88 e seguintes). Esta construção depara, desde logo, com um obstáculo decisivo, como aliás faz notar o Prof. Antunes Varela (Das Obrigações em Geral; I página 157): é que a verificação dum abuso de direito requer elementarmente um direito de que se abuse. "Quer isto dizer que – como observa o Prof. Menezes Cordeiro (in Direito das Obrigações, I página 270), cuja lição seguimos, "quando o terceiro, usando dum direito seu, lesa um direito, pode ser condenado. Pelo contrário, quando procede da mesma forma sem, sequer, agir nos termos formais um direito, nunca é incomodado". Todavia, a favor da eficácia externa das obrigações pronunciaram-se não só Prof. Ferrer Correia ("A Responsabilidade de terceiro...", Revista de Legislação e Jurisprudência 98, página 355 e seguintes e Estudos Jurídicos II, página 33 e seguintes), mas sobretudo o Prof. Pessoa Jorge (Direito das Obrigações, I, página 188 e Lições de Direito das Obrigações, página 599) e, ultimamente o Prof. Galvão Telles (Direito das Obrigações, 3 edição, página 9). O Prof. Menezes Cordeiro (ob. lei. cit.), após exaustiva análise desta questão, também não tem a menor relutância em afirmar o princípio de que os direitos de crédito, porque direitos, se impõem juridicamente a todas as pessoas, devendo, consequentemente, ser respeitados por cada um, e produzindo, nessa medida, efeitos erga omnes" (página 280), "salvar as excepções derivadas da boa fé" (página 282). "O essencial das limitações aos efeitos externos das obrigações deriva "– escreve-se –" não da amputação da própria eficácia do direito de crédito em si, mas antes das regras da responsabilidade civil" (página 282). Assim, a violação material dum direito de crédito só implica, para o terceiro violador, o dever de indemnizar, se se verificarem os pressupostos da responsabilidade civil exigidos pelo artigo 483 do Código Civil.". PORTUGAL. SUPREMO TRIBUNAL DE JUSTIÇA. Acórdãos do STJ – Base de Dados. Disponível em: <http://www.stj.pt/jurisprudencia/basedados>. Acesso em: 27 set. 2014.

[235] MENEZES CORDEIRO, António Manuel da Rocha e. *Tratado de direito civil*. op. cit.,p. 397.

[236] PORTUGAL. SUPREMO TRIBUNAL DE JUSTIÇA. Processo 245/07.2TBSBG. Cl.Sl, Rel. Fonseca Ramos, 20 de setembro de 2011. Disponível em: <http://www.dgsi.pt/jstj.nsf/954f0ce6ad9dd8b980256b5f003fa814/403f604dac229fe4802579130033ce90?OpenDocument>. Acesso em: 27 set. 2014.

um caso em que o Autor firmou contrato-promessa[237] de arrendamento de imóvel com uma empresa para instalação e exploração de antenas eólicas pelo prazo de 20 anos. No curso dos trabalhos de preparação do terreno para recebimento das antenas pela empresa contratante, um terceiro, Réu no processo, alegou que o terreno era de sua propriedade. Com base nesse fato, o Autor alegou que o contrato de arrendamento não foi firmado e pretende cobrar os prejuízos.

No curso das várias instâncias, o Réu tentou caracterizar que sua conduta não poderia ser caracterizada como culposa, uma vez que era complexa a matéria referente à propriedade do terreno. Esse argumento foi afastado com a alegação de que o Réu persistiu com seu posicionamento mesmo depois do contato pessoal e por escrito do Autor trazendo provas de sua propriedade, fatos não devidamente averiguados pelo Réu.

Com relação à eficácia externa das obrigações, assim se manifestou o tribunal português, *in verbis*:

"É tradicional e prevalente na doutrina portuguesa a teoria que nega a eficácia externa das obrigações, assente na clássica concepção da *relatividade dos direitos de crédito* que, no contexto contratual, apenas podem ser violados pelas partes, em contraposição com os direitos reais que são oponíveis *erga omnes* – sobre esta problemática versa desenvolvidamente a obra de E. Santos Júnior – "Da Responsabilidade Civil de Terceiro por Lesão do Direito de Crédito" – Almedina – Colecção Teses – 2003. Aí – pág. 416 – se cita Manuel de Andrade e o seu ensino: "Só nalguns casos, particularmente escandalosos – quando o terceiro tenha tido a intenção ou pelo menos a consciência de lesar os credores da pessoa directamente ofendida ou da pessoa com quem contrata – é que poderá ser justificado quebrar a rigidez da doutrina tradicional" (...). E acrescentava: "Porventura, poderá servir-nos aqui a teoria do abuso do direito, entendida em termos largos "... "Ou o princípio segundo o qual toda a lesão de interesses (mesmo que não lhes corresponda um direito), quando imoral, obriga a indemnização ($ 826 do Código Alemão)".(...)". O insigne civilista, in "Teoria Geral das Obrigações",

---

[237] Ao tratar dos casos julgados em Portugal, serão utilizados os conceitos e categorias jurídicas do direito português para evitar a transposição equivocada para o direito brasileiro. Essa cautela em nada prejudica a análise para os fins da presente tese, a qual tem por objeto principal verificar a fundamentação do entendimento e sua aplicabilidade ou não no direito brasileiro para o tema específico da interferência do terceiro com relação ao direito de crédito.

2ª edição, Coimbra, 1963, págs. 51/52 – afirma que as obrigações "só podem ser infringidas pelo próprio devedor (ou devedores)". Assim, "Se o devedor não cumpre por culpa de terceira pessoa, esta pode incorrer certamente em responsabilidade extracontratual" mas "responsabilidade para com o devedor, pelos prejuízos que lhe tenha causado o acto ilícito de terceiro. Da respectiva indemnização, o credor só pode aproveitar indirectamente, através do património do devedor." Na citada obra de Santos Júnior – pág. 436 – pode ler-se: "A teoria oposta, referida correntemente, entre nós, como teoria da eficácia externa das obrigações, defende que, nos direitos de crédito, haveria que descortinar além de um lado interno – relativo ao vínculo credor/devedor –, também um lado externo, em que estaria em causa a projecção do crédito em relação a terceiros, que deveriam respeitá--lo, como aos demais direitos. Razão por que, quando lesassem o crédito, terceiros poderiam responder civilmente perante o credor, verificado os pressupostos da responsabilidade civil.

A doutrina exige, porém, em regra ou sempre, o dolo do terceiro, com base na ideia de que o terceiro só poderá ser responsabilizado quando tivesse conhecimento do crédito". Este autor sintetiza a sua posição quando afirma –pág. 446/447: "Nós defendemos que o terceiro que, com conhecimento, lese o direito de crédito poderá ser responsabilizado perante o credor, por aplicação das regras da responsabilidade civil...o conceito (de terceiro) é relativo: diz-se que alguém é terceiro em relação a alguém ou a alguma situação e em vista de determinados efeitos. É ainda circunstancial, porque se define em relação a alguém ou a algo num dado momento".[238]

Não sendo de acolher a *doutrina da eficácia externa das obrigações* ao abrigo da qual se poderia imputar a terceiro a violação do direito de crédito do Autor, no apertado circunstancialismo dos requisitos da responsabilidade delitual, só se poderia concluir pela culpa da Ré, na frustração contratual do direito do Autor se, a partir dos factos, pudéssemos afirmar que a sua actuação foi dolosa visando a frustração desse interesse. Essa afirmação de modo algum pode extrair-se dos factos provados.

---

[238] PORTUGAL. SUPREMO TRIBUNAL DE JUSTIÇA. Processo 245/07.2TBSBG.C1.S1, Rel. Fonseca Ramos, 20 de setembro de 2011. Disponível em: <http://www.dgsi.pt/jstj. nsf/ 954f0ce6ad9dd8b980256b5f003fa814/403f604dac229fe4802579130033ce90?Open Document>. Acesso em: 27 set. 2014.

INTERFERÊNCIA DE TERCEIRO NA RELAÇÃO OBRIGACIONAL

No mérito, o pleito do Autor acabou sendo afastado em virtude da não comprovação, a ele imputável, por se tratar de responsabilidade extracontratual, do nexo de causalidade entre a conduta do Réu e o término da relação contratual com a empresa das antenas eólicas.

O segundo caso[239], julgado em 29 de maio de 2012, trata de situação em que os autores, dois casais e uma pessoa, firmaram três contratos-promessa diversos de compra e venda de apartamentos habitacionais a serem construídos por uma empresa, que figura como Ré, tendo pago sinal. À época, o representante legal da empresa – ele e sua esposa também figuram como réus na ação – era o dono do terreno onde o prédio iria ser construído e mesmo tendo pleno conhecimento dos referidos contratos-promessa vendeu o terreno e o prédio que nele estava sendo construído ao quarto réu da ação.

Com essa conduta, o representante legal impossibilitou a construtora de honrar com a escrituração das prometidas vendas dos apartamentos. Por ocasião do julgamento[240], prevaleceu a aplicação da tese de abuso de

---

[239] PORTUGAL. SUPREMO TRIBUNAL DE JUSTIÇA. Processo 3987/07.9TBAVR. C1.S1, Rel. Azevedo Ramos., 29 de maio de 2012. Disponível em: <http://www. dgsi.pt/jstj.nsf/954f0ce6ad9dd8b980256b5f003fa814/cef97a36b901af1f80257a 0e002d3a9b?OpenDocument&Highlight=0,3987%2F07 >,. Acesso em: 27 set. 2014.

[240] "O problema que se suscita é o de saber se o *terceiro* que, sabendo da existência de um crédito contratual, contribua para o respectivo não cumprimento, deve ser responsabilizado civilmente por esse incumprimento. A questão prende-se com o tema da *eficácia externa das obrigações*. É tradicional e prevalente, na doutrina portuguesa, a teoria que nega a eficácia externa das obrigações, assente na concepção clássica da relatividade dos direitos de crédito, que, no contexto do contrato, apenas podem ser violados pelas partes, nos termos do art. 406, nº2, do C.C., em contraposição com os direitos reais que são oponíveis *erga omnes*.

Depois de fazer referência ao que doutrinalmente tem oposto os autores relativamente ao tema é de observar que a jurisprudência afasta, por via de regra, esta eficácia externa, Almeida Costa (R.L.J. Ano 135-130 e segs) explicita que os casos em que ocorra *abuso do direito*, como também vem reconhecendo a jurisprudência, são aqueles em que objectivamente deve admitir-se tal eficácia e, socorrendo-se do ensinamento de Manuel de Andrade, defende que " *só nalguns casos particularmente escandalosos – quando o terceiro tenha tido intenção ou pelo menos consciência de lesar os credores da pessoa directamente ofendida ou da pessoa com quem contrata – é que poderá ser justificado quebrar a rigidez da doutrina tradicional. Porventura, poderá servir-nos aqui a teoria do abuso do direito, entendida em largos termos" (nota 7, pág. 133).*

É, assim, o instituto do abuso do direito previsto no art. 334 do C.C. que fundamenta a imputação do dano, resultante da violação do contrato por quem nele não foi parte.

Sobre este temática, debruçam-se vários autores (Menezes Cordeiro, Direito das Obrigações, I, págs 229-297; Almeida Costa, Direito das Obrigações, 9ª ed., págs. 79 e segs; Pessoa Jorge,

A INTERFERÊNCIA LESIVA DE TERCEIRO NA RELAÇÃO OBRIGACIONAL

direito, que neste caso ficou configurada segundo o entendimento do Supremo Tribunal de Justiça.

O terceiro e último caso recente a ser analisado[241] trata de situação em que vários promitentes-compradores, autores, firmaram contratos-promessa de compra e venda de parcela de prédio misto celebrados com os primeiros donos e uma empresa, Ré. Essa, por sua vez, vendeu à outra empresa, segunda Ré, a totalidade do prédio, sabendo esta da existência dos ditos contratos-promessa cujo cumprimento se tornou assim impossível. Não pairam dúvidas, assim, que a impossibilidade do cumprimento da obrigação é também imputável a esta empresa, pois contribuiu com a 1ª Ré na violação do crédito dos Autores. A dúvida reside em relação à responsabilidade da segunda Ré, pergunta que foi novamente respondida em sentido afirmativo pelo Supremo Tribunal de Justiça Português[242]

Direito das Obrigações, I, AAFDL, 1975/76, págs 27-35; Santos Júnior, Da Responsabilidade Civil de Terceiro por Lesão do Direito de Crédito, Almedina, Colecção Teses, 2003; Menezes Leitão, Direito das Obrigações, I, 10ª ed., pág. 93-103; Galvão Telles, Direito das Obrigações, 7ª ed., pág. 12 e segs; Antunes Varela, Das Obrigações em Geral, I, págs. 101-132; Pedro Romano Martinez, Direito das Obrigações, Apontamentos, 2ª ed., pág. 35) . (...) Concorda-se com tal posição, que está de acordo com a melhor doutrina da eficácia externa das obrigações e com a jurisprudência deste Supremo, de que se destaca o seu recente Acórdão de 20-9-2011 (Proc. 245/07.2TBSBG, em www.dgsi.pt.), pelo que nada mais se mostra necessário acrescentar para justificar a responsabilização do réu FF e a sua condenação solidária com a ré D..., L.da., promitente vendedora faltosa, na restituição do valor dos sinais (em singelo, por só assim ter sido pedido pelos autores).

Com efeito, perante os factos provados, é de concluir que o réu FF, ao vender à ré L..., L.da, o indicado terreno e o prédio que nele estava a ser construído, actuou com manifesto *abuso do direito*, por ter agido com a intenção ou pelo menos com a consciência de lesar os autores, ao impedir que a ré D... viesse a adquirir o mencionado terreno e o respectivo prédio nele implantado e pudesse honrar os ajuizados contratos promessa, vendendo aos autores as prometidas fracções.". PORTUGAL. SUPREMO TRIBUNAL DE JUSTIÇA. Processo nº 3987/07.9TBAVR.C1.S1, Rel. Azevedo Ramos, em 29 de maio de 2012. Disponível em: < http://www.dgsi.pt/jstj.nsf/954f0ce6ad9dd8b980256b5f003fa814/ cef97a36b901af1f80257a0e002d3a9b?OpenDocument&Highlight=0,3987%2F07 >. Acesso em: 27 set. 2014.

[241] PORTUGAL. SUPREMO TRIBUNAL DE JUSTIÇA. Processo 165/1995.L1.S1, 11 de dezembro de 2012, Rel. Távora Victor., em 11 de dezembro de 2012. Disponível em: <http://www.dgsi.pt/jstj.nsf/954f0ce6ad9dd8b980256b5f003fa814/50f9d9bd873911 7080257b1100419784?OpenDocument>. Acesso em: 27 set. 2014.

[242] A esse respeito, confira-se a ementa do julgado: "I – Ao contrário do que se passa via de regra nos direitos reais onde os seus efeitos são *erga omnes,* no âmbito do direito das obrigações e deveres gerados pelas mesmas tendem a confinar-se no seio da relação obrigacional ou seja,

INTERFERÊNCIA DE TERCEIRO NA RELAÇÃO OBRIGACIONAL

Na análise do inteiro teor desse acórdão, fica patente a confusão criada pelos julgadores na fundamentação. Ora, sinalizam no sentido de que a responsabilidade do terceiro depende apenas do dispositivo geral da responsabilidade por fatos ilícito – art. 483º do Código Civil Português; ora, afirmam que a responsabilidade só ocorre nas situações de configuração de abuso de direito.

Apesar da atecnia na fundamentação dos julgados, percebe-se claramente que o tratamento dado à matéria em âmbito jurisprudencial é tendente no sentido da defesa da tese do abuso de direito[243], muito por influência de Menezes Cordeiro.

são vocacionalmente internos, nessa medida podendo apenas ser infringidos pelas partes. II – Àquela doutrina ainda prevalecente opõe-se a do efeito externo das obrigações propugnando que os direitos de crédito na realidade impõem-se a todas as pessoas e, nessa medida, sendo susceptíveis de lesão por parte de todos, impõem-se forma universal.
III – Todavia a doutrina do "efeito interno das obrigações" não é entendida de forma pura, reconhecendo-se que a interferência de terceiros na esfera negocial pode assumir aspectos que ultrapassam os limites da liberdade contratual. Quando tal sucede, o comportamento do terceiro interferente poderá ser passível de censura à luz dos princípios da boa fé ou do abuso do direito, verificados os pressupostos da responsabilidade civil.
IV – Verificado que a ré adquirente de uma Quinta, objeto de contratos-promessa de lotes para construção celebrados com a ré alienante, tinha conhecimento desses negócios, abusa do direito da liberdade contratual se adquirindo o prédio provoca conscientemente o incumprimento de tais contratos.
V – A responsabilidade das rés alienante e vendedora é solidária, mau grado a fonte da obrigação de indemnizar sejano caso da primeira de natureza contratual e da segunda de índole extracontratual.".
PORTUGAL. SUPREMO TRIBUNAL DE JUSTIÇA. *Acórdão do Supremo Tribunal de Justiça.* Disponível em: <http://www.dgsi.pt/jstj.nsf/954f0ce6ad9dd8b980256b5f003fa814/50f9 d9bd8739117080257b1100419784?OpenDocument>. Acesso em: 27 set. 2014.
[243] "Ademais, os argumentos interpretativos das leis em vigor, notadamente o Código Civil português, não impediriam a proteção delitual do crédito, pois o art. 483.º, n. 1 não permite extrair do seu conteúdo nenhuma limitação que restrinja sua aplicação aos direitos absolutos. Com efeito, a lei portuguesa pertence inequivocamente à classe dos ordenamentos que recusam o princípio da enumeração dos bens tutelados. O art. 483.º fala na violação ilícita do direito de outrem ou de disposição legal destinada a proteger interesses alheios. Não menciona direitos concretos, nem alude a normas especiais o que viabiliza interpretações extensivas. Diante disso, o terceiro que, com dolo ou mera culpa, violar ilicitamente um direito de crédito causando dano a outrem se sujeitará, seguramente, ao seu âmbito normativo. Por outro lado, no que toca à jurisprudência dos tribunais portugueses, o STJ, num primeiro momento, no acórdão datado de 16.06.1964, admitiu a eficácia externa das obrigações e a responsabilidade ante o credor do terceiro cúmplice na violação do direito de crédito. Ocorre que nos seus julgados mais recentes que trataram do tema em comento, o STJ acolheu os argumentos da doutrina clássica majoritária admitindo a responsabilidade civil do terceiro cúmplice

2.3.4. Conclusão parcial sobre o direito português

A título de síntese do que foi exposto no âmbito do direito português, podem ser extraídas as seguintes conclusões:

a) em Portugal, é dominante a admissibilidade da responsabilização de terceiro por violação ao direito de crédito;
b) nos casos em que se trata de proteção da titularidade do crédito, respeitável corrente doutrinária defende a aplicação da cláusula geral de responsabilidade civil, nos termo do art. 483º do Código Civil português;
c) já as hipóteses passíves de enquadramento no âmbito da doutrina do terceiro-cúmplice são regulamentadas com base no abuso de direito – art. 334º do Código Civil português, inclusive levando em consideração a existência de lei de concorrência desleal para regular casos específicos de interferência por terceiro; e
d) os magistrados do Supremo Tribunal de Justiça Português, que, em seus votos, demonstram grande conhecimento doutrinário, seguem o mesmo entendimento indicado nos itens acima.

2.4. A regulamentação da interferência de terceiro no direito de crédito no DCFR

O *Draft of a Common Frame of Reference* ("DCFR") é o resultado dos esforços acadêmicos[244] do *Study Group on a European Civil Code* e o do *Research Group*

---

somente pela via do abuso do direito." TONNERA JUNIOR, João. A responsabilidade civil do terceiro cúmplice por lesão ao direito de crédito, cit. De fato, o arcabouço teórico para responsabilização do terceiro com base em dispositivo geral de responsabilidade como o artigo 186 do Código Civil brasileiro existe na legislação portuguesa, mas o caminho adotado recentemente pelo Supremo Tribunal de Justiça português traz como fundamento o abuso de direito.

[244] **"An academic, not a politically authorised text.** It must be stressed that what we refer today as the DCFR originates in an initiative of European legal scholars. It amounts to the compression into rule form of decades of independent research and co-operation by academics with expertise in private law, comparative law, and European Community law. (...) The DCFR is an academic text. It sets out the results of a large European research project and invites evaluation from that perspective." BAR, Christian von; CLIVE, Eric; SCHULTE--NÖLKE, Hans. PRINCIPLES, Definitions and model rules of European private law. Draft

on Existing EC Private Law. Entre várias outras iniciativas de harmonização do Direito Civil na Europa[245], o DCFR é a que mais se destaca atualmente não só pela equipe qualificada que o elaborou, mas por levar em consideração os resultados até então alcançados pelos demais estudiosos que se propuseram a verificar os pontos de unificação dos ordenamentos considerados não só individualmente, mas também à luz da legislação internacional[246].

Na definição dos princípios do DCFR, a metodologia de elaboração dos trabalhos não foi diferente. Tendo em consideração os *Principes directeurs du droit européen du contrat,* redigidos pela *Association Henri Capitant* e a *Société de législation comparée*[247], quais sejam: *liberté contractuelle, sécurité contractuelle*

---

common frame of reference. Outline Edition. Munich: Sellier European Law Publishers, 2009. Disponível em: <http://ec.europa.eu/justice/policies/civil/docs/dcfr_outline_edition_en.pdf>. Acesso em: 18 out. 2014. p. 6-7.

[245] O projeto ítalo-francês das obrigações, os Principles of European Contract Law, coordenados por Ole Lando, os trabalhos da Universidade de Pavia, entre outros.

[246] "The national systems used were mainly the Dutch, English, French, German, Italian and Spanish. The international instruments used (in addition to the PECL) were mainly the UN Convention on Contracts for the International Sale of Goods (CISG), the Unidroit Principles on International Commercial Contracts (2004) and the draft European Code of Contract produced by the Academy of European Private Law based in Pavia." BAR, Christian von; CLIVE, Eric; Schulte-Nölke, Hans. op. cit., p. 11.

[247] Por sua vez, os *principes directeurs* levaram em consideração os estudos coordenados por Ole Lando e não tinham a menor intenção de suplantá-los, mas de complementá-los, conforme se extrai do seguinte item: "Eu égard à l'oeuvre considérable déjà réalisée par la Commission Land, il a toutefois semblé préférable de mener l'élaboration de tels Principes directeurs en contemplation des Principes du droit européen du contrat et du travail de révision dont ils étaient dans le même temps l'objet. Les Principes directeurs ne tendent donc pas à supplanter les Principes du droit européen du contrat; bien au contraire, les deux ensembles ont vocation à se compléter mutuellement." INTRODUCTION. Disponível em: <http://www.legiscompare.fr/site-web/IMG/pdf/Introduction_Principes_contractuels_communs.pdf>. Acesso em: 18 out de 2014. Esclarece-se que os *principes directeurs* referem-se apenas ao direito contratual, mas o DCFR trata também de obrigações extracontratuais e aspectos relacionados à "property law". No âmbito dos dispositivos relacionados ao objeto de estudo da presente tese, merecem destaque os seguintes:
Chapter 4: Invaliditè (anciens chapitres 4 et 15 des PDEC)
Section 3 – Invalidité pour illicéité
§ 3. Atteinte aux droits des tiers
Article 4: 308: Domaine de l'illicéité (ajout)
   (1) Le contrat conclu en fraude des droits des tiers est illicite.

et loyauté contractuelle, foram definidos os quatro princípios relativos ao DCFR. São eles: *(i) freedom, (ii) security, (iii) justice* e *(iv) efficiency.*

Ao tratar da autonomia das partes em uma relação contratual, a regulamentação no DCFR é no sentido de que esta deve ser respeitada a não ser que exista uma boa razão para intervenção[248]. Em virtude desse posicionamento, os casos em que são aplicadas as regras de responsabilização extracontratual por danos causados a terceiros são cuidadosamente limitadas às hipóteses em que são justificáveis. Por conta disso, não se observa um dispositivo geral no sentido de que terceiros são responsáveis por qualquer dano causado.

O primeiro ponto tratado na questão do princípio da segurança é a invasão ilegal dos direitos, dos interesses e de qualquer perturbação indesejada do *status quo*[249]. No âmbito dos *Principes directeurs,* os principais componentes da segurança contratual são:

(1) "the obligatory force of contracts (but subject to the possibility of challenge where an unforeseeable change of circumstances gravely prejudices the utility of the contract for one of the parties);

(2) the fact that each party has duties flowing from contractual loyalty (i.e. to behave in accordance with the requirements of good Faith; to co--operate when that is necessary for performance of the obligations; not

(2) Sont frauduleux les contrats qui ont pour effet de porter une atteinte illégitime aux droits actuels, à terme ou condittionels des tiers, en compromettant l'éxécution ou en en diminuant l'efficacité.

Article 4:309: Inefficacité du contrat frauduleux (ajout)

(1) Le contrat frauduleux est seulement privé d'effet à l'égard du tiers au droit duquel il porte atteinte.

(2) Toutefois, l'inefficacité total du contrat peut être retenue lorsqu'elle est nécessaire pour rétablir la pleine efficacité du droit du tiers.

(3) Dans tous les cas, afin d'obtenir le rétablissement de son droit, le tiers atteint par la fraude peut agir en restitution contre l'une ou l'autre des parties, ou contre celui qui, ayant connaissance de la fraude, a néanmoins acquis un droit sur la chose objet du contrat frauduleux.

Principles du droit européen du contrat: textes proposés. Disponível em: <http://www.legiscompare.fr/site-web/IMG/pdf/Textes_proposes_synthese.pdf>. Acesso em: 18 out. 2014.

[248] BAR, Christian von; CLIVE, Eric (edited by). Principles, definitions and model rules of European private law. Draf Common Frame of Reference (DCFR). Full edition. v. I. Munich: Sellier European Law Publishers, 2009. p. 38 e 43

[249] BAR, Christian von; CLIVE, Eric (edited by). op. cit., v. 1, p. 44.

to act inconsistently with prior declarations or conduct on which the
other party has relied);

(3) the right to enforce performance of the contractual obligations in accordance with the terms of the contract;

(4) the fact that third parties must respect the situation created by the contract and may rely on that situation; and

(5) the approach of "favouring the contract" (faveur pour le contrat) (whereby, in questions relating to interpretation, invalidity or performance, an approach which gives effect to the contract is preferred to one which does not, if the latter is harmful to the legitimate interests of one of the parties"[250]

Após a leitura dos itens transcritos acima, percebe-se claramente que o item (4) possui relação direta com o objeto da presente tese, mas é exatamente o único dos itens a não aparecer expressamente no DCFR. Isso, no entanto, não afasta em hipótese alguma sua aplicação à luz dos demais dispositivos, conforme reconhecem expressamente seus autores[251]. É importante também destacar os pleitos disponíveis ao credor à luz do princípio da segurança na busca por garantir a performance de obrigação e a mais efetiva reposição à luz do quanto combinado[252].

Se no âmbito da relação contratual o princípio da segurança já possui um papel central, conforme demonstrado, esse traço é ainda mais marcante

---

[250] Arts. 0:201 a 0:204.

[251] "It was not thought necessary to provide for this at it is not precluded by any rule in the DCFR and, if understood in a reasonable way, seems to follow sufficiently from other rules and essential assumptions." Volume 1, p. 45.

[252] Chapter 3: Remedies for non-performance
Section 1: General
III. – 3:101: Remedies avaliable
    (1) If an obligation is not performed by the debtor and the non-performance is not excused, the creditor may resort to any of the remedies set out in this Chapter.
    (2) If the debtor's non-performance is excused, the creditor may resort to any of those remedies except enforcing specific performance and damages.
    (3) The creditor may not resort to any of those remedies to the extent that the creditor caused the debtor's non-performance.
III. – 3:102: Cumulation of remedies
Remedies which are not incompatible may be cumulated. In particular, a creditor is not deprived of the right to damages by resorting to any other remedy.

A INTERFERÊNCIA LESIVA DE TERCEIRO NA RELAÇÃO OBRIGACIONAL

quando se consideram as obrigações extracontratuais[253]. Afinal, nessa hipótese, não há qualquer vinculação decorrente do exercício da vontade entre as partes que gera obrigações, mas única e exclusivamente dispositivos legais que regulamentam essa relação e servem, por via reflexa, como reforço ao respeito das relações contratuais.

Com relação à justiça, sabe-se a dificuldade em defini-la, mas isso não retira sua importância como norteador na regulamentação das relações. Um dos aspectos dela decorrente e sobre o qual não se tem grande discussão é a responsabilidade decorrente de danos causados não apenas em virtude de contratos, mas também resultantes de ações com intenção, negligência.

A propósito da eficiência, deve ser analisada sob dois aspectos, quais sejam: interesse das partes e para fins públicos mais amplos. Na primeira vertente, destaca-se a redução das formalidades ao mínimo. Isso, entretanto, não evita que algumas sejam exigidas em casos nos quais uma proteção especial é desejada[254].

No que tange à interface do tema com os interesses públicos, chama atenção o foco no bem-estar econômico mais do que no mercado[255]. Destaca-se, ainda, a estabilidade como um fator decorrente da conjugação da eficiência com a segurança.

---

[253] "Security is a core aim and value in the law on non-contractual obligations. The protection and promotion of security is a core aim and value in the law on non-contractual obligations. These branches of the law can be regarded as supplementing contract law. Under contract law parties typically adquire assets. The protection of assets once acquired and the protection from infringement of innate rights of personality is not something which contract is able to provide." BAR, Christian von e CLIVE, Eric. (edited by). Full Edition. Principles, Definitions and Model Rules of European Private Law. Draft Common Frame of Reference. v. 1. cit.. p. 50.

[254] IV.H. – 2:101 Form requirements
A contract for the donation of goods is not valid unless the undertaking of the donor is in textual form on a durable medium signed by the donor. An eletronic signature which is not an advanced signature in the sense of I. – 1:107 ("Signature" and similar expressions) paragraph 4, does not suffice in this regard.

[255] "The rules in the DCFR are in general intended to be such as will promote economic welfare; and this is a criterion against which any legislative intervention should be checked. The promotion of market efficiency could be a useful outcome of the CFR project as a whole, but that is not the aspect with which we are concerned." BAR, Christian von e CLIVE, Eric. (edited by). Full Edition. Principles, Definitions and Model Rules of European Private Law. Draft Common Frame of Reference. v. 1. cit. p. 61.

No livro VI, *Non-contractual liability arising out of damage caused to another*, é necessário destacar não só o teor da regra básica, que segue abaixo, mas também sua interpretação à luz do DCFR:

> "VI. – 1:101: Basic rule
> (1) A person who suffers legally relevant damage has a right to reparation from a person who caused the damage intentionally or negligently or is otherwise accountable for the causation of the damage.
> (2) Where a person has not cause legally relevant damage intentionally or negligently that person is accountable for the causation of legally relevant damage only in Chapter 3 so provides.

Ao contrário das cláusulas gerais de responsabilidade civil nos ordenamentos francês, italiano e português, o artigo VI. – 1:101[256] não tem autonomia própria para justificar a responsabilização, nos termos do artigo VI. – 1:103(a)[257], o qual deixa claro que a aplicação daquele dispositivo deve ser feita em conjunto com os demais dispositivos do Livro VI. Ou seja, é necessário ficar atento para evitar conclusões precipitadas entre o teor desse projeto de harmonização e os ordenamentos individualmente analisados.

---

[256] **"No general clause**. VI. – 1:101 (1) is thus on the one hand clearly a foundation for a claim. On the other hand it is not self-sufficient: rights are derived from it only with the aid of provisions beyond the confines of this rule, which is both fleshed out and limited by the following Articles. In other words, what we have here is not a general clause in the strict sense, but rather a provision whose component elements are later filled out with more precise content. That does not exclude the prospect that, alongside others with sharply drawn contours, the following Articles may contain rules which have deliberately been left open and flexible. VI. – 2: 101 (Meaning of legally relevant damage) and VI. – 4:101 (General rule [on causation]) provide example of this. No liability beyond the boundaries of the following provisions. It is not possible to support liability on the basis of VI. -1:101 alone where this would extend beyond the boundaries pegged out by the following Articles." BAR, Christian von e CLIVE, Eric. (edited by). Principles, Definitions and Model Rules of European Private Law. Draft Common Frame of Reference. Full Edition. v. 4. cit.. p. 3.087.

[257] VI. – 1:103: Scope of application
VI. – 1:101 (Basic rule) and VI. 1:102 (Prevention)
    (a) apply only in accordance with the following provisions of this Book;
    (b) apply to both legal and natural persons, unless otherwise stated;
    (c) do not apply in so far as their application would contradict the purpose of other private law rules; and
    (d) do not affect remedies available on other legal grounds.

No caso de indução ao inadimplemento de uma obrigação, o DCFR apresenta previsão expressa, qual seja, o Artigo 2:211 do Livro VI, *in verbis*:

> "VI. – 2:211: Loss upon inducement of non-performance of obligation
> Without prejudice to the other provisions of this Section, loss caused to a person as a result of another's inducement of the non-perfomance of an obligation by a third person is legally relevant damage only if:
> (a) the obligation was owed to the person sustaining the loss; and
> (b) the person inducing the non-performance:
> (i) intended the third person to fail to perform the obligation; and
> (ii) did not act in legitimate protection of the inducing person's own interest[258].

Nos termos do dispositivo transcrito, a intenção do terceiro na execução da conduta lesiva é um dos elementos exigidos para configuração de sua responsabilidade, mas não se exige que o dano resultante à outra parte contratual seja intencional ou pelo menos vislumbrado como consequência direta da conduta[259]. Ademais, não se faz necessário que o terceiro tenha

---

[258] A propósito de sua verificação nos países europeus e das bases históricas do tema, assim se manifestaram os estudiosos que elaboraram o DCFR: "Inducing non-performance of a contractual obligation gives rise to non-contractual liability in all parts of the European Union. In classical Roman law this was one of the recognised groups of cases of the actio de dolo, which even today – often as "intentional causation of damage contrary to good morals' – still features in many civil codes. Where this specific basis of claim is missing, inducing non-performance of a contractual obligation is either subsumed within the basic non-contractual liability law norms or (as in the Common Law) constitutes an independent basis of non-contractual liability in itself." BAR, Christian von e CLIVE, Eric. (edited by). Principles, Definitions and Model Rules of European Private Law. Draft Common Frame of Reference. Full Edition. v. IV, cit. p. 3380.

[259] "What is required in the context of the present Article is rather that the inducing person's mind is directed towards the non-performance. The non-performance itself must be intended; it does not suffice that the inducing person acting merely willingly reckoned with it as a side--effect or exploited a non-performance which had already occurred. Only in the case of acts infringement to the detriment of competitors may this be different, as noted above, due to the application of standards of competition law. That case is within the scope of application of VI. – 2:208 (Loss upon impairment of business)." Destaca-se, ainda, a menção à interface da matéria com o direito concorrencial. No âmbito francês, afirma que: "Business people are often even required to provide information on whether, and if so in what form, their business associate has a contractual relationship with third parties. This is in conformity with the fact that French jurisprudence solves issues of unfair competition drawing on general tort law."

INTERFERÊNCIA DE TERCEIRO NA RELAÇÃO OBRIGACIONAL

prévio conhecimento da identidade do credor lesado com sua conduta, bastando apenas a ciência prévia de sua existência.

À luz da exigência da intenção de terceiro no descumprimento da obrigação, elabora-se o seguinte exemplo para análise. A empresa "X" produz um determinado objeto utilizado na fabricação de veículos. Inicialmente, X firmou um contrato de fornecimento mensal de 100.000 unidades do referido objeto com a montadora "Y" sem cláusula de exclusividade. Em virtude do grande sucesso do produto no mercado, X ampliou sua planta e publicou em grandes jornais que tinha capacidade atual de produção de 250.000 objetos por mês. Interessado em incluir o produto em sua nova linha de veículos, a montadora "Z" firmou contrato para fornecimento de 150.000 unidades por mês.

No primeiro mês de cumprimento do novo contrato, X teve um problema de instalação nas máquinas da nova planta e, no total, só conseguiu levar sua produção a 200.000 unidades. Por ter multa por descumprimento contratual mais severa na relação com Z, X optou por descumprir o contrato com Y e arcar com as consequências. Nesse contexto, por mais que a inexistência do contrato com Z tornasse possível o regular cumprimento do contrato com Y, não há que se falar em responsabilidade daquele pelo inadimplemento, uma vez que não teve qualquer intenção de violar a relação contratual anterior e limitou-se a utilizar as informações tornadas públicas por X.

Um exemplo interessante sobre o lícito exercício de defesa de um interesse é trazido no DCFR: "Before her death, an old lady (L) gives away the same piece of land to two different donees consecutively. The second donee (X) effects a registration in the land registry and in this way acquires ownership under the applicable land law because the prior donee (Y) did not carry out registration. At the time the conclusion of the contract of donation was offered to her by L, X did not know anything of the contract with Y, but X found out about it before the registration in the land registry was effected. X merely pursued her legitimate interests. She did not induce L to breach her contract with Y; consequently, X has no non-contractual

---

BAR, Christian von e CLIVE, Eric. (edited by). Principles, Definitions and Model Rules of European Private Law. Draft Common Frame of Reference. Full Edition. v. IV, cit., p. 3383 e 3384.

liability to Y."[260] Percebe-se, ademais, que o momento considerado para fins de análise da ilicitude da conduta por terceiro é o de criação do novo negócio jurídico, não servindo como justificativa para sua responsabilização o conhecimento em momento posterior de contrato com conteúdo incompatível ao seu.

Conforme demonstrado no presente item, a redação do DCFR teve o grande mérito de reunir professores de vários países. No âmbito específico do objeto de estudo, com alguma variação pontual entre os ordenamentos, não deixou qualquer dúvida sobre a necessidade de responsabilização do terceiro por interferência no direito de crédito em determinadas hipóteses e momentos. Percebe-se, assim, que a responsabilidade do terceiro passível de justificação não só à luz dos dispositivos indicados acima, mas também considerando os princípios da liberdade, da segurança, da justiça e da eficiência, que regem o *Draft Common Frame of Reference*.

Felizmente, a importante iniciativa do DCFR não ficou restrita às reuniões e à significativa publicação de sua versão comentada. Estudos continuam sendo levados adiante por grupos específicos e por iniciativas institucionais, sempre com a preocupação de dar maior concretude a conceitos e noções que, em virtude de sua vagueza, dificultam o entendimento pelos indivíduos e sua aplicação pelos julgadores. A esse respeito, em recente publicação que visa exatamente dar maior aplicação prática aos dispositivos do DCFR e compará-los com os ordenamentos nacionais europeus, Mónika Józon faz pertinentes observações:

> *"The drafters of the DCFR aimed at developing rules with a triple function: (i) model rules for legislators; (ii) tools for private parties to use as soft law in developing the legal framework for their transactions, (iii) guidance for the courts. It seems that in the field of non-contractual liability the third function will be of major relevance and therefore the value and potential of the DCFR should in our opinion be assessed according to this function. This is so mainly for two reasons: first, tort law is a field where the parties cannot choose the law they wish to apply; secondly, the reform projects in Europe may soon become law (adoption of the new codes in Hungary and Romania in 2009) and by the time the DCFR will develop into a policy or legal instrument at the European*

---

[260] O caso relatado foi inspirado em julgado da Corte di Cassazione de 25 de outubro de 2004, n.º 20721, disponível em Giur. It. 2006, I, 1, 486. BAR, Christian von e CLIVE, Eric. (edited by). Principles, Definitions and Model Rules of European Private Law. Draft Common Frame of Reference. Full Edition. v. IV, p. 3384.

level the reform wave of tort law in Europe may be completed. (...) An evaluation of the optimal regulatory level and the regulatory approach of the DCFR must necessarily consider the current divide between statutory law and judge-made law under the national codification approaches. The reform projects seem to keep the existing balance between the statutotry law and judge-made law in shaping tort law for the future. The architecture of the evolving new tort law as framed at the national level will continue to be judge-led. Therefore, the DCFR should carefully develop additional criteria to fill the gaps between case law and future statutory law, through tools that can be easily used by the judges. Tort law needs system-neutral, reliable guidance, rather than principles and declarations. Our emphasis on the need for an instrumental role of the DCFR in assisting courts is based on our findings on the current state of judge-made law, not only on the evaluation of the future statutory law in Europe. Our assessment of the factors framing the divergent developments of case law in the jurisdictions compared reveals that judicial culture and procedural tools in hands of the judges are the engine of development in tort law that confer dynamism on the law and ensure its adaptation to changing needs. A significant part of contemporary tort law in continental Europe is judge-made and will remain so in the future. (...) any future revision of the DCFR should perhaps consider a stronger function of the uniform rules as tools for judges."[261]

Percebe-se, assim, que a resposta principal ao problema objeto da presente tese está consolidada no direito estrangeiro, qual seja, a possibilidade de responsabilização do terceiro por interferência no direito de crédito. Contudo, ainda carece serem indicados os correspondentes fundamentos no direito brasileiro, mais precisamente, sua devida regulamentação e hipóteses de aplicação, o que será objeto do capítulo destinado especificamente ao tratamento da matéria no direito brasileiro. No curso desse capítulo, as referências aos ordenamentos já citados será recorrente, uma vez que não se pode desprezar as sólidas construções mais que seculares, porém sem descuidar dos necessários testes para verificação de sua aplicação no Brasil.

2.5. Conclusão parcial

Considerando a abordagem da interferência de terceiro na relação obrigacional no âmbito do direito estrangeiro, bem como do Draft Common

---

[261] JÓZON, Mónika. Non-contractual liability arising out of damage caused to another. In: ANTONIOLLI, Luisa; FIORENTINI, Francesca (Eds.). *A factual assessment of the draft common frame of reference.* Munich: Sellier European Law Publishers, 2011. p. 243-244.

Frame of Reference, é possível concluir o quanto segue, o que se faz em complemento às conclusões já apresentadas após a exposição do tema em cada um dos países analisados:

a) em momentos diversos nos países analisados – França, Itália e Portugal – foi ultrapassada a barreira da relatividade dos efeitos contratuais como fator impeditivo da responsabilidade de terceiro por interferência na relação obrigacional;

b) na sequencia, por meio de diferentes percursos, acabou se tornando pacífica a possibilidade de responsabilização de terceiro por violação ao direito de crédito; e

c) no âmbito do *Draft Common Frame of Reference*, acabou sendo consagrado este entendimento com relação ao terceiro, porém com nuances em certa medida diversas dos países analisados.

Capítulo 3

Fundamentação da responsabilidade de terceiro por interferência na relação obrigacional no direito brasileiro

> *"Every contract limits in some degree the opportunities of persons who are not party of it."*
> *(THE AMERICAN LAW INSTITUTE. Restatement of the law, Second, Torts 2d. St. Paul: American Law Institute Publishers, 1979. p. 53)*

A produção doutrinária brasileira não é tão farta como a estrangeira com relação à interferência de terceiro na relação obrigacional. Por sua importância histórica, merecem destaque as contribuições de Alvino Lima (1962) e de Antonio Junqueira de Azevedo (1997 e 1998).

Com o advento do atual Código Civil e a consagração do princípio da função social do contrato, bem como o destaque de casos como o do cantor Zeca Pagodinho e duas conhecidas marcas de cerveja, a ser tratado no quarto capítulo, outros autores acabaram analisando o tema, seja tendo como foco principal a responsabilidade do terceiro cúmplice[262] ou a eficácia

---

[262] MARTINS, Camila Rezende. *O princípio da relatividade dos contratos e responsabilidade do terceiro que contribui para o inadimplemento contratual.* 2011. Dissertação (mestrado) – Faculdade de Direito da Universidade de São Paulo, São Paulo, 2011; BENACCHIO, Marcelo. *Responsabilidade*

A INTERFERÊNCIA LESIVA DE TERCEIRO NA RELAÇÃO OBRIGACIONAL

contratual perante terceiros[263]. Todas essas obras específicas foram analisadas juntamente com os demais artigos publicados.

À luz dessa produção recente e após mais de uma década de vigência do Código Civil, pretende-se sistematizar as observações sobre o tema para fixar balizas e até mesmo facilitar eventuais críticas em sentido contrário ao ora defendido, sempre com a intenção de buscar a solução com respaldo no ordenamento para os problemas que se apresentam no cotidiano.

Ciente desse objetivo e aproveitando os estudos estrangeiros já tratados no curso dos capítulos anteriores, assim como a contribuição nacional, passa-se ao objeto central da presente tese, qual seja, oferecer a resposta ao problema da interferência de terceiro na relação obrigacional no âmbito do direito brasileiro. Em um primeiro momento, será detalhada a base teórica necessária no âmbito da teoria geral do direito privado para só então ser indicado o fundamento legal para o tema no direito atual.

3.1. As primeiras contribuições doutrinárias em matéria de responsabilização de terceiro por violação ao direito de crédito

Há mais de 50 anos, Alvino Lima já enunciava que "a interferência de terceiros na execução do contrato tem suscitado na doutrina, como nos tribunais, as mais vivas controvérsias e os mais acirrados debates"[264]. Na ocasião, o referido professor discutiu a existência de um princípio genérico de responsabilidade decorrente da violação de um contrato por parte de terceiro absolutamente estranho. Com a mesma inquietação, Clovis Bevilaqua na obra Direito das Obrigações[265] já tratava a respeito da matéria

civil contratual. São Paulo, Saraiva, 2011; e FIGUEIREDO, Helena Lanna. *Responsabilidade civil do terceiro que interfere na relação contratual*, cit.

[263] PENTEADO, Luciano de Camargo. *Efeitos contratuais perante terceiros*, cit., e THEODORO NETO, Humberto. *Efeitos externos do contrato*: direitos e obrigações na relação entre contratantes e terceiros. Rio de Janeiro: Forense, 2007.

[264] LIMA, Alvino. *A interferência de terceiros na violação do contrato. Revista dos Tribunais*, São Paulo, v. 315, p. 14, 1962.

[265] "Nosso patrimônio contém duas categorias de direitos, os reais e os obrigacionais, ou de crédito. (...) LABBÉ propôs a expressão – direitos indiretos – em antítese a direitos diretos designando os reais; porém não me parece que haja conquista de simpatias, nem que escape a certas objeções. Preferirei, portanto, adotar a designação neológica – direitos obrigacionais, ou essa outra já posta em circulação, desde muito – direitos de crédito. O que, porém, é mais importante, do que essa questão de tecnologia, é frisar as diferenças essenciais entre os

FUNDAMENTAÇÃO DA RESPONSABILIDADE DE TERCEIRO POR INTERFERÊNCIA...

com a indicação da importância do respeito pelos terceiros do direito de crédito. Ou seja, apesar de não tão antiga como na França, na Itália e em Portugal, não se pode afirmar que a discussão sobre o tema é de todo recente no Brasil.

Citando a opinião de autores italianos (Adriano de Cupis e Guido Tedeschi) e principalmente franceses (Pothier, Hugueney, Henry Lalou, Alex Weill e Simone Calastreng), Alvino Lima acaba por concluir que a opinião dominante é no sentido da existência de um dever do terceiro de não interferir na esfera de atividade de outrem, sob pena de instalar-se a anarquia na sociedade.[266] Tratam-se, na visão do autor, de "repercussões relativamente a terceiros" e fundamenta o respeito pelos não contratantes no fato de a relação contratual ser um fato social, um valor patrimonial a ser protegido pelo ordenamento. Conforme demonstrado no capítulo anterior, essa era a linha de argumentação adotada pela doutrina francesa da época.

Partindo desse pressuposto de repercussões relativamente a terceiros, a obrigação de respeitar os direitos resultantes do contrato é decorrência

---

direitos obrigacionais ou de crédito e os reais. Não ultrapassarei a um pequeno número de considerações, quanto basta para ser bem determinada a feição de cada uma dessas categorias. (...) Fugirei mesmo de atribuir aos direitos obrigacionais a qualidade de relativos, e aos reais a de absolutos, porque, debaixo de um ponto de vista geral, uns e outros são relativos, e, em atenção ao respeito em que devem ser envolvidos, não vejo séria distinção a fazer. Uns e outros devem ser acatados por todos, uns e outros podem ser, com fôrça igual, afirmados e opostos por aqueles em favor de quem são constituídos e contra quem quer que os conteste ou perturbe." BEVILAQUA, Clovis. *Direito das obrigações*, cit., p. 21-22.

[266] "O princípio da relatividade das convenções não pode ser entendido hoje, como o foi no século XIX, com a rigidez da regra absoluta, conferindo ao terceiro ampla liberdade de ação. O contrato produz efeitos relativamente às partes contratantes, conferindo-lhes direitos e impondo-lhes deveres; tais efeitos, entretanto, não atingem os terceiros absolutamente estranhos à relação contratual. Contra os terceiros, os efeitos dos contratos são inoponíveis; trata-se de ineficácia, em relação aos mesmos, de um direito oriundo de um ato jurídico do qual não participaram. Mas o contrato não pode ser considerado apenas nos seus efeitos jurídicos; sendo uma realidade concreta, um fato social, um valor patrimonial, a sua existência não se limita às partes contratantes, mas age, como tal, 'erga omnes'. Aquele mesmo sujeito passivo universal, que existe no direito real, observa Demogue, existe no direito de crédito, sujeito obrigado ao dever de abster-se de violar o contrato, não se tratando de uma obrigação resultante da relação contratual. Há um dever legal de não intervir na esfera de atividade de outrem, de respeitar os direitos de outrem, de 'neminem laedere'; um direito, que apenas o contratante seja obrigado a respeitar e que terceiros possam impunemente desprezar, não teria absolutamente valor; não poderiam subsistir mais relações sociais, nem jurídicas possíveis: a anarquia sucederia ao reino da lei." LIMA, Alvino. op. cit., p. 15.

A INTERFERÊNCIA LESIVA DE TERCEIRO NA RELAÇÃO OBRIGACIONAL

lógica e, com isso, o fundamento da responsabilidade de terceiros é o dever genérico de não causar dano a outrem, conforme previsto nos arts. 159 do Código Civil brasileiro e 1.382 do Código Civil francês[267].

Como meio processual para solução do problema, Alvino Lima defende a utilização, por analogia, da ação pauliana e fundamenta esse entendimento nos seguintes argumentos: a) a aplicação dos artigos expressos e consolidados da ação pauliana daria mais rigor e segurança à repressão dos ilícitos cometidos pelos terceiros contra o direito de crédito[268]; b) a fraude cometida pelo terceiro deve ser punida com a sanção mais severa dentro do ordenamento, inclusive para servir de desestímulo a quem tenha interesse em se comportar de maneira semelhante, logo não basta a compensação por perdas e danos, fazendo-se necessária a proclamação de ineficácia do ato fraudulento, sanção prevista quando se utiliza a ação pauliana; c) para satisfazer o interesse do credor, é preferível conceder-lhe o próprio objeto da prestação, solução passível de ser alcançada por meio da utilização da referida ação; e d) o fundamento da ação pauliana e da interferência do terceiro no direito de crédito é a impossibilidade da prestação desejada pelo credor em virtude de fraude do devedor com o terceiro[269].

Para justificar a ineficácia do ato fraudulento, o autor recorre à máxima *fraus omnia corrumpit*. No seu entendimento, o fundamento primeiro utilizado para justificar a ilicitude é a oponibilidade do contrato contra os terceiros[270] e, para não deixá-la restrita a perdas e danos, serve-se dos

---

[267] Art. 1382 do Código Civil francês: *Tout fait quelconque de l'homme, qui cause à autrui un dommage, oblige celui par la faute duquel il est arrivé à le réparer.*
Art. 2.043 do Código Civil italiano: "Qualunque fatto doloso o colposo che cagiona ad altri un danno ingiusto, obbliga colui che ha commesso il fatto a risarcire il danno."
Na época em que o artigo foi elaborado, estava em vigor o art. 159 do Código Civil de 1916 – Aquele que, por ação ou omissão voluntária, negligência ou imprudência, violar direito, ou causar prejuízo a outrem, fica obrigado a reparar o dano.
De redação semelhante, o art. 186 do Código Civil brasileiro: "Aquele que, por ação ou omissão voluntária, negligência ou imprudência, violar direito e causar dano a outrem, ainda que exclusivamente moral, comete ato ilícito.
[268] Na verdade, a aplicação do art. 159 do Código Civil vigente à época já seria fundamento suficiente para imposição de responsabilidade ao terceiro, não se fazendo necessário o recurso a outros dispositivos legais.
[269] LIMA, Alvino. op. cit..
[270] "Fixado o princípio da oponibilidade do contrato contra os terceiros, absolutamente estranhos, nos termos expostos, surge o problema da responsabilidade dos mesmos, quando participem com o devedor, da violação do contrato, prejudicando o credor. Se existe uma

preceitos atinentes à ação pauliana. Com base nesses pilares, consegue, sem maiores dificuldades, atacar a tese que defende se tratar de hipótese de abuso de direito, uma vez que a atitude de terceiro é considerada, de plano, como ilícita[271].

obrigação de respeitar os direitos resultantes dos contratos, é óbvio que a sua violação, prejudicando direitos de terceiros, causando-lhes danos, deve fazer surgir a responsabilidade com fundamento no princípio genérico do art. 1.382 do Código Civil francês, preceito consagrado em todos os Códigos Civis. " LIMA, Alvino. op. cit., p 18.

[271] "Ademais, é falso invocar o conceito de abuso de direito, que pressupõe um direito; ora, na nossa concepção da relatividade das obrigações, o direito, para os terceiros, de contratar, com violação de um contrato, não existe; o terceiro comete mais do que um abuso, ou um 'depassement de droit'; ele se torna culpado de um ato ilegal, contrário ao direito. Na violação do contrato mediante interferência de terceiro, quando haja fraude, existe por parte do devedor um ato doloso em virtude da violação intencional do contrato; por parte do terceiro, a sua intervenção, ciente e consciente da violação da relação contratual, também se caracteriza pela má-fé. Segundo a opinião mais acolhida, como veremos oportunamente, a responsabilidade do devedor é contratual, ao passo que a do terceiro co-participante na fraude, será uma responsabilidade aquiliana. Ambos agem sem direito, portanto, não se podendo falar em abuso de direito." LIMA, Alvino. op. cit., p. 24-25. Em sentido contrário, verifique-se a opinião de Judith Martins-Costa: "Já pela doutrina do terceiro cúmplice (uma das vertentes do dever de respeito ao contrato por parte de terceiros), apanha-se caso de responsabilidade civil extracontratual, entendendo-se poder ser responsabilizado aquele que, ou induziu o devedor a não cumprir, ou facilitou-lhe o incumprimento, ou com ele celebrou contrato incompatível com a obrigação preexistente, cooperando com o obrigado na lesão do direito do credor. Admite-se que o crédito é, de um certo ponto de vista, um bem (...), um interesse juridicamente relevante e, enquanto tal, deve ser respeitado por todos'. Há interesses relacionados ao contrato 'além do contrato', surgindo a questão de saber: há ação de responsabilidade contra aquele que, ou induziu o devedor a não cumprir, ou facilitou-lhe o incumprimento, ou com ele celebrou contrato incompatível com a obrigação preexistente, cooperando com o obrigado na lesão do seu direito? A fonte dessa responsabilidade está no dever geral de a ninguém lesar (*neminem laedere*) ou se particulariza pela proximidade aos interesses contratuais atingidos, constituindo um caso particular de abuso de direito? A primeira pergunta, cuja resposta tem sido positiva no Direito brasileiro, encontra resposta justamente na vedação ao exercício disfuncional dos direitos e posições jurídicas, tal qual apreendido no art. 187 do Código Civil. Conquanto a regra geral seja a de que o exercício regular de um direito reconhecido é lícito, não acarretando, portanto, o dever de indenizar terceiros eventualmente prejudicados (Código Civil, art. 188, I, segunda parte), há situações em que o exercício de direito próprio (tal qual declarar a preferência, ou ajustar um contrato), na medida em que viole injustamente direito ao crédito alheio, por ter sido manifestamente contrário à boa-fé, aos bons costumes e à função econômico-social, resulta no dever de indenizar. Acentua-se, acerca do fundamento e do regime dessa forma de ilicitude, as peculiaridades do Direito brasileiro que supera a clivagem entre ilicitude civil e rejeição ao abuso de direito ao consagrar expressamente no art. 187 do Código Civil a figura da ilicitude no modo de exercício de direitos. Esta apanha

Ainda não de maneira sistematizada, mas analisando a interface entre teoria da fraude e da responsabilidade civil proposta por Vidal, Alvino Lima afirma que, na hipótese de terceiro de boa-fé interferente na violação do contrato, a ação de perdas e danos só pode ser proposta contra o devedor fraudulento. Ao final de seu artigo, o jurista traz a dignidade moral como pressuposto para a invocação dos direitos e sua tentativa de impossibilitar a produção dos efeitos para o prejudicado nos casos de fraude.

Por ser um primeiro esforço na tentativa de sistematizar o tratamento da matéria, com as dificuldades inerentes às abordagens iniciais, o texto produzido por Alvino Lima não é imune a críticas, principalmente pela utilização de construções genéricas como o dever de *neminem laedere* e vedação ao *fraus omnia corrumpit*, conforme lições, respectivamente, de Carnelutti[272] e de Ripert[273]. As críticas, apesar de pertinentes, não diminuem o valor do trabalho, pois premissas importantes a respeito da possibilidade da responsabilização de terceiro com fundamento de origem extracontratual já foram por ele fixadas. Na verdade, o principal problema foi a falta de continuidade no tratamento da matéria.

o exercício abusivo entendendo-se abrangidos por essa expressão o abuso, o exercício desmedido, o desviado do fim lícito e o disfuncional. Se de um lado tal exercício resulta dano, incide a regra do art. 927, que consagra o dever de indenizar e remete expressamente ao art. 187. No sistema brasileiro pois, o exercício disfuncional dos direitos e posições jurídicas e a violação culposa de direito alheio são equiparados na qualificação (ambos constituem casos de ilicitude civil) e no que se refere à principal consequência ensejada: havendo dano e nexo causal, ambos conduzem à obrigação de reparar, nos termos do art. 927, caput, do Código Civil." MARTINS-COSTA, Judith. *A boa-fé no direito privado*: critérios para a sua aplicação. São Paulo: Marcial Pons, 2015, p. 551/552.

[272] Tratando do dever genérico de *neminem laedere*, afirma que "non è in realtà che la sintesi di tutti i doveri specifici, imposti a ciascuno verso gli altri" e conclui no sentido de que "il dovere generico del neminem laedere probabilmente non è che una Fata Morgana che ha per molto tempo illuso e continua a illudere i giuristi". CARNELUTTI, Francesco. Sulla distinzione tra colpa contrattuale e colpa extracontrattuale, in Riv. dir. comm., 1912, II, p. 744.

[273] "Quando, para anular outros atos fraudulentos se é obrigado a invocar a máxima geral *fraus omnia corrumpit*, o intérprete fica sem guia. A máxima é citada correntemente ante o juiz; é aceita pela jurisprudência; não tem, entretanto, sempre o mesmo sentido. A dificuldade provém ainda aqui precisamente de que a máxima traduz uma regra moral que vem entravar a aplicação normal das regras jurídicas. A regra moral ordena que se não prejudique conscientemente e injustamente outrem. O direito civil requer mais precisão. Não se pode dar à regra essa precisão necessária se, restituindo-lhe o seu verdadeiro sentido, se não medir os deveres." RIPERT, Georges. *A regra moral nas obrigações civis*, cit., p. 310.

Realmente, outros trabalhos de maior impacto na matéria só foram elaborados quase 40 anos depois por Antonio Junqueira de Azevedo. No intervalo de menos de um ano, tendo sido ambas as publicações realizadas antes da entrada em vigor do atual Código Civil, o referido professor escreveu dois pareceres a respeito da interferência de terceiro no direito de crédito que merecem grande atenção, não só pela importância do trabalho na doutrina brasileira, mas também para evitar sua citação de maneira apressada e inadequada por autores atuais[274].

O primeiro caso, bastante conhecido no meio jurídico, versa sobre a quebra de exclusividade, prevista nos contratos de fornecimento entre a Companhia Brasileira de Petróleo Ipiranga e seus postos revendedores, por terceiros. Após demonstrar seu pleno conhecimento sobre as construções doutrinárias estrangeiras da época[275] e tratar da evolução dos princípios contratuais, começando com a liberdade contratual, obrigatoriedade dos efeitos contratuais e relatividade dos efeitos contratuais, aos quais foram incorporados, a boa-fé, o equilíbrio econômico do contrato e a função social do contrato, Junqueira conclui que este último não transforma os

---

[274] GONDIM, Glenda Gonçalves; KENICKE, Paulo Henrique Gallotti; BERTASSONI, Thaís Braga. A causa, os planos do negócio jurídico e a função social: análise a partir da teoria do terceiro cúmplice, cit..

[275] Estudioso do direito estrangeiro, à semelhança de Alvino Lima, Junqueira traz indicações pertinentes sobre outros ordenamentos: "Todavia, há mais de um século, na França, terra por excelência da autonomia da vontade, a jurisprudência e, na sua esteira, os autores, admitem o que se conhece como 'doutrina do terceiro cúmplice' ou, em francês, mais claramente 'responsabilité du tiers complice'. Foi lá que o primeiro Código Civil moderno cunhou, em 1804, a expressão: 'o contrato faz lei entre as partes' ('Les conventions légalement formées tiennent lieu de loi à ceux qui les ont faites' – art. 1.134 do Code Civil) e foi lá, justamente, que se admitiu, sem nenhuma tergiversação, como decorrência natural do senso de justiça, a responsabilidade do terceiro que colabora para o inadimplemento do devedor. (...) Seu fundamento é o ato ilícito. (...) A doutrina do terceiro cúmplice vigora também na Inglaterra. (...) Em outros paísese europeus – referimo-nos à Itália, Alemanha e Portugal -, embora não tenha havido uma adoção tão difundida quanto na França e na Inglaterra da doutrina do terceiro cúmplice, não foi ela negada em sua essência. Na verdade, pelo contrário, foi antes complementada com outras hipóteses, assumindo caráter ainda mais genérico, por força das considerações sobre a eficácia externa das obrigações." JUNQUEIRA DE AZEVEDO, Antonio. Diferenças de natureza e efeitos entre o negócio jurídico sob condição suspensiva e o negócio jurídico a termo inicial. A colaboração de terceiro para o inadimplemento de obrigação contratual. A doutrina do terceiro cúmplice. A eficácia externa das obrigações. In: JUNQUEIRA DE AZEVEDO, Antonio. *Estudos e pareceres de direito privado*. São Paulo: Saraiva, 2004. p. 215 e 217-218.

terceiros em partes no contrato, mas impõe que não se comportem como se o contrato não existisse[276].

Por sua clareza e importância para demonstrar a correta interpretação a ser dada ao entendimento de Antonio Junqueira de Azevedo, pede-se licença para transcrever trecho de seu parecer:

"No direito brasileiro, o status constitucional da função social do contrato veio tornar mais claro, **reforça**, o que no plano da legislação ordinária já estava consagrado como comportamento a seguir, pelos terceiros, diante do contrato vigorante entre as partes. Esse dever de respeito **já existia** por força do art. 159 do Código Civil, preceito que constitui verdadeira 'cláusula geral' no nosso sistema – e que é tanto mais forte, na exigência de um comportamento socialmente adequado, quanto mais longa, e conhecida, e pública, a duração do contrato, porque tudo isso agrava a culpa pelo desrespeito, como nos casos dos contratos de fornecimento. Também no direito estrangeiro esse comportamento é exigido."[277] (destaques nossos)

De fato, na lição do autor, a consagração da função social do contrato apenas reforça a previsão do ato ilícito existente no art. 159 do Código Civil, atual art. 186 do Código Civil[278]. Ou seja, a base legal primária segue sendo a já apontada por Alvino Lima. Ao citar a lição de Ihering[279], surge

---

[276] JUNQUEIRA DE AZEVEDO, Antonio. Os princípios do atual direito contratual e a desregulamentação do mercado. Direito de exclusividade nas relações contratuais de fornecimento. Função social do contrato e responsabilidade aquiliana do terceiro que contribui para inadimplemento contratual, cit., p. 142.

[277] Id. Ibid., p. 143.

[278] No âmbito jurisprudencial, vale a pena conferir os seguintes e fundamentados acórdãos do Tribunal de Justiça de São Paulo: Apelações n.º 0192396-15.2011.8.26.0100 e 9000097-52.2011.8.26.0100, ambas da 1ª Câmara Reservada de Direito Empresarial, da relatoria do Des. Francisco Loureiro e julgadas, respectivamente, em 11 de dezembro de 2012 e 17 de julho de 2014, obtidas em www.tjsp.jus.br.

[279] "En realidad, y dado que, como decía Ihering, todo negocio jurídico produce un efecto reflejo para los terceros de modo involuntário (porque al igual que ocurre en el mundo físico o natural, todo hecho jurídico no se puede aislar en el mundo jurídico, sino que se relaciona con todo su entramado), es claro que los terceros han de respetar la situación jurídica creada por el contrato, absteniéndose de la celebración de otro contrato con aquél incompatibile porque lesiona las posibilidades de su cumplimiento. Pero ese respecto está condicionado a que los terceros lo conozcan antes (cfr. Ss. De 23 de marzo de 1921, 29 de octubre de 1995, 9 de febrero de 1965 y 16 de febrero de 1973) (Luiz Díez-Picazo e Antonio Gullón, Sistema de derecho civil, 4ª ed., Madrid, Tecnos, 1983, v. II, p. 126)". Id. Ibid., p. 143.

na análise do problema um novo fator, qual seja, o prévio conhecimento da relação contratual pelo terceiro. Fala-se em dever geral de abstenção de terceiro, mas dependente do conhecimento deste da relação obrigacional. Ou seja, o dever de não interferência está condicionado a fator subjetivo, qual seja, sabia ou deveria saber da existência do vínculo contratual em que interfere.

Em segundo parecer, datado de 31 de julho de 1998, Junqueira novamente ressalta a importância da França na construção da responsabilidade do terceiro que colabora para o inadimplemento do devedor como decorrência natural do senso de justiça e, com a clareza que lhe era peculiar, afirma categoricamente: "A doutrina do terceiro cúmplice é pacífica tanto na jurisprudência quanto na doutrina francesa. Seu fundamento é o ato ilícito."[280]

À semelhança do que fizera no seu primeiro estudo, destaca a importância central do antigo artigo 159 do Código Civil como "cláusula geral de concretização do *alterum non laedere*" na legislação civil brasileira[281]. Por fim, considerando o referido artigo, o dever de respeito projeta-se a todo e qualquer direito de outrem, não servindo a relatividade como autorização para violação.

3.2. Análise crítica de recentes posicionamentos sobre o fundamento da responsabilidade de terceiros

Claramente influenciado pelas lições de Antonio Junqueira de Azevedo, Otávio Luiz Rodrigues Júnior produziu artigo sobre a doutrina do terceiro cúmplice. Além de seu conhecimento do direito estrangeiro, o referido

---

[280] JUNQUEIRA DE AZEVEDO, Antonio. Diferenças de natureza e efeitos entre o negócio jurídico sob condição suspensiva e o negócio jurídico a termo inicial. A colaboração de terceiro para o inadimplemento de obrigação contratual. A doutrina do terceiro cúmplice. A eficácia externa das obrigações, cit. Id. A eficácia externa das obrigações. In: JUNQUEIRA DE AZEVEDO, Antônio. *Estudos e pareceres de direito privado*. São Paulo: Saraiva, 2004. p. 217.
[281] Nas palavras do professor Junqueira, "O direito brasileiro – nesse passo, superior a muitos outros – possui o art. 159 do Código Civil como cláusula geral de concretização do princípio alterum non laedere; por ele, toda violação de direito subjetivo, seja real, pessoal, de personalidade, autoral, de família, sucessão, etc., obriga o autor ou co-autor a reparar o dano." JUNQUEIRA DE AZEVEDO, Antonio. Diferenças de natureza e efeitos entre o negócio jurídico sob condição suspensiva e o negócio jurídico a termo inicial. A colaboração de terceiro para o inadimplemento de obrigação contratual. A doutrina do terceiro cúmplice. A eficácia externa das obrigações, cit., p. 221.

A INTERFERÊNCIA LESIVA DE TERCEIRO NA RELAÇÃO OBRIGACIONAL

autor traz como primeira grande contribuição na matéria a desmistificação do princípio da relatividade dos efeitos contratuais[282].

Ademais, a doutrina do terceiro cúmplice já estava presente no art. 500 do Código Comercial de 1850[283], ainda em vigor, e no artigo 1.235 do Código Civil de 1916[284]. No Código Civil de 2002, conforme já abordado, a previsão do art. 608 é mais ampla, porém com sanção mais branda[285].

À semelhança do posicionamento de Alvino Lima e de Antonio Junqueira de Azevedo, defende que a configuração da aplicação da teoria do terceiro cúmplice depende da "necessária comprovação de que o terceiro sabia da existência do contrato a que ajudou a inviabilizar, ou, em casos extremos, tinha possibilidade de sabê-lo, ante sua notoriedade e publicidade"[286]. Novamente, portanto, o conhecimento ou a possibilidade de conhecimento são traços marcantes na responsabilização do terceiro.

Apesar de não ser o foco do presente estudo, cumpre registrar que, em 2011, Otávio Rodrigues Junior publicou novo artigo tratando sobre a doutrina do terceiro cúmplice, mas dessa vez com o enfoque nas relações

---

[282] Nesse diapasão, a título ilustrativo, o referido professor cita "a) a excepcional oponibilidade dos contratos perante terceiros, pela existência de um fator de atribuição de eficácia mais extensa; b) contratos vinculando terceiros, mesmo sem consultar previamente sua vontade ou contratos em favor de terceiro; c) ineficácia de certos atos praticados *inter partes*, mas que engendram prejuízos a terceiros, como a fraude contra credores." RODRIGUES JUNIOR, Otavio Luiz. A doutrina do terceiro cúmplice: autonomia da vontade, o princípio *res inter alios acta*, função social do contrato e a interferência alheia na execução dos negócios jurídicos. *Revista dos Tribunais*, São Paulo, v. 93, n. 821, p. 86-87, mar. 2004.

[283] Art. 500 – O capitão que seduzir ou desencaminhar marinheiro matriculado em outra embarcação será punido com a multa de cem mil réis por cada indivíduo que desencaminhar, e obrigado a entregar o marinheiro seduzido, existindo a bordo do seu navio; e se a embarcação por esta falta deixar de fazer-se à vela, será responsável pelas estadias da demora.

[284] Art. 1.235 – Aquele que aliciar pessoas obrigadas a outrem por locação de serviços agrícolas, haja ou não instrumento deste contrato, pagará em dobro ao locatário prejudicado a importância, que ao locador, pelo ajuste desfeito, houvesse de caber durante quatro anos.

[285] Art. 608 – Aquele que aliciar pessoas obrigadas em contrato escrito a prestar serviço a outrem pagará a este a importância que ao prestador de serviço, pelo ajuste desfeito, houvesse de caber durante dois anos.

[286] A doutrina do terceiro cúmplice: autonomia da vontade, o princípio *res inter alios acta*, função social do contrato e a interferência alheia na execução dos negócios jurídicos, *in* Revista dos Tribunais, n. 821, março 2004, p. 96.

matrimoniais. Nesse texto, após considerações sobre o direito estrangeiro, sistematiza os pressupostos de sua aplicação no Direito brasileiro[287].

No âmbito do direito de família, referido autor defende que a conduta do terceiro cúmplice não é ilícita por ausência de norma ou de princípio que assim determine nem por ofensa aos bons costumes, restando confinada ao limite do interesse subjetivo de cada casal[288].

De acordo com Luciano de Camargo Penteado, a responsabilidade de terceiro por interferência no direito de crédito é extracontratual e decorre da criação de deveres em virtude da cláusula geral de boa-fé[289]. Interessante destacar que o autor traz um tópico específico sobre o terceiro cúmplice em que qualifica sua responsabilidade como aquiliana, também claramente

---

[287] "Expostas, em linhas gerais, algumas das visões sobre a doutrina do terceiro cúmplice, especialmente em países representativos de Common Law e de Civil Law, cumpre formular os pressupostos de aplicação teórica no Direito brasileiro, como de resto se procurou fazer no estudo anterior: a) existência de vínculo contratual ou de expectativas legítimas de deslocamentos patrimoniais (como negociações preliminares; parcerias; acordos de cavalheiros, memorandos de entendimentos); b) interferência indevida de terceiro, que conhece ou tem condições de conhecer esse vínculo ou essas expectativas legítimas; c) atuação deliberada do terceiro na execução ou na conservação do contrato ou das relações negociais, bem assim das expectativas legítimas; d) interferência que cause dano à outra parte na relação afetada; e) ausência de justa causa na atuação de terceiro." RODRIGUES JUNIOR, Otavio Luiz. A doutrina do terceiro cúmplice nas relações matrimoniais, cit., p. 37.

[288] Em que pese o respeitável entendimento em sentido contrário, a obrigação de respeitar os deveres decorrentes do casamento não deixa de existir em virtude da natureza das relações de Direito de Família. Conhecedor do vínculo, terceiro comete ato ilícito ao se relacionar com pessoa casada. RODRIGUES JUNIOR, Otavio Luiz. A doutrina do terceiro cúmplice nas relações matrimoniais, cit., p. 43-44.

[289] Destaque-se, a propósito, os seguintes trechos: "O terceiro, todavia, não estaria apenas com posições jurídicas ativas em face do contrato, mas teria também deveres jurídicos específicos, que serão analisados na seção seguinte. Esse dever, entretanto, deriva da boa-fé objetiva como balisa do campo de atuação da licitude, porque a responsabilidade do terceiro perante o contratante é de índole extracontratual. A boa-fé ingressa neste campo para moderar o espaço de liberdade do terceiro. (...) Por fim, cumpre lembrar que o terceiro está obrigado a respeitar o conteúdo do contrato entre partes, especialmente aqueles cuja percepção seja evidente. Se o seu comportamento interferir no adimplemento, a ação é aquiliana, nada obstante ao direito violado ser relativo. Isso é frequente no direito brasileiro por conta da adoção, em nosso sistema, de uma cláusula geral de responsabilidade civil." PENTEADO, Luciano de Camargo. *Efeitos contratuais perante terceiros*, cit., p. 190 e 271.

A INTERFERÊNCIA LESIVA DE TERCEIRO NA RELAÇÃO OBRIGACIONAL

influenciado pelo referido parecer de Antonio Junqueira de Azevedo no caso dos postos de gasolina[290].

Por sua vez, Humberto Theodoro Neto identifica que a preocupação oitocentista de identificar a relatividade do contrato como um princípio rígido, exceção feita a Serpa Lopes em seu Curso de Direito Civil, sofreu grande mudança em virtude da função social do contrato[291]. Esclareça-se, conforme demonstrado no capítulo anterior, que os julgados e os questionamentos doutrinários a respeito do princípio da relatividade dos efeitos contratuais são marcantes no exterior desde o século XIX, não se podendo esquecer que, no Brasil, conforme já tratado, juristas como Clóvis Beviláqua e Alvino Lima já abordam o tema com enfoque semelhante desde o século passado.

No entendimento de Humberto Theodoro Neto, o princípio da função social do contrato tem "como foco de sua tutela, assegurar a livre e leal circulação de bens, serviços, valores entre o patrimônio dos indivíduos, garantindo eficácia às convenções legítimas, mesmo contra atos oportunistas de não-contratantes"[292]. Em reforço a esse argumento, cujo acerto será verificado na sequência, destacou o papel da boa-fé nos termos estabelecidos no art. 187 do Código Civil[293], bem como ressaltou o declínio

---

[290] "Trata-se da questão referente a contratos de fornecimento com exclusividade, em que um posto de gasolina passara a adquirir derivados de petróleo de empresa diversa da que operava o contrato e que lhe permitia utilização de sua marca. O terceiro, que ostentava outra marca, no caso concreto, acaba por concorrer com a parte contratual no inadimplemento a que deu causa, implicando um ilícito aquiliano. Desse caso pode-se concluir que, muito embora o terceiro não seja parte de um contrato, em determinados casos deve ter sua situação jurídica onerada, ao menos pelo dever de respeito ao seu conteúdo, a fim de que não se possam violar as convenções utilizando-se de terceiros. Assim, nota-se uma responsabilidade do terceiro, ainda que indireta, pelas vicissitudes ocorridas no interior da relação obrigacional." PENTEADO, Luciano de Camargo. op. cit., p. 121-122.

[291] THEODORO NETO, Humberto. op. cit., p. 151-152.

[292] Id. Ibid., p. 154. É clara na obra do autor a influência do estudo realizado por THEODORO JÚNIOR, Humberto. *O contrato e sua função social*. 3. ed. Rio de Janeiro: Forense, 2008. p. 41: "Quando o art. 421 do novo Código Civil brasileiro fala em função social para o contrato está justamente cogitando dos seus efeitos externos, isto é, daqueles que podem repercutir na esfera de terceiros."

[293] No mesmo sentido, DINIZ, Davi Monteiro. Aliciamento no contrato de prestação de serviços: responsabilidade de terceiro por interferência ilícita em direito pessoal. *Revista Forense*, Rio de Janeiro, v. 100, n. 375, p. 34, set./out. 2004. "A explicitação do dever geral de não violar os bons costumes, presente no art. 187 do Código Civil, auxilia a rigorosa condenação dos atos emulativos, embasando a responsabilização extracontratual de terceiro que dolosamente

da autonomia privada no ordenamento e a relativização do princípio da relatividade contratual.

Com abordagem um pouco diferente, Marcelo Benacchio defende que o contrato constitui uma situação jurídica, a qual, por sua vez, merece proteção externa contra condutas de terceiros. Por situação jurídica, o referido autor entende "uma nova compreensão dos direitos e deveres atribuídos pela norma jurídica, por meio da evolução do direito subjetivo" e sintetiza que "a situação jurídica encerra a posição jurídica de uma pessoa em determinada situação – fato jurídico – conformada pela incidência do ordenamento jurídico, impondo-lhe direitos e deveres a partir disso, que, inclusive, podem variar conforme o sujeito titular da situação jurídica e os outros sujeitos de direito, e mesmo toda a coletividade, relacionados, sendo valorados pelo ordenamento jurídico"[294]. Ademais, Benacchio ataca frontalmente construções com fundamento no princípio da força obrigatória dos contratos e na função social do contrato[295].

provoca, instiga ou auxilia o inadimplemento de direito de crédito objetivando causar prejuízo ao titular. O crédito de natureza contratual participa desse esquema de responsabilização, revelando patrimônio efetivamente lesado em decorrência de ilícito delitual."

[294] BENACCHIO, Marcelo. op. cit., p. 81-88, sendo que as duas citações transcritas no texto estão às páginas 84 e 85-86.

[295] "Como mencionamos, a questão do fundamento é polêmica, assim, exporemos, brevemente, as razões pelas quais não aceitamos dois posicionamentos doutrinários relativamente à razão da proteção do contrato, a saber: (i) o princípio da força obrigatória dos contratos e (ii) a função social do contrato. Jacques Ghestin, Christophe Jamin e Marc Billiau, Les effets du contrat, p. 766-775, entendem que a oposição do contrato é um complemento necessário da força obrigatória do contrato, o que rebatemos, na medida em que o efeito externo do contrato não é um princípio, por depender de vários pressupostos, mencione-se o caso em que se exige do terceiro o conhecimento do contrato e considere-se o seu desconhecimento, portanto, mesmo ocorrendo o princípio da força obrigatória, não poderá ser o contrato oposto ao terceiro em virtude do seu desconhecimento; além disso esse entendimento não explica a possibilidade de oposição do contrato na fase pré-negocial, em que não se cogita do princípio à falta da gênese do contrato. Teresa Negreiros, Teoria do contrato: novos paradigmas, p. 228-267, e Cláudio Luiz Bueno de Godoy, Função social do contrato, p. 131-152, têm o entendimento de que a possibilidade de oposição é fundada no princípio da função social do contrato sob um espectro de solidariedade, no que, igualmente, pensamos de forma diversa por termos que a função social do contrato, ainda que guiada pela solidariedade, tem o aspecto de limitar a autonomia privada e, também, conformar as linhas gerais dos comportamentos contratuais, no sentido de impossibilidade de um efeito antissocial e não na criação de um dever geral de respeitar a posição contratual, o que, lembremos, principalmente, é um interesse individual. (...) Parece-nos ser excessiva a compreensão de que tudo se resolveria pela função social unicamente, seria como afirmar que o direito sempre objetiva o bem comum, ora isso não

Conclui-se, assim, que a interpretação doutrinária sobre a matéria não é simples, havendo posições divergentes sobre a fundamentação da responsabilidade do terceiro, mas todas enfrentando importantes discussões sobre conceitos relacionados à teoria geral do direito privado e contratual. A análise de cada um desses conceitos é bastante complexa e exige aprofundamento dos estudos realizados há muitos anos na construção dos conceitos, o que, aliás, fundamentou também a aprofundada verificação da matéria no direito estrangeiro. É esse o desafio que se passa a enfrentar no próximo item.

3.3. Delimitação teórica da relatividade dos efeitos contratuais, da oponibilidade e da responsabilidade civil de terceiro

O estudo da interferência lesiva de terceiro na relação obrigacional passa, conforme demonstrado na análise de obras estrangeiras e nacionais, inevitavelmente pela análise sistemática de três conceitos pertencentes à teoria geral do direito privado, quais sejam, (i) relatividade dos efeitos contratuais, (ii) oponibilidade e (iii) responsabilidade civil do terceiro. O desafio não é simples[296], mas necessário na diferenciação de situações envolvendo as partes de um determinado contrato e terceiros.

Nos itens relativos à evolução da responsabilidade de terceiro por interferência no direito de crédito no direito francês – entre outros, podem ser citados Hugueney, Demogue, Savatier – e no direito italiano – Polacco,

---

significa a não aplicação das demais disposições normativas existentes." BENACCHIO, Marcelo. op. cit., p. 87-88. No mesmo sentido, Tonnera Junior: "Além disso, acolhendo a crítica formulada por Tepedino, o princípio da função social dos contratos contido no art. 421 do CC, de fato, se presta para impor às partes do contrato que observem os interesses socialmente relevantes quando exercerem suas liberdades de contratar e não para ampliar os instrumentos de proteção do crédito. Já a aplicação do princípio da boa-fé objetiva deve ficar restrita ao relacionamento travado entre os próprios sujeitos do negócio jurídico, não tendo o condão de irradiar efeitos extracontratuais que possam atingir terceiros, pois a sua aplicação depende de uma relação jurídica intersubjetiva especial." TONNERA JUNIOR, João. A responsabilidade civil do terceiro cúmplice por lesão ao direito de crédito, op. cit.

[296] "Um dos mais curiosos efeitos que o contrato pode apresentar perante terceiros é sua oponibilidade. Talvez seja o campo mais difícil de aprofundamento teórico, ao mesmo tempo em que é o mais fecundo na medida em que é a oponibilidade dos contratos um dos casos em que fica mais contrastada a eficácia do contrato com o princípio da relatividade em sua acepção tradicional." PENTEADO, Luciano de Camargo. op. cit., p. 89.

Fadda, Carnelutti – já se percebe claramente uma leitura no sentido de que a máxima de que o contrato tem força de lei entre as partes não era um empecilho para sua aplicação.

Na linha da jurisprudência francesa do século XIX, tema tratado com vários exemplos por Hugueney, o fato de o contrato não gerar obrigações para terceiros referentes a seu cumprimento não lhes permite colocar em risco ou até mesmo impossibilitar o direito do credor à obrigação prevista no contrato.

A respeito da relatividade dos efeitos contratuais, Busnelli pronunciou-se de modo bastante crítico sobre as teorias que vislumbravam na relatividade um fundamento a impedir ou, no mínimo, a dificultar a responsabilização do terceiro que interfere com a relação obrigacional:

> "*A dire il vero, fa meraviglia che i più decisi sostenitori della non responsabilità del terzo abbiano ritenuto di poter addurre, quale argomento 'ben difficilmente superabile' a favore della loro tesi, la disposizione dell'art. 1372 cv.; giacchè la semplice logica del buon senso, prima ancora di ogni ragionamento propriamente giuridico, è sufficiente a mettere in chiaro che il legislatore, nello statuire la regola della cosidetta 'relatività degli effetti contrattuali', non ha certamente inteso autorizzare i terzi a ledere impunemente le situazioni giuridiche dei contraenti. Ma ancor più stupisce il fatto che anche taluni tra gli autori che pur sono favorevoli al principio della responsabilità del terzo, abbiano ravvisato nella stessa disposizione un serio ostacolo di diritto positivo (ossia un impedimento a che la lesione da parte di terzi del diritto di credito, in quanto tale, possa dirsi 'ingiusta'), per superare il quale sono ricorsi all'espediente teorico dell'Ausschliessungsrecht (sorta di diritto assoluto che seguirebbe come un'ombra il diritto di credito e che, solo, potrebbe essere leso da parte dei terzi), ovvero a giustificazioni di carattere exclusivamente pratico, legate alle 'esigenze sociali ed economiche venutesi a creare in questi ultimi tempi'.*"[297]

---

[297] BUSNELLI, Francesco Donato. *La lesione del credito da parte di terzi*, cit., p. 158-159. No mesmo sentido, E. SANTOS JÚNIOR, "Dizer-se, enfim, que o terceiro não pode lesar o direito de crédito, que isso lhe é impossível, dado o crédito ser relativo, apenas o devedor o podendo lesar ou violar, por apenas ele estar adstrito à realização da prestação, será um puro conceitualismo defasado da realidade, quando não, até, um ilogicismo, oculto sob a capa de um raciocínio aparentemente lógico. O facto de só o devedor estar adstrito ao dever de prestar não significa que haja uma insusceptibilidade de terceiros interferirem com o crédito e que terceiros não devam abster-se de com ele interferir. (...) Em síntese: a realidade das coisas demonstra a susceptibilidade de um terceiro lesar o direito de crédito. E essa realidade não poderia nunca

Na visão do autor italiano, o "grave equivoco" tem como ponto de partida a interpretação inadequada do artigo 1372 do Codice Civile[298]. De fato, não faz sentido interpretar a relatividade dos efeitos contratuais como liberdade para que o terceiro possa atuar sem qualquer consideração à relação contratual existente. Ademais, a própria *Relazione al Codice Civile* prevê que a autonomia privada dos contratantes não pode legitimar invasões na órbita dos interesses dos terceiros, mas nos casos de interferência de terceiro na relação obrigacional são estes a invadir a órbita dos direitos dos contratantes e não o contrário[299]. No mesmo sentido, com sólida construção histórica, Gambaro critica duramente a relatividade dos efeitos contratuais[300].

deixar de ser valorada pelo Direito." SANTOS JÚNIOR, E. *Da responsabilidade civil de terceiro por lesão do direito de crédito*, cit., p. 459 e 462.

[298] Artigo 1.372 do Código Civil Italiano: Il contratto ha forza di legge tra le parti. Non può essere sciolto che per mutuo consenso o per cause ammesse dalla legge. Il contratto non produce effetto rispetto ai terzi che nei casi previsti dalla legge.

[299] A propósito da convivência entre o princípio da responsabilidade do terceiro com fundamento no art. 2.043 do Codice Civile e o princípio que se extrai do art. 1.372 da mesma lei, assim se posicionou o autor: "Nè tale principio può dirsi incompatibile con quello della cosidetta 'relatività degli effetti contrattuali' ex art. 1372, chè, anzi, i due principi si pongono fra di loro in un rapporto di possibile coesistenza e di reciproca conciliabilità: il primo prende in considerazione il contratto nel suo profilo esterno e statico di fatto giuridico attributivo di situazioni soggettive, che, come tale, deve essere rispettato da tutti; il secondo riguarda il contratto nella sua strutturra interna di atto giuridico avente eficácia vincolante per ceti soggetti predeterminati dalla legge (le parti e, in caso di eccezionale statuizione normativa, alcune categorie di terzi, particolarmente qualificati)." BUSNELLI, Francesco Donato. *La lesione del credito da parte di terzi*, cit., p. 161.

[300] "(...) io credo che occorra distinguere tra quanto in essa è il precipitato del carattere ideologico e non tecnico del principio racchiuso nell'art. 1165 code civil, e quanto è invece il prodotto di una lacuna culturale che coinvolge buona parte del percorso storico della nostra scienza. Iniziando dal primo profilo, è già stato posto qui in adeguato rilievo che l'ideologia giusnaturalistica nel suo sforzo di promuovere l'autonomia individuale come valore fondante, doveva riassicurare il pubblico sul fatto che l'autonomia dei singoli implicava solo la facoltà di darsi leggi da sé e per sé stessi, non per gli altri. Da qui il collegamento tra il principio di relatività degli effetti del contratto e quello per cui il contratto ha forza di legge tra le parti. Questa simetria tuttavia non costituisce l'architrave di un sistema, perché si compone di un principio tecnico giuridico e di un principio di carattere politico. Dire che il contratto ha forza di legge significa infatti affermare che esso non può essere modificato se non seguendo procedure eguali a quelle che ne hanno prodotto la costituzione, oppure in base a procedure speciali previste dalla legge e che, in mancanza dell'une e delle'altre, l'obbligazione da esso prevista deve essere adempiuta. Dire che il contratto non ha effetto rispetto ai terzi, è proposizione che si presenta persuasiva solo grazie alla serie di polisemie che si sono sopra passate in rasegna. Questa eterogeneità semantica impedisce un collegamento

FUNDAMENTAÇÃO DA RESPONSABILIDADE DE TERCEIRO POR INTERFERÊNCIA...

Além das inegáveis externalidades[301] para terceiros oriundas de relações obrigacionais, mas que nem sempre são jurídicas, é importante lembrar as previsões legais sobre o pagamento da prestação por terceiro, bem como os

sul piano del sistema in senso rigoroso. Ma ciò è stato passato sotto silenzio anche a cagione del fatto che i giusnaturalisti non si sono limitati a confondere i due piani, ma hanno fatto anche qualcosa di più perfido. Se si leggono gli autori della scuola del diritto naturale, ed anche Pothier, e ci si imbatte nelle loro immancabili citazioni del Corpus Juris, ci si avvede che il loro sforzo è quello di convincere il lettore che secondo il diritto romano il contratto non può, per sua natura tecnica, comportare effetti verso terzi e quindi il principio di relatività sembra acquistare non il senso della affermazione di un valore, ma quello della asseverazione di un dato di fatto all'interno di un discorso che può limitarsi ad essere descritivo di uma regola di diritto che già esiste, cullata da una tradizione prestigiosa, ma anche tanto ovvio quanto consolidata. In questa presentazione una regola che era un flessibile criterio guida da usare nell'aggiudicazione, come ci ha indicato Carlo Augusto Cannata, è divenuta quindi un principio cardinale di politica del diritto. È allora da notare che assunto in valenza descrittiva di un assetto normativo il principio di relatività degli effetti del contratto è falso. Assunto in funzione descrittiva di uno stato naturale delle cose, è sbagliato." GAMBARO, Antonio. Gli effetti del contratto rispetto ai terzi. In: VACCA, Letícia (A cura di). *Gli effetti del contratto nei confronti dei terzi nella prospettiva storico-comparatistica*. Atti del 4º Congresso Internazionale Aristec (Roma, 13-16 sett. 1999). Torino: Giappichelli, 2001. p. 341-342.

[301] "Dire che il contratto in quanto rapporto tra due parti non può nuocere o giovare i terzi, è erroneo perché in tal modo si ignora che esso può bene essere ed anzi è normalmente una fonte di esternalità sia positive che negative. La letteratura economica che ci ha proposto il tema delle esternalità, fa discendere gli effetti esterni da attività di tipo proprietario; sicché non ci si dice spesso, anzi quase mai, che le esternalità possono derivare anche da contratto. Tuttavia la figura proprietaria può essere facilmente estesa pensando che, come ci indica la pragmatica linguistica, quella attività illocutiva che viene posta in essere al fine di concludere un contratto, è costituita da enunciati performativi, nei quali come è noto l'effeto discende esattamente dall'enunciato. Ciò equivale ad una qualunque azione, e come qualunque azione essa può provocare rispeto a terzi, effetti positivi, effetti negativi ed effetti neutri. Però se si prende sul serio il carattere performativo degli enunciati che istituiscono un contratto – dopo tutto, io prometo, è l'esempio di enunciato verbale performativo per eccellenza – e la teoria delle esternalità ci si avvede che la situazione normale è quella per cui un contratto genera effetti negativi o positivi verso terzi, mentre è eccezionale che esso abbia effetti neutri. Se questa è la situazione di fatto, il problema è quello di sapere se e quando l'ordinamento consente ai terzi di trarre profitto dalle esternalità positive generate da un contratto stipulato tra altri, e se e quando concede ad essi un rimedio a fronte di quelle negative. (...) Il problema è che non ostante sia erroneo e falso il principio della relatività degli effetti del contratto continua ad essere percepito come una regola generale rispetto alla quale si collocano una serie di eccezioni puntuali. Ma poiché esso non consente di ordinare le eccezioni secondo un qualunque criterio riconoscibile, il risultato è una sorte di politica del cento fiori, in cui ogni esperienza nazionale si è ingegnata da sé nell'aggirare una regola che non può essere assoluta." GAMBARO, Antonio. op. cit., p. 342 e 345.

A INTERFERÊNCIA LESIVA DE TERCEIRO NA RELAÇÃO OBRIGACIONAL

casos de contrato a favor de terceiro. Ou seja, a artificial construção de que a relatividade dos efeitos contratuais impediria a interferência por terceiro e a produção de efeitos para este não resiste a uma análise mais detida. Nessas duas situações, privilegia-se claramente a satisfação do crédito e o favorecimento de efeitos benéficos para o terceiro.

Outro exemplo expresso de que as relações obrigacionais oriundas de contratos sofrem a interferência de terceiro está contido no art. 608 do Código Civil. Nesse dispositivo, em detrimento da determinação geral de indenização pela extensão do dano nos termos do art. 944 do Código Civil, destaca-se a fixação de condenação em caso de aliciamento com valor previamente estabelecido de dois anos do que seria devido ao prestador de serviços.

À luz do analisado até o momento, a necessidade de respeito pelo terceiro que conhecia ou deveria conhecer a relação obrigacional teria como barreira a relatividade dos efeitos contratuais? A resposta em sentido negativo[302] parece ser a mais correta. Com relação a essa questão, a adequada interpretação da relatividade dos efeitos contratuais permite impedir sua utilização como fundamento para afastar a responsabilização de terceiro por condutas atentatórias à relação obrigacional. Até porque os contratantes não podem prever obrigações em prejuízo de terceiro, sob pena até de violação da autonomia privada deste e não observância da impossibilidade de violação da incolumidade das esferas jurídicas[303].

---

[302] "Il principio, poi, non impedisce che il contratto crei (a favore delle parti) situazioni giuridiche che i terzi sono tenuti a rispettare, a pena di subire reazioni legali del contraente leso. Si pensi al terzo acquirente che viola il diritto del prelazionario, nato dal contratto attributivo della prelazione; o al terzo che frustra l'acquisto contrattuale altrui, acquistando lo stesso bene e trascrivendo prima il proprio acquisto: casi in cui il terzo può essere chiamato a rispondere (lesione del credito da parte del terzo, tutela aquiliana delle posizioni contrattuali, responsabilità del terzo complice nell'inadempimento del contratto). Ma il fenomeno non ha nulla a che fare con la relatività degli effetti contrattuali." ROPPO, Vincenzo. op. cit., p 565. Em sentido contrário, repita-se o Enunciado 21 das Jornadas de Direito Civil. "Art. 421: A função social do contrato, prevista no art. 421 do novo Código Civil, constitui cláusula geral a impor a revisão do princípio da relatividade dos efeitos do contrato em relação a terceiros, implicando a tutela externa do crédito." A respeito da nociva relativização de conceitos à luz de princípios gerais, vide as observações de NANNI, Giovanni Ettore Nanni. *Direito Civil e Arbitragem*. São Paulo: Atlas, 2014. p. 249-251.

[303] "Em nenhum desses casos, porém, seria tecnicamente dizer que o princípio da relatividade dos contratos resta 'superado' porque ao terceiro não pode ser exigido ou imposto dever de prestação, vedação essa decorrente do *princípio da incolumidade das esferas jurídicas*. (...) No

Com esse posicionamento mais restritivo sobre a leitura do princípio da relatividade dos efeitos contratuais, algo que não é novo, muito menos na doutrina estrangeira, conforme restou demonstrado ao longo de todo o capítulo anterior, não se deseja dizer que houve redução do papel da autonomia privada na seara contratual, apenas se pretende realizar o correto enquadramento da matéria, demonstrando que a autonomia privada não resolve todas as situações, não obstante seu papel central na criação de direitos e de obrigações entre as partes.

Com base na visão ora defendida, não se pode igualar terceiro à parte ou impor aos contratantes deveres inerentes ao Estado e não aos particulares, conforme corrente que tem amealhado cada vez mais defensores nos últimos tempos[304]. Afinal, o exercício da vontade segue com seu papel central

---

substrato desse 'princípio' – verdadeiro axioma – está o reconhecimento de o indivíduo apenas poder configurar relações jurídicas unilateralmente, por meio de uma atuação jurídico-privada, quando se trata do exercício de um direito ou de uma relação jurídica referida ao seu próprio patrimônio (como ocorre ao se fazer um testamento); ou quando, para o outro, surja apenas uma vantagem jurídica, mas não uma obrigação (como no caso da oferta de contrato, que o destinatário pode aceitar ou não). O princípio da incolumidade das esferas jurídicas significa, em suma, que a eficácia de um negócio unilateralmente predisposto está limitada à esfera de quem o praticou. Quando se tratar de negócio bilateral, serão atingidas ambas as esferas, mas tal ocorre porque houve a concordância de ambos os figurantes para tanto. Então ambas as esferas jurídicas são afetadas, mas somente as esferas de quem o celebrou ou de quem é beneficiado pelo negócio, não podendo atingir terceiro para imputar-lhe obrigação. Ressalve-se, evidentemente, a situação daquele que, soi-disant 'terceiro', é na verdade, parte, ainda que a adesão ao contrato se tenha operado por via tácita." MARTINS-COSTA, Judith. *A boa-fé no direito privado*: critérios para a sua aplicação. São Paulo: Marcial Pons, 2015, p. 552.

[304] "Outro fenômeno que, por ser universal, também no Brasil implica uma nova visão do princípio da relatividade dos efeitos do contrato é a tendência nítida a uma redução da autonomia da vontade no negócio contratual. (...) A constatação de que a força obrigatória do contrato tem outra fonte além da vontade manifestada, que é a lei, repercute na aplicação do princípio dos efeitos relativos do contrato. Pois, desse modo, 'também a lei pode impor a certas pessoas cuja vontade não participa da formação do vínculo a condição de parte'. É o reconhecimento de que o terceiro assume as obrigações e direitos do contrato em condição equiparável à da parte, independentemente de sua manifestação volitiva na conclusão do negócio ou para a ele aderir. Essa ênfase na fonte legal da obrigação contratual mostra o sentido axiológico do nosso diploma civil, pois deve ser vista em ligação direta com o princípio da função social do contrato. Está-se buscando abandonar a ótica voluntarista pura do direito contratual em busca de algo, como dito para o direito francês, que representa uma verdadeira cruzada em tutela da conduta ética. Na medida em que o fundamento legal da obrigação contratual 'desloca a vontade do centro da teoria contratual, conduz à necessidade de se analisar a eficácia relativa do contrato à luz dos novos princípios'. 'Assim, muito além

na teoria contratual, o que não significa afirmar que a vontade das partes pode impor obrigações ilimitadas a terceiros, até porque estes também devem ter sua vontade respeitada. É a regulamentação da responsabilidade civil que cria deveres aos terceiros[305].

Em termos práticos, significa dizer que a relatividade dos efeitos contratuais permite às partes criar obrigações para as próprias e não veda a criação de direitos para terceiros. Desses limites em diante, são as regras de responsabilidade civil que regulamentam se um determinado terceiro deve ser responsabilizado ou não por uma conduta que prejudicou ou até mesmo impossibilitou o adimplemento de uma obrigação contratual.

A propósito, o estudo do direito estrangeiro facilita a constatação dessa afirmação, pois permite visualizar que, por mais que os resultados práticos sejam muitas vezes os mesmos, a fundamentação é diversa em virtude das diferenças entre os ordenamentos jurídicos, mas sempre dentro do âmbito da responsabilidade civil. Por exemplo, o direito francês foca o tratamento

---

da liberdade individual, passam a integrar a axiologia contratual a justiça, a igualdade, a solidariedade e demais valores que, sob a ótica civil-constitucional, são essenciais à tutela da dignidade humana no âmbito da ordem econômica'." THEODORO NETO, Humberto. *Efeitos externos do contrato*: direitos e obrigações na relação entre contratantes e terceiros, cit., p. 159-161.

[305] Nesse sentido, confira-se o entendimento de Kleber Zanchim: "O valor social não está, entretanto, em contradição com o *res inter alios* (introduzido pelo valor liberdade) dos contratos, que prescreve a restrição dos efeitos das avenças àqueles que deixam de ser livres em razão dela. Ao contrário, o valor social reforça aquele princípio uma vez que somente toma em consideração terceiros afetados pelos efeitos do contrato e que, assim como os contratantes, deixam de ser livres diante dele. A diferença entre essas duas ordens de sujeitos está somente em que as partes limitam sua liberdade voluntariamente com o contrato, enquanto os terceiros **por ele impactados** o recebem como se fosse um elemento do direito objetivo, uma 'lei' cujo desconhecimento não pode ser alegado, cujo descumprimento pode ser sancionado e cujas posições jurídicas criadas podem ser exercidas por esses terceiros. Nesse sentido, é possível dizer que o contrato faz **lei** para **terceiros**, enquanto faz **obrigações** para os **contratantes**. Sendo assim, o contrato tem reflexos genéricos (como toda lei) na consideração dos interesses dos terceiros que sofrem efeitos dele, e reflexos específicos (como toda avença) na definição do interesse das partes. Por isso, o regime jurídico das condutas dos terceiros em face do contrato não tem base contratual, que é restrita aos contratantes (multas, sanções comerciais, etc.); sua seara é a da responsabilidade civil. Se os terceiros se conduzirem com a intenção de violar a avença, ou se esta os prejudicar, o problema será concentrado em torno da idéia de dano." ZANCHIM, Kleber Luiz. O contrato e seus valores. In: JABUR, Gilberto Haddad e PEREIRA JÚNIOR, Antonio Jorge (Coords.). *Direito dos contratos II*. São Paulo: Quartier Latin, 2008.p. 266-267 – destaques no original.

do tema no conceito de *faute*, já a expressão *danno ingiusto* tem papel de destaque no direito italiano.

Resta, ainda, saber como definir as situações em que há conflito entre direitos resultantes de título contratual e um título do terceiro[306]. Por exemplo, no caso em que uma pessoa assina um contrato de compra e venda de uma determinada obra de arte e um terceiro, ciente desse negócio jurídico, oferece preço maior ao vendedor e acaba recebendo o bem. Ou seja, há dois títulos contratuais, mas apenas um bem. A resposta é dada pela oponibilidade.

A oponibilidade tem como seu principal objetivo definir a prevalência entre títulos total ou parcialmente incompatíveis e, com isso, garantir a segurança da circulação jurídica[307]. O complicado na análise desse tema é a verificação dos requisitos para a oponibilidade de modo a garantir a segurança nas operações, mas não atravancar a circulação dos bens[308]. Na prática, o ordenamento não prevê uma regra única para esses conflitos, pois a solução depende, entre outros fatores, da natureza do direito alienado, do tipo de conflito[309] e dos valores nele refletidos para proteção especial de algumas situações.

Em contratos cujo objeto é um bem móvel, o requisito geral de oponibilidade é a entrega, a posse, desde que o alienante seja o real proprietário. Outro caso clássico é dos títulos de crédito sob a posse de boa-fé. Com isso, acaba sendo privilegiada a exigência da circulação dos direitos.

---

[306] Nos termos do posicionamento de BIANCA, "Opponibilità del contratto vuol dire prevalenza del titolo contrattuale di acquisto sul titolo vantato dal terzo." BIANCA, Massimo. Diritto Civile, III, Il contratto, seconda edizione. Milano: Giuffrè, 2000. p. 574.

[307] A propósito da circulação jurídica, vide a clássica obra de CARNELUTTI, Francesco, Teoria generale della circolazione giuridica. Padova: Cedam, 1933.

[308] "La soluzione del conflitto tra acquirenti, terzi titolari e creditori non potrebbe essere appropriatamente affidata al principio della prevalenza del titolo precedente nel tempo (prior in tempore potior in iure). L'incondizionata applicazione di tale principio salvaguarderebbe i terzi titolari ma mortificherebbe l'esigenza di sicurezza del commercio giuridico esponendo l'acquirente a tutte le pretese fondate su titoli anteriori. D'altro canto, l'opponibilità illimitata del contratto di alienazione sacrificherebbe eccessivamente l'esigenza di tutela del titolare e quella della sicurezza del credito, in quanto esporrebbe i creditori al pregiudizio dello svuotamento del patrimonio del debitore a seguito di disposizioni occulte." BIANCA, Massimo. op. cit., p. 576/577.

[309] Conforme BIANCA, MASSIMO, op. cit., p. 576.

Caso a tradição de um dado bem seja realizada por quem não é proprietário, não aliena a propriedade, nos termos do art. 1.268 do Código Civil, podendo o verdadeiro proprietário opor seu direito de propriedade a quem estiver na posse do bem. Outrossim, a tradição não transfere a propriedade quando tiver como título um negócio jurídico nulo, conforme previsto no art. 1.268, § 2º, do Código Civil.

Nas situações envolvendo bens imóveis é a transcrição prioritária no competente cartório que garante a oponibilidade. Os registros públicos possibilitam a qualquer interessado o conhecimento dos atos transcritos. Com isso, o registro em si é um ônus a quem pretender ver seu direito garantido. Cumpre destacar, ainda, que a transcrição não garante a validade do contrato em análise.

Nos casos relativos a bens móveis registráveis como, por exemplo, carros, a propriedade é transferida com a tradição. No entanto, o registro tem importância para fins administrativos, bem como para dar ciência a respeito da titularidade, evitando alegações de terceiros referentes ao desconhecimento da propriedade.

Com relação aos direitos de crédito, a situação não é tão direta como as apresentadas anteriormente, na medida em que não contam com o aspecto corpóreo dos bens móveis nem com um sistema de registro para todos os casos como o Cartório de Imóveis. A propósito, essa opção por não ter um registro serve até para potencializar a circulação do direito de crédito, evitando que os interessados tenham que fazer constantes buscas a fim de verificar a compatibilidade da operação que desejem fazer. Apenas em casos específicos como, por exemplo, o registro de contratos de locação perante o registro de imóveis, por ter previsão expressa, tem eficácia em relação a terceiros para fins de conhecimento semelhante ao do direito de propriedade de imóveis.

Há quem defenda que a oponibilidade encontre fundamento na função social do contrato[310]. Por sua vez, Luciano Penteado faz uma vinculação

---

[310] "No direito positivo brasileiro, a teoria da oponibilidade do contrato encontra suporte no princípio da função social do contrato, hoje expresso no art. 421 do Código Civil, e na repressão aos atos ilícitos e abusivos (CC, arts. 186, 187 e 927). É primordialmente em face da aplicação do princípio da função social do contrato que deve ser revisto o princípio da relatividade de seus efeitos, pois a definição dessa função social está ligada à contextualização do contrato, isto é, à interação do contrato com o meio social e deste com aquele. As interferências entre o contrato e a esfera jurídica de terceiros, ou dos atos de terceiros com o objeto do contrato, são questões

entre a oponibilidade e o que chama de ostensividade formal do conteúdo da relação jurídica:

> "De modo geral, dever-se-ia considerar os atos jurídicos como inoponíveis. Isso seria consequência lógica imediata do princípio da relatividade dos efeitos do contrato. Portanto, naturalmente, um contrato é inoponível frente a terceiros, como regra, sendo necessário, caso questionada a relação jurídica dele decorrente, um remédio processual, que é a ação declaratória de modo a impedir a manutenção da questão como controvertida. Para a oponibilidade, é sempre necessário um *plus*, uma ostensividade formal do conteúdo da relação jurídica. Daí que os negócios jurídicos que tenham por objeto o patrimônio alheio sejam juridicamente inoponíveis. (...) A oponibilidade parte de um pressuposto, que é a relação jurídica contratual constituída, a que o ordenamento jurídico, por conta da força de determinados institutos, acrescenta uma determinada eficácia própria. Portanto, é preciso mais uma vez notar uma recorrência que é, para o efeito contratual perante terceiro, uma relação eficaz a que se acrescenta uma outra relação jurídica a dotar o efeito contratual da extensão perante o terceiro."[311]

A respeito do tema, vale conferir dois importantes exemplos com previsão expressa no ordenamento, quais sejam, o contrato de parceria agrícola e a hipótese específica de locação de imóvel com contrato não registrado na matrícula do imóvel, conforme tratados acima no item 1.1. Em ambas as situações, o adquirente do imóvel está obrigado a respeitar por todo o prazo de duração – no caso da parceria – ou pelo menos por 90 dias – no caso da locação – por mais que esses negócios jurídicos não tenham sido objeto de

que podem e devem ser tratadas à luz do princípio de nova geração da teoria dos contratos, que é o princípio da função social do contrato. Também a cláusula geral da boa-fé e o declínio da ótica puramente voluntarista da teoria do contrato contribuem, como se exporá a seguir, a um redimensionamento dos efeitos externos do contrato." THEODORO NETO, Humberto. op. cit., p. 152-153. A propósito da observação, confira-se ainda: "A relatividade determina o isolamento da relação contratual, circunscrevendo seus efeitos aos contratantes. Por sua vez, a função social, fundamentada no princípio da solidariedade, impõe ao contrato uma relevância social. A interação entre a função social do contrato e o princípio da relatividade será o determinante para a oponibilidade dos efeitos do contrato." CARDOSO, Patrícia. Oponibilidade dos efeitos do contrato: determinante da responsabilidade civil do terceiro que coopera com o devedor na violação do pacto contratual. *RTDC*: Revista Trimestral de Direito Civil, Rio de Janeiro, v. 5, n. 20, p. 129, out./dez. 2004.

[311] PENTEADO, Luciano de Camargo. op. cit., p. 174-/175.

prévia publicidade, aceitando-se até mesmo o contrato verbal na situação da parceria. Ou seja, diante de um título de propriedade regularmente adquirido, a relação obrigacional tem que ser regularmente cumprida.

À luz desses casos, não se pode igualar a responsabilidade e a oponibilidade entre direitos reais e direitos de crédito. Com relação ao direito real, sua violação por terceiro é sempre passível de sanção; já a responsabilização decorrente de violação a direito de crédito depende de prévio conhecimento ou, no mínimo, da possibilidade de conhecimento à luz do tráfego comercial. Trata-se, dessa forma, de uma valoração entre presença e ausência de possibilidade de responsabilização em determinados cenários. No que se refere à oponibilidade, é válido o discurso de não disparidade em termos de tudo ou nada, mas em níveis de gradação.

Percebe-se, assim, conforme bem destacado por Franzoni no item 2.2.1, que a relatividade dos efeitos contratuais e a oponibilidade atuam em planos diversos. A primeira regulamenta a eficácia direta das obrigações decorrente do exercício de vontade das partes e a segunda trata dos conflitos decorrentes de declarações de vontade conflitantes. Continuar a visualizar a oponibilidade como um complemento da relatividade dos efeitos contratuais significa em termos práticos transmitir a falsa ideia de que os contratantes podem produzir todos os efeitos que desejarem entre eles – eficácia interna – e perante terceiros – eficácia externa, o que não condiz com a realidade. Afinal, na esfera que guarda relação com o terceiro, é o ordenamento que diretamente regulamenta, livre da vontade dos contratantes, possibilitando apenas alguns casos de publicidade da relação.

Em termos de publicidade, por exemplo, há situações em que se pretende resguardar a posição dos contratantes. Prevê-se, por exemplo, a possibilidade de registro do contrato de locação no cartório de registro de imóveis, ocasião em que não é dado ao terceiro alegar seu desconhecimento. Em caso de alienação do imóvel, o novo proprietário vê-se obrigado a manter o contrato de locação.

Por outro lado, como regra geral, o mero registro no Cartório de Títulos e Documentos não obriga um terceiro a conhecer o contrato. O mesmo acontece com as hipóteses de responsabilidade do terceiro por interferência do direito de crédito. Não se trata de escolha das partes contratantes, mas de determinação do ordenamento com relação aos limites em que ocorrerá. Pode, por exemplo, um determinado ordenamento prever que a responsabilização de terceiro por violação ao direito de crédito seja limitada à indenização, mas outra legislação pode prever, por exemplo, a situação de execução específica também.

Conclui-se, dessa forma, que o ordenamento jurídico brasileiro concede oponibilidade a alguns títulos em detrimento de outros a depender dos valores envolvidos, estando muitas vezes relacionado aos mecanismos de publicidade para resguardar as posições de terceiros de boa-fé.

No tratamento da interferência de terceiro por violação à relação obrigacional, percebe-se a conjugação da autonomia privada – nos termos delineados pela relatividade dos efeitos contratuais – com a regulamentação de duas influências que decorrem diretamente da legislação, quais sejam, a oponibilidade e a responsabilidade civil.

Com esses esclarecimentos, pretende-se, assim, ter desfeito a confusão entre os limites da relatividade dos efeitos contratuais, oponibilidade e responsabilidade civil de terceiro[312], tema este que passa a ser tratado com maior minúcia nos próximos itens.

---

[312] "Diversa é a hipótese de oponibilidade geral mencionada nos tópicos e capítulos anteriores, em que não há uma exceção ao princípio do efeito relativo dos contratos, mas, sim, um dever geral de conduta omissiva em preservação e respeito ao direito de crédito alheio. Nessa hipótese é que cabe fazer a distinção entre oponibilidade em sentido lato (dever de conduta) e efeitos internos do contrato (obrigação de prestar de eficácia interpartes). O princípio geral do *neminem laedere* conduz à oponibilidade geral do contrato, no sentido de sujeitar o terceiro a responder pelo dano acarretado conscientemente ao crédito de um dos contratantes. Isto porque não é dado ao agente ignorar a situação patrimonial derivada do contrato, pelo simples fato de dele não participar como parte estipulante. Como, porém, a oponibilidade geral está ligada a um dever de conduta consciente, impende que o terceiro tenha conhecimento do direito de crédito para que seja responsabilizado por eventual ato lesivo contra esse mesmo direito. Sem esse conhecimento, não se tem presente requisito para a oponibilidade do contrato e do direito de crédito dele derivado perante terceiros". THEODORO NETO, Humberto. op. cit., p. 169. BENACCHIO, Marcelo. *Responsabilidade civil contratual*, cit., p. 115, "De maneira geral, o que desejamos destacar é que em todas as oportunidades em que o titular de uma situação contratual sofrer dano em sua posição contratual, em razão da lesão da coisa por terceiro, emergirá a responsabilidade do terceiro em decorrência da oposição do direito de crédito, e não em virtude de um direito real sobre a coisa, o que segue a regra geral de oponibilidade dos direitos reais e pessoais, como vimos no início deste estudo."

3.4. Fundamento legal para aplicação da responsabilização de terceiro – responsabilidade extracontratual

Nos termos demonstrados no item anterior, a correta interpretação do princípio da relatividade dos efeitos contratuais indica que o exercício da autonomia privada dos contratantes possibilita apenas a vinculação dos próprios, não sendo possível a criação de obrigações para terceiros com esse fundamento. De fato, o próprio vocábulo terceiro, na medida em que indica alguém estranho a uma dada relação, identifica sua não vinculação às obrigações oriundas do contrato.

Como o tema da responsabilidade de terceiro por interferência na relação obrigacional é amplo, faz-se necessário dividir a abordagem em dois momentos para que se qualifique a responsabilidade do terceiro. Nos casos em que a interferência de terceiro recair sobre o direito de crédito propriamente dito e as situações em que há violação do substrato do crédito, ou seja, violação do bem objeto da prestação e dificultar ou impossibilitar um contratante de cumprir sua obrigação.

De acordo com o entendimento de Antonio Junqueira de Azevedo, o fundamento para responsabilização do terceiro por violação ao direito de crédito é o art. 186 do Código Civil, antigo art. 159 do Código Civil de 1916[313]:

> "Ora, o dever de respeito, consagrado no art. 159 do CC bras., se projeta genericamente a todos os direitos e, até mesmo, a situações jurídicas não constituídas em direito subjetivo. Logo, também os direitos pessoais, ou de crédito, são protegidos, não significando a sua assim chamada 'relatividade' uma autorização para poderem ser violados por terceiros. Há, pois, de se admitir a responsabilidade do terceiro até mesmo por culpa: se o terceiro não sabe, mas deveria saber, com um mínimo de diligência, da existência da obrigação do devedor, para cujo inadimplemento está colaborando, deve responder."[314]

---

[313] Pertinentes as críticas de Daniel Boulos a respeito da inadequada inclusão da palavra dano no ilícito descrito no art. 186 do Código Civil. BOULOS, Daniel Martins. Abuso de direito no novo Código Civil. São Paulo: Editora Método, 2006. p. 125-127.

[314] JUNQUEIRA DE AZEVEDO, Antônio. Diferenças de natureza e efeitos entre o negócio jurídico sob condição suspensiva e o negócio jurídico a termo inicial. A colaboração de terceiro para o inadimplemento de obrigação contratual. A doutrina do terceiro cúmplice. A eficácia externa das obrigações, *cit.*, p. 221.

Tem-se, portanto, que a regulamentação da situação do terceiro por interferência na relação obrigacional será realizada não como fundamento reflexo de um exercício da autonomia privada das partes, mas com base na responsabilidade civil, que resguarda valores protegidos pelo ordenamento jurídico. A responsabilidade civil extracontratual, aliás, é o fundamento adotado em países como Itália, França, Portugal. Com relação ao trecho transcrito acima de Antonio Junqueira de Azevedo, esclareça-se que a configuração do ato ilícito nos termos do artigo 186 do Código Civil brasileiro exige a violação de direito.

Em posicionamento conscientemente dissonante com relação à posição majoritária, Benacchio defende a possibilidade de responsabilidade contratual ou extracontratual de terceiro por violação ao direito de crédito, a depender da situação[315]. A responsabilidade contratual, fundamentação diversa da ora defendida, seria aplicável no caso de auxílio, induzimento ou participação de terceiro no inadimplemento de obrigação contratual. No entendimento do autor, trata-se, nessa hipótese, de apenas um ilícito com a atuação conjunta de mais de um sujeito. Em defesa de sua teoria monista e partindo da premissa de uma base comum entre fundamentação da responsabilidade civil e penal, alicerça sua construção teórica no art. 29, caput, do Código Penal: "Quem, de qualquer modo, concorre para o crime incide nas penas a este cominadas, na medida de sua culpabilidade."

Defende, ainda, que as demais hipóteses de violação de terceiro ao direito de crédito (violações ao objeto da prestação ou criação de impossibilidade

---

[315] "Portanto, temos que nas hipóteses em que ocorrer a ofensa do contrato, em sua realidade externa, como normalmente acontece nos casos de morte do devedor, destruição da coisa, celebração de contrato em prejuízo à situação jurídica contratual previamente constituída e lesão à liberdade negocial no momento da formação do contrato, a responsabilidade do terceiro reger-se-á pelos ditames da responsabilidade civil extracontratual, por violado o dever jurídico de não causar dano a outrem. De outra banda, ainda que em dissonância com o entendimento do referido autor português (E. SANTOS JÚNIOR), como também de Francesco Donato Busnelli e ainda de Antonio Junqueira de Azevedo, adeptos do posicionamento majoritário, aliás, temos que haverá uma única hipótese em que a responsabilidade civil do terceiro será de natureza contratual. Tal dar-se-á no caso do terceiro que auxilia, participa, com o devedor no inadimplemento da obrigação contratual. (...) Assim, finalizamos esse item concluindo pela afirmação de suas primeiras proposições, ou seja, no caso de auxílio, induzimento e participação do terceiro, no inadimplemento da obrigação contratual, a responsabilidade civil será contratual, em todas as demais hipóteses de lesão à situação contratual por terceiro, a responsabilidade civil será extracontratual." BENACCHIO, Marcelo. op. cit., p. 130-131 e 134.

ao devedor de cumprimento da obrigação) atacam o contrato em sua realidade externa, mas a situação é diversa quando o devedor deixa de cumprir sua obrigação por conta de uma atuação conjunta dele com o terceiro. O ilícito, nesse caso, seria o inadimplemento do devedor, unicidade do ilícito, decorrente de atuação conjunta. Com essa construção e fundamento no art. 942, parágrafo único, do Código Civil, Benacchio defende a responsabilidade contratual do terceiro que auxilia o devedor para não cumprir o contrato[316].

Em que pese a sistemática construção de Benacchio, não parece ser a resposta adequada ao problema na medida em que acaba por imputar ao terceiro, que não faz parte do contrato, efeitos que só podem ser decorrentes do livre exercício da vontade. Certamente, cometeu um ilícito, mas de natureza extracontratual.

Em sua análise sobre a matéria, Patrícia Cardoso afirma que a responsabilidade do terceiro é aquiliana, mas defende a aplicação do regime da responsabilidade contratual como um meio de agravamento de sua posição[317]. Ocorre que não parece ser possível justificar a alteração do regramento de um tipo de responsabilidade sem fundamentação legal para tanto. Ademais, a responsabilidade extracontratual apresenta requisitos mais gravosos ao lesado na demonstração da responsabilidade, mas dá margem a indenizações muitas vezes mais vultosas do que a de cunho

---

[316] BENACCHIO, Marcelo. op. cit., p. 129-134.

[317] "A entrada do terceiro no contato contratual traduz uma vinculação acrescida, manifestada na oneração da responsabilidade civil deste, que, apesar de aquiliana, terá seu *quantum debeatur* determinado pelo regime contratual. Esta relevância jurídica do contato negocial entre o terceiro e o credor implica numa intensificação da responsabilidade, a qual irá expressar num regime mais gravoso. O comportamento do terceiro se concretiza numa interferência ilícita na relação contratual, ocorrendo a tutela aquiliana de interesses que se desenvolvem no âmbito das relações contratuais, o que, juntamente com a idéia de total reparação dos danos, fundamenta o agravamento desta responsabilidade. (...) Em suma, a responsabilidade do terceiro cúmplice independe da natureza jurídica do direito em análise, seja este real ou de crédito, sendo sempre aquiliana, já que apenas ao devedor compete satisfazer a prestação. Contudo, apesar de aquiliana, parece-nos que o regime desta responsabilidade seja o contratual, tendo em vista o contato negocial entre o devedor e o terceiro, o que traduz uma vinculação acrescida. Assim, este responderá nos limites e na medida do próprio contrato a que fomentou a violação." CARDOSO, Patrícia. Oponibilidade dos efeitos do contrato: determinante da responsabilidade civil do terceiro que coopera com o devedor na violação do pacto contratual, cit., p. 143 e 145.

contratual, não devendo prosperar as afirmações da referida autora por mais essa razão.

Dessa forma, por qualquer ângulo que se analise a situação não pairam dúvidas sobre o fato de a responsabilidade de terceiro por violação ao direito de crédito ser de natureza extracontratual subjetiva. Essa classificação acarreta uma série de consequências em relação a prazo de prescrição, ônus na produção de prova, limites de responsabilidade[318].

Na análise de casos dessa natureza, deve-se destacar o interesse do contratante prejudicado no sentido de evitar a ocorrência do dano ou, no mínimo, a sua continuidade. Nesse contexto, o advento do Código de Processo Civil (Lei n.º 13.105/2015) não deixou dúvidas ao trazer previsão expressa no artigo 497, parágrafo único[319], com fundamento no qual não se exige a demonstração da ocorrência de dano nem de culpa ou dolo, mas simplesmente o risco de prática de um ato ilícito. O mencionado dispositivo também é aplicável nos casos de reiteração ou continuação de um ilícito[320].

---

[318] A propósito da responsabilidade no âmbito contratual, ou seja, a que se aplica na regulamentação entre os contratantes, confira-se: MARINO, Franscisco Paulo de Crescenzo. Responsabilidade contratual: efeitos. In: LOTUFO, Renan; NANNI, Giovanni Ettore. (Coords.). *Teoria geral dos contratos*. São Paulo: Atlas, 2011. p. 409-431.

[319] Art. 497. Na ação que tenha por objeto a prestação de fazer ou de não fazer, o juiz, se procedente o pedido, concederá a tutela específica ou determinará providências que assegurem a obtenção de tutela pelo resultado prático equivalente.
Parágrafo único. Para a concessão da tutela específica destinada a inibir a prática, a reiteração ou a continuação de um ilícito, ou a sua remoção, é irrelevante a demonstração da ocorrência de dano ou da existência de culpa ou dolo.

[320] "Tutela inibitória e tutela de remoção do ilícito. O art. 497, parágrafo único, CPC menciona expressamente a existência do direito à tutela inibitória e o direito à tutela de remoção do ilícito, conformando desde logo o âmbito temático da causa de pedir, da defesa, da prova e da sentença nas ações que visam à tutela inibitória ou à tutela de remoção do ilícito. A tutela inibitória visa a inibir a prática, a repetição ou a continuação de um ilícito. É uma tutela genuinamente preventiva. Tem como pressuposto a probabilidade da prática, da repetição ou da continuação de ato contrário ao direito. (...) Ato ilícito, fato danoso e inadimplemento. As tutelas podem se dirigir contra o ilícito, contra o dano e contra o inadimplemento. O dano não se confunde com o ato contrário ao direito (ilícito). O fato danoso é consequência eventual, e não necessária, do ilícito. As tutelas inibitória e de remoção do ilícito se dirigem, respectivamente, contra a probabilidade de ilícito e contra o ilícito praticado; não contra a probabilidade de dano e contra o dano (art. 497, parágrafo único, CPC). O dano é requisito da tutela ressarcitória, seja na forma específica, seja pelo equivalente do valor do dano. Assim, a culpa nada tem a ver com as tutelas inibitória e de remoção do ilícito (art. 497, parágrafo único, CPC). A culpa é critério para a imputação da sanção ressarcitória. Por outro lado, a tutela específica do adimplemento requer como pressuposto apenas o não cumprimento.

Já nos casos de violação ao substrato do crédito, a responsabilidade segue sendo extracontratual, porém pode ser objetiva ou subjetiva. Por exemplo, se uma pessoa que era prestadora de serviços acaba sofrendo graves sequelas em virtude de um acidente de carro causado por um motorista imprudente que impossibilitem a manutenção do contrato de prestação de serviços, este será responsabilizado com fundamento nos arts. 186 e 927, caput, do Código Civil, ou seja, responsabilidade extracontratual subjetiva. Se as mesmas sequelas forem causadas em virtude do exercício por terceiro de atividade de risco, sua responsabilidade será objetiva, nos termos do artigo 927, parágrafo único, do Código Civil. Ou seja, não dá para fixar um parâmetro único em termos de responsabilidade civil para as hipóteses de danos causados ao substrato do crédito sem intuito de interferir diretamente no cerne da relação obrigacional.

O legitimado para cobrança de indenização será o próprio prejudicado pelos episódios e apenas ele. Em virtude do fato de terceiro, resolver-se-á o contrato por impossibilidade de seu cumprimento, mas nada será devido ao tomador do serviço, ou seja, a ausência de responsabilidade decorre da inexistência de nexo causal necessário para configuração da responsabilidade. Nesses casos de ofensa ao direito de personalidade, no caso à integridade física, ou de ofensa aos direitos reais sobre coisas corpóreas, em virtude

---

Não o dano. O dano e a culpa constituem requisitos para a tutela ressarcitória eventualmente cumulada à tutela específica do adimplemento." MARINONI, Luiz Guilherme, ARENHART, Sérgio Cruz e MITIDIERO, Daniel. Novo Código de Processo Civil comentado, 2 ed. rev., atual. e ampl.. São Paulo: Editora Revista dos Tribunais, 2016, p. 588-590.

"Tutela específica e reparação de dano. A versão do CPC 497 que constava do substitutivo da Câmara ao PLS 166/10 continha um §1º, que admitia a tutela específica para a inibição de prática, reiteração ou continuação de um ilícito, ou a sua remoção, ou ainda para o ressarcimento de um dano. O acréscimo foi justificado sob o argumento de que 'as situações substanciais dignas de tutela ultrapassam em muito o círculo das obrigações" (RSCD, p. 281). A referência ao ressarcimento de dano foi excluída sob o argumento de que poderia haver 'confusão hermenêutica', já que a obrigação de pagar quantia certa, que abrange as perdas e danos, já possuiria regramento próprio, e o que restou do §1º fo fundido com o antigo §2º 9RFS-Senado, p. 137). Par. Único. Desnecessidade de prova de dano, culpa ou dolo. O objeto da tutela inibitória é justamente evitar que decorra prejuízo da conduta que se quer ver inibida. Dado esse caráter preventivo, não faz sentido que a parte que age de forma contrária à lei argumente com a não ocorrência do dano, da culpa ou do dolo." NERY JUNIOR, Nery e NERY, Rosa Maria de Andrade Nery, Comentários ao Código de Processo Civil. São Paulo: Editora Revista dos Tribunais, 2015, p. 1184.

da mera existência física, já se sabe que uma determinada conduta pode acarretar danos à própria pessoa ou ao proprietário do bem.

Assim, entende-se terem sido demonstrados os fundamentos legais para responsabilização de terceiro por violação do direito de crédito e dos substratos ao direito de crédito.

3.5. Conclusão parcial

Em síntese, por mais que reduzidas construções téoricas em matéria com esse nível de dificuldade sejam sempre arriscadas, pode-se dizer que:

a) com fundamento na relatividade dos efeitos contratuais, a esfera de produção dos efeitos decorrentes do exercício da vontade das partes limita-se às próprias, bem como aos efeitos benéficos para terceiros;

b) a oponibilidade e a responsabilidade de terceiro por violação ao direito de crédito não são objeto de pactuação pelas partes do contrato; decorrem de regulamentação do ordenamento sem interferência de sua autonomia privada;

c) a oponibilidade não é complemento da relatividade dos efeitos contratuais, pois opera em plano diverso;

d) no ordenamento jurídico brasileiro, não há uma regra geral de oponibilidade aplicável a todos os direitos;

e) os pressupostos da responsabilidade civil por violação dos direitos reais e dos direitos de personalidade estão atrelados a sua própria existência, na medida em que terceiros reconhecem os primeiros pela sua posse ou pelo mero fato de saber os bens que lhes pertencem e os segundos pela sua própria existência;

f) já os direitos de crédito, em regra, apenas são oponíveis quando o terceiro efetivamente o conhece ou quando tem a possibilidade de o conhecer à luz do tráfego negocial;

g) a responsabilidade de terceiro por interferência na relação obrigacional é extracontratual;

h) nos casos em que a interferência atinge o substrato do crédito, ou seja, um dos contratante ou o objeto da prestação, pode ser subjetiva ou objetiva, dependendo do caso;

i) já nas situações em que o terceiro sabia ou, à luz dos usos do tráfego, poderia saber da existência de uma obrigação e atua para violá-la sua responsabilidade é subjetiva;

j) nesses casos, os fundamentos legais para a responsabilidade civil de terceiro por violação da relação obrigacional são os artigos 186 e 927 do Código Civil e a tutela inibitória da prática, reiteração ou continuação do ato ilícito tem como fundamento o artigo 497, parágrafo único, do Código de Processo Civil.

Delineados os principais parâmetros téoricos que fundamentam a responsabilização de terceiro por interferência na relação obrigacional, passa-se ao momento de analisar os pressupostos para sua aplicação, bem como o posicionamento jurisprudencial sobre o tema.

Capítulo 4

Pressupostos para responsabilização de terceiro por violação ao direito de crédito

Devidamente demonstrada a viabilidade de responsabilização do terceiro à luz da teoria geral do direito privado e contratual, bem como esclarecidos os limites do principio da relatividade dos efeitos contratuais e os fundamentos da oponibilidade, passa-se a expor os pressupostos da responsabilização do terceiro e, em algumas hipóteses, do devedor também.

Como o fundamento geral do ato ilícito é o artigo 186 do Código Civil[321], cuja redação é bastante aberta, esse esforço doutrinário é de grande valia na criação de parâmetros para determinação dos casos que se enquadram na obrigação de indenizar nos termos do artigo 927 do Código Civil.

Por se tratar de responsabilidade extracontratual subjetiva, os pressupostos são: o ato ilícito, a culpa, o dano e o nexo causal, que passam a ser expostos com as peculiaridades inerentes ao caso objeto de estudo. Dessa forma, cabe ao terceiro demonstrar que sua conduta não constituiu ato ilícito nos termos do art. 188 do Código Civil, não causou dano, que não havia nexo de causalidade direto e imediato entre sua conduta e o dano verificado, bem como que não agiu com culpa.

---

[321] Não se esquece das hipóteses de responsabilização com previsão específica como a do art. 608 do Código Civil, por exemplo, em que a condenação do terceiro pode ser bem superior à regra geral do Código Civil, assim como ocorre nos casos de concorrência desleal.

Após a demonstração dos mencionados pressupostos no direito brasileiro, ajudará na complementação da análise a regulamentação da matéria no *Restatament of the Law of Torts*[322] dos Estados Unidos, bem como a sistematizada jurisprudência desse país a respeito da matéria, com o intuito de conferir maior concretude aos pontos apresentados, mas sempre como a preocupação de evitar a internalização de categorias jurídicas não aplicáveis ao Brasil.

O capítulo 37 do mencionado *Restatement*, intitulado *Interference with contract or prospective contractual relation*, será devidamente explorado no presente capítulo, pois guarda relação direta com o objeto de estudo[323]. O

---

[322] Ao tratar do *tort of interference with contract* nos Estados Unidos, Bianca Gardella Tedeschi fez ressalva bastante pertinente, a qual se aplica integralmente à presente tese: "Con una avvertenza: questa materia, poiché è di competenza statale, ha, nei dettagli, regole diverse tra Stato e Stato. Ad esempio, lo Stato della California è stato più aperto ad individuare la responsabilità del terzo, rispetto allo Stato di New York. I due Stati hanno approcci diversi: lo Stato di New York tutela, attraverso il tort of interference, il contratto come un property right e reagisce solo quando questo è perfettamente formato nel patrimonio del danneggiato. Sono esclusi dal risarcimento, ad esempio, i contratti annullabili. Lo Stato della California, invece, concede il rimedio per colpire la scorrettezza del terzo e, quindi, concede tutela indipendentemente dalla validità del contratto. D'altra parte, lo Stato della California segnala oggi um atteggiamento più restrittivo nei confronti dell'interferenza con le aspettative economiche, richiedendo, per la responsabilità del terzo, che la sua condotta integri già gli estremi di un illecito." TEDESCHI, Bianca Gardella. *L'interferenza del terzo nei rapporti contrattuali*: un'indagine comparatistica, cit., p. 86. De fato, qualquer simplificação ou análise reducionista do modelo americano, por menor que seja, resultará em análise diversa da realidade. Essa dificuldade, no entanto, não retira a importância do estudo da matéria nos Estados Unidos em virtude de sua relevância histórica e da regulamentação sistematizada da matéria no Restatement of the Law, second, Torts 2d. Ademais, a análise da regulamentação da matéria nos Estados Unidos tem como principal objetivo gerar reflexão para fixação de parâmetros sobre o tema no Brasil.

[323] Por sua vez, está dividido em 13 artigos, os quais serão devidamente analisados ou, no mínimo, citados no presente trabalho, cabendo a indicação de seus títulos desde o começo para que o leitor tenha noção de sua estrutura: 766 – Intentional interference with performance of contract by third person; 766A – Intentional interference with another's performance of his own contract; 766B – Intentional interference with prospective contractual relations; 766C – Negligent interference with contract or prospective contractual relation; 767 – Factors in determining whether interference is improper; 768 – Competition as proper or improper interference; 769 – Actor having financial interest in business of person induced; 770 – Actor responsible for welfare of another; 771 – Inducement to influence another's business policy; 772 – Advice as proper or improper interference;773 – Asserting bona fide claim; 774 – Agreement illegal or contrary to public policy e 774A – Damages.

mais interessante do modelo americano é o exercício na busca por parâmetros da conduta do terceiro como passível de qualificação da *interference* como *improper*[324] e, portanto, passível de punição.

Ao final do capítulo, são tratados temas correlatos à responsabilidade de terceiro na interferência da relação obrigacional – o momento de aplicação, a existência ou não de solidariedade entre terceiro e devedor e os limites da aplicação de cláusula penal e de cláusula compromissória –, bem como analisado o posicionamento jurisprudencial brasileiro.

4.1. A ilicitude da conduta de terceiro

Um dos pressupostos a ser demonstrado na configuração da responsabilidade do terceiro é a ilicitude de sua conduta. Afinal, não é qualquer interferência por parte de terceiro que o torna responsável por qualquer dano causado. Conforme já tratado ao longo da tese, a concorrência, por exemplo, pode causar danos a uma determinada parte, sem justificar a responsabilização do terceiro quando se trata de conduta lícita.

No âmbito da Parte Geral do Código Civil, a importante linha divisória entre a licitude e a ilicitude está traçada nos artigos de 186 a 188. O primeiro artigo mencionado é, nos termos tratados no capítulo anterior,

---

[324] "Where the forms of the tort of interference with contractual relations are designated and are therefore more specific, it has seemed desirable to make use of a single word that will indicate for this tort the balancing process expressed by the two terms "culpable and not justified". This single expression should be as neutral as possible, not having been traditionally identified with a different tort so as to possess a special meaning that would affect its meaning in connection with this tort, and not from its connotations suggesting that an issue involved in it must be a matter for the case of either the plaintiff or the defendant. The first of these attributes eliminates such terms as unreasonable (identified with negligence), unfair (identified with unfair competition and having a long, checkered history), undue (undue influence), unjust (unjust enrichment) and inequitable. The second attribute eliminates 'unjustified', the term most frequently used by the courts, because it implies too strongly that the factors involved are all matters of defense; also, because they imply too strongly that the factors are all matters of the plaintiff's case, such terms as reprehensible, blameworthy, unlawful or illegal, or even wrongful. The term "tortious" is of course, circuitous and begs the question. The word adopted for use in this Chapter, neutral enough to acquire a specialized meaning of its own for the purposes of the Chapter, is "improper". THE AMERICAN LAW INSTITUTE. *Restatement of the law Second Torts 2d.* St. Paul, Minn.: American Law Institute Publishers, 1979. v. 4, § 708 – end, p. 6.

central para fins da presente análise. Segundo o artigo 186 do Código Civil, a ilicitude só ocorre quando há a violação de direito de outrem.

Na configuração da ilicitude da conduta, outro importante aspecto a ser analisado é o objeto da interferência. No Restatement of the Law, second, Torts 2d, os casos clássicos da responsabilidade do terceiro que interfere são tratados nos artigos 766[325] e 766A[326], os quais possibilitam sua aplicação a todos os contratos em vigor, excluindo expressamente apenas o casamento[327].

Nas hipóteses de os contratos objeto de interferência serem nulos com base no ordenamento jurídico brasileiro, não haverá a responsabilização do terceiro por sua conduta que atingiu os referidos negócios jurídicos. Por se tratar de matéria de ordem pública, passível de alegação por qualquer interessado, nos termos do art. 168 do Código Civil, o próprio terceiro poderá alegá-la. A propósito dessa abordagem, confira-se o § 774 do *Restatement – Agreement Illegal or Contrary to Public Policy –*, o qual prevê que "One who by appropriate means causes the nonperformance of an illegal agreement or an agreement having a purpose or effect in violation of an established public policy is not liable for pecuniary harm resulting from the nonperformance."[328] Afinal, contratos ilegais e em violação à ordem pública não são considerados contratos válidos em virtude de seu flagrante desrespeito às leis.

---

[325] § 766 – Intentional Interference with Performance of Contract by Third Person – One who intentionally and improperly interferes with the performance of a contract (except a contract to marry) between another and a third person by inducing or otherwise causing the third person not to perform the contract, is subject to liability to the other for the pecuniary loss resulting to the other from the failure of the third person to perform the contract.

[326] § 766A – Intentional Interference with Another's Performance of His Own Contract – One who intentionally and improperly interferes with the performance of a contract (except a contract to marry) between another and a third person, by preventing the other from performing the contract or causing his performance to be more expensive or burdensome, is subject to the other for the pecuniary loss resulting to him.

[327] A respeito do tema no direito brasileiro, vide o artigo de RODRIGUES JUNIOR, Otavio Luiz. A doutrina do terceiro cúmplice nas relações matrimoniais. In: SILVA, Regina Beatriz Tavares da; CAMARGO NETO, Theodureto de Almeida. *Grandes temas de direito de família e das sucessões*. São Paulo: Saraiva, 2011. p. 31-46.

[328] "Perché il terzo sia responsabile, il contratto con cui interferisce deve essere valido, non essere in restraint of trade, né contrario all'ordine pubblico. Queste limitazioni si comprendono facilmente: così come il contratto non riceve tutela dall'ordinamento, così pure non riceve tutela contro l'interferenza dei terzi." TEDESCHI, Bianca Gardella. op. cit., p. 168.

Nos casos de anulabilidade, o art. 177 do Código Civil prevê que esta não tem efeito antes de ser julgada por sentença. Assim, até esse momento, o negócio jurídico anulável produz seus efeitos regularmente. Ou seja, se a anulabilidade não for invocada e reconhecida judicialmente, o contrato será plenamente eficaz entre as partes e o terceiro deverá respeitá-lo se tiver ou puder ter possibilidade de seu conhecimento à luz das práticas para o determinado negócio. Quando a anulabilidade puder ser invocada pelo contratante prejudicado e este não alegá-la, tudo se passa para o devedor e para o terceiro como um contrato válido, logo este terá que respeitar o referido negócio jurídico normalmente.

Em situações de violação de obrigações naturais, decorrentes de descumprimento de dívidas de jogo, por exemplo, o terceiro não pode ser responsabilizado pelo credor da dívida, pois a responsabilidade daquele tem como premissa o não cumprimento de alguma obrigação pelo contratante com que se relacionou passível de responsabilização. Como não se pode exigir o cumprimento da obrigação natural por parte do devedor, também não faz o menor sentido exigi-la de terceiro.

Outrossim, um caso bastante interessante é dos contratos por tempo indeterminado[329]. Caso o contrato não tenha previsão de aviso prévio ou o período de aviso prévio tenha sido devidamente respeitado, ainda que a solicitação do término do contrato tenha surgido por interferência de um terceiro, não se encontra, em regra, diante de uma situação em que o terceiro possa ser responsabilizado[330].

---

[329] Confira-se o posicionamento do American Law Institute a respeito da matéria: "A similar situation exists with a contract that, by its terms or otherwise, permits the third person to terminate the agreement at will. Until he has so terminated it, the contract is valid and subsisting, and the defendant may not improperly interfere with it. The fact that the contract is terminable at will, however, is to be taken into account in determining the damages that the plaintiff has suffered by reason of its breach. One's interest in a contract terminable at will is primarily an interest in future relations between the parties, and he has no legal assurance of them. For this reason, an interference with this interest is closely analogous to interference with prospective contractual relations. If the defendant was a competitor regarding the business involved in the contract, his interference with the contract may be not improper (See § 768, especially Comment i)." THE AMERICAN LAW INSTITUTE. *Restatement of the law Second Torts 2d.*, cit., p. 10-11.

[330] "Deste modo, parece-nos, o terceiro tem o dever de abster-se de interferir com o contrato, mais concretamente, tem o dever de abster-se de interferir com o cumprimento dele – afinal com o crédito do credor. Mas, uma vez que o credor não tem qualquer direito à não denunciabilidade do contrato pela contraparte, antes estando sujeito a que a denúncia venha

Afinal, trata-se de uma situação em que o término da relação contratual ocorreu dentro dos parâmetros legais e contratuais. No entanto, o terceiro poderá ser responsabilizado, juntamente com o contratante que solicitou o término de sua relação contratual, nas hipóteses em que o período de aviso prévio ainda não tiver sido cumprido – os danos causados ao contratante inocente ficam limitados a esse período – e de o contratante interessado na manutenção do vínculo contratual ter feito investimentos imaginando a manutenção da relação, nos termos do artigo 473, parágrafo único, do Código Civil.

À luz do exposto, restou demonstrado que a responsabilização de terceiro depende da configuração de ato ilícito, o qual está diretamente relacionado ao objeto da interferência com todas as nuances sobre nulidade, anulabilidade e prazo de vigência indicados acima.

4.2. A responsabilidade subjetiva de terceiro: sabia ou deveria saber

Como bem destaca E. Santos Júnior, a ausência de referência em princípio dos créditos a um suporte físico impossibilita que a responsabilidade de terceiro tenha fundamento na idéia de risco físico ou em qualquer outra forma de imputação de responsabilidade que prescindisse do carácter ilícito-culposo da conduta do terceiro[331].

a ocorrer, obviamente, em relação a ele no que respeita à denúncia do contrato, o terceiro não pode estar adstrito a qualquer dever. Apenas pode e deve ter-se em conta que, se o contrato (ou a lei em relação a esse tipo de contratos) estabelece um prazo de pré-aviso ou um prazo para a eficácia da denúncia, o respeito desse prazo faz parte das regras para o cumprimento do contrato. (...) De resto, a solução preconizada para os contratos livremente denunciáveis é a que se coaduna com os interesses de mercado, segundo os princípios da livre concorrência e de eficiência econômica. (...) Entretanto, se o contrato apenas for denunciável pelo credor, então o contrato deve, para o efeito aqui considerado, ser assimilado aos contratos não precários." SANTOS JÚNIOR, E. *Da responsabilidade civil de terceiro por lesão do direito de crédito*, cit., p. 491-493.

[331] SANTOS JÚNIOR, E. op. cit., p. 500. Por sua importância, transcreve-se toda explicação do autor a respeito da matéria: "Nenhuma dúvida pode haver quanto à sua situação no domínio de uma responsabilidade de natureza subjetiva: é uma evidência, que, por isso, não se antecipa, apenas se constata. A não referibilidade de princípio dos créditos a um suporte físico exclui que a responsabilidade de terceiros pudesse alguma vez basear-se numa ideia de risco físico ou em qualquer outra que prescindisse do carácter ilícito-culposo da conduta lesiva do terceiro. Como nenhum sentido faria uma imputação objectiva de responsabilidade a um terceiro, portanto, a alguém alheio à relação obrigacional, a título de risco econômico, de equidade

De fato, se o terceiro desconhece a existência ou não tem, à luz dos usos e costumes comerciais, a possibilidade de conhecer um direito de crédito, não se tem como exigir desse terceiro um dever de abstenção. Eventual contratação com o devedor que seja incompatível com o cumprimento da obrigação inicialmente assumida por este deve ser enquadrada como o exercício regular de um direito nos termos do art. 188, I, do Código Civil e, portanto, ato lícito. Nesse caso, apenas o devedor terá responsabilidade por descumprimento de obrigação contratual.

Afinal, ao contrário do que ocorre com os direitos reais e de personalidade, por exemplo, os direitos de crédito não apresentam, em regra, qualquer mecanismo de publicidade natural ou organizada. Tratando inicialmente dos direitos reais, a posse funciona na maioria dos casos como uma exteriorização da propriedade, um mecanismo de publicidade para terceiros. Ademais, como uma mera decorrência de conhecer seus bens, qualquer indivíduo consegue identificar os bens dos demais, nos quais não deve interferir. No caso dos imóveis, a publicidade dos atos registrais tende a evitar qualquer alegação de desconhecimento da propriedade em momento de aquisição.

Com relação aos direitos de personalidade, a mera existência de cada indivíduo gera a ciência inequívoca de tais direitos. Afinal, é inconcebível imaginar alegações no sentido de não observância do direito à vida, à integridade física e psíquica de um outro indivíduo em virtude do desconhecimento desse direito. Trata-se de prerrogativa para todo e qualquer cidadão.

Já com os direitos de crédito a situação é diferente na medida em que não possuem, em regra, qualquer mecanismo sistematizado de acesso às informações a eles relacionadas. Afinal, a publicidade registral inviabilizaria o comércio jurídico por prejudicar profundamente sua dinâmica. Se não fosse exigível o conhecimento efetivo ou a possibilidade de conhecimento à luz do tráfego comercial, o terceiro acabaria suscetível a ter sua situação

---

ou outro. Mas, colocando-se o problema como um problema de responsabilidade subjectiva, ele situar-se-á no âmbito da responsabilidade contratual ou aquiliana? O que anteriormente dissemos a propósito da distinção entre responsabilidade contratual e aquiliana, indicia certamente uma orientação: se a um terceiro não cabe o dever de prestar, que apenas compete ao devedor, não se vê bem – apesar de, como veremos melhor, ter havido quem defendesse o contrário – que o problema de responsabilidade de terceiro se possa situar no domínio da responsabilidade contratual. Desse modo, parece que a responsabilidade de terceiro por lesão do crédito ou será aquiliana ou não existirá." SANTOS JÚNIOR, E. op. cit., p. 223.

jurídica agravada por quaisquer outros indivíduos, inclusive de má-fé, sem que pudesse se defender.

O cenário é outro se o terceiro, conhecedor do direito de crédito, atua de modo consciente a lesar o interesse do credor, seja por meio de contratação com o devedor, incompatível com o cumprimento da obrigação originariamente assumida, seja impossibilitando o devedor de adimplir sua obrigação com o credor ou, ainda, destruindo o objeto da obrigação, por exemplo. Conforme já destacado, o terceiro também pode ser responsabilizado se, à luz das práticas aplicáveis à determinada situação, pudesse conhecer o crédito violado com sua conduta[332]. Na linha do que foi exposto no primeiro capítulo, o ordenamento acaba trazendo previsão dos casos em que se pode exigir do terceiro medidas tendentes a buscar informações sobre a existência de outros contratos e em que medida[333].

A respeito do tema, é de se destacar o posicionamento de João Baptista Villela:

> "No âmbito do direito privado, os valores envolvidos são outros. Mas o racio-
> cínio é fundamentalmente o mesmo. Há uma ética jurídica do conhecimento.
> E outra ética que trabalha no espaço do não saber, para o fim de, sendo este
> culpável impor deveres ou estados de sujeição a quem não o tenha buscado
> e obtido. Em princípio, não são necessariamente iguais, do ponto de vista
> moral, a responsabilidade de quem age sabendo e a de quem age não saben-
> do, mesmo devendo saber. Assumir esta diferença agravaria enormemente
> os custos de operação dos sistemas jurídicos. E com tanto mais ônus quanto

[332] À luz do direito brasileiro, não se pode concordar com o seguinte entendimento: "Terceiros não têm, pois, o dever de conhecer ou de indagar conhecer a existência de direitos de crédito alheios, o que se traduziria num ónus excessivo e contrário à normal fluência das operações jurídicas." SANTOS JÚNIOR, E. op. cit., p. 582. Caso contrário, significaria fazer letra morta de todos os mecanismos de publicidade da relação contratual previstos pela legislação.

[333] A propósito da responsabilização em casos nos quais há possibilidade de conhecimento de uma dada obrigação contratual, confira-se interessante situação no âmbito da jurisprudência belga, em resenha extraída do DCFR: "In BELGIAN case law it is also recognised that a tortious faute is committed by any person who knows or must know that he or she is assisting another's breach of contract (see the seminal case of Cass. 22 April 1983, Pas. Belge 1983, 944). However, it is necessary that the third party knew of the existence of the contract in question and knew or must have known that he or she was playing a part in a breach of contract, i. e. taking part in it." BAR, Christian von e CLIVE, Eric. (edited by). Principles, Definitions and Model Rules of European Private Law. Draft Common Frame of Reference. Full Edition. v. IV. Munich: Sellier European Law Publishers, 2009. p. 3384.

mais refinados fossem as diferenciações reconhecidas. Daí porque é um comportamento generalizado nos sistemas de direito do Ocidente identificar o saber com o não saber culposo. Saber ou dever saber são juridicamente uma única e mesma coisa. Máxima de antiga extração já estabelecia: *paria sunt scire, vel scire debere*"[334].

Nesses casos em que o terceiro sabia ou deveria saber da existência do direito de crédito e mesmo assim atua no sentido de violá-lo, não faz sentido a aplicação do art. 187 do Código Civil como fundamento legal, pois o terceiro simplesmente não tem direito de atuar no sentido de violar o direito do contratante prejudicado. Trata-se, assim, de hipótese subsumível à previsão do art. 186 do Código Civil decorrente da violação de direito.

Afinal, o terceiro, principalmente nos casos em que atua com dolo, mas também com culpa, deve ser punido por sua conduta. Entendimento diverso significaria, por meio da interpretação do princípio da relatividade dos efeitos contratuais, romper com lição primária do direito, premiando indivíduo que atua com dolo.

Por outro lado, punir o terceiro que não sabia nem tinha condição de saber à luz das práticas negociais, da existência do direito de crédito significaria dele tolher indevidamente a liberdade de contratar, o que traria conseqüências nefastas ao tráfego comercial. Isso sem contar que significaria responsabilizar um indivíduo por mais que tivesse adotado todas as cautelas possíveis no exercício de sua liberdade de contratar.

Assim, a solução que melhor conjuga segurança jurídica com melhor alocação de recursos e respeito aos valores da eticidade e da socialidade, marcantes no Código Civil é a liberdade de contratar do terceiro, devendo ser punido apenas nos casos em que sabe ou deveria saber estar violando um direito de crédito previamente constituído. Nesse contexto, o conhecimento – real ou presumido – da existência do direito de crédito pelo terceiro é fundamental. É a ciência ou a possibilidade de ciência dentro de parâmetros da praxe de estar violando um interesse jurídico tutelado que justifica a responsabilidade com relação especificamente ao direito de crédito.

---

[334] VILLELA, João Baptista. op. cit., p. 181-182. O autor arrola os artigos do Código Civil em que constam as expressões devia saber/devia conhecer, quais sejam, 119, 148, 154, 155, 989, 1.009 e 1.013.

A INTERFERÊNCIA LESIVA DE TERCEIRO NA RELAÇÃO OBRIGACIONAL

Nas hipóteses em que o inadimplemento dependa diretamente de uma decisão do contratante, ganha importância o papel da vontade deste para sua responsabilização. Afinal, é do contratante inadimplente a decisão final de adimplir ou não a obrigação contratual[335]. Deve-se, assim, avaliar a capacidade persuasiva do terceiro, bem como o papel da vontade do contratante de não adimplir para evitar a responsabilização indevida do terceiro ou da própria parte inadimplente.

4.2.1. Precisão terminológica – doutrina do terceiro cúmplice: imperfeições, mas desnecessidade de alteração

Antes de continuar a tratar sobre os pressupostos relacionados à responsabilização por interferência de terceiro, faz-se necessário um pequeno esclarecimento com relação à denominação dos casos de indução/instigação ao inadimplemento, conhecida como doutrina do terceiro cúmplice (*responsabilitè du tiers complicè*), a qual é fruto da construção de Pierre Hugueney, cujo papel de precursor no tratamento sistemático do tema merece ser ressaltado em virtude de sua obra monográfica publicada no começo do século XX. Pelo fato de sua construção teórica, conforme tratado no item 2.1.1, ter forte ligação com o direito penal, classificou o terceiro como um cúmplice da violação do contrato causada pelo devedor, mas sempre destacando sua responsabilidade civil extracontratual[336].

---

[335] "Il ruolo della volontà del contraente riguarda i soli casi in cui il terzo persuade il contraente a non adempiere, mentre non riguarda i casi di interferenza, in cui l'inadempimento non è direttamente riconducibile ad una decisione del contraente. È infatti evidente che, benché il contraente sia stato convinto dal terzo a non adempiere, la decisione finale sull'inadempimento dipende esclusivamente dalla sua volontá, e non da quella del terzo. La volontà del contraente (cd. intervening will) potrebbe essere considerata come un accademimento che, inserendo nuovi elementi nella catena causale, è in grado di spezzarla. In questa lettura, l'inadempimento del contratto sarebbe da riferire unicamente alla decisione del contraente di non adempiere, e non all'attività di persuasione del terzo." TEDESCHI, Bianca Gardella. op. cit., p. 177-178.

[336] "Sans doute, si on admet que la violation d'un droit d'obligation par un tiers constitue un délit, on est assez porte à déclarer que la même violation; lorsqu'elle emane du débiteur, constitue également un délit: on est tenté de dire que'á cote, ou même à la place d'une responsabilité contractuelle, le débiteur encourt une responsabilité délictuelle. Mais entre ces deux solutions il n'y a pas corrélation nécessaire; la meilleure preuve en est qu'en Allemagne nous trouvons des auteurs (em nota, cita Lehmann, Die positiven Vertragsverletzugen, Archiv fur div civilistiche Práxis, t. 96, 1904, p. 79), qui, tout en acceptant l'application du paragraphe 823, al 1er, B.G.B., lorsqu'il s'agit de violation d'une obligation par un tiers,

O tema, aliás, encontrou forte respaldo na doutrina francesa a ponto de Demogue dedicar todo um capítulo sobre o tema em seu clássico *Traité des obligations en general*, oportunidade em que não só descreve sua estrutura[337], como também traz mais de uma centena de decisões desde meados do século XIX tratando sobre o tema.

Analisando a construção de Hugueney, assim se manifesta Savatier:

> *"Un ingénieux rapprochement avec le droit criminel lui a permis d'y tenter d'établir la responsabilité du tiers su une sorte de criminalité d'emprunt. Il serait responsable, moins pour avoir commis une faute propre que pour avoir participé à la faute du débiteur. On voit quels sont, dans cette thèse, les effets réflexes de l'obligation à l'egard des tiers. Même sans faire appel à la responsabilité délictuelle, on arrive à les contraindre de tenir compte de l'obligation, à leur donner des devoir envers le créancier."[338]*

Conforme entendimento de Menezes Cordeiro, a expressão já foi criticada por ser tipicamente penal, mas assevera que o uso é totalmente adequado no âmbito do direito português em virtude de o artigo 490º do Código Civil Português ("Se forem vários os autores, instigadores ou auxiliares do acto ilícito, todos eles respondem pelos danos que hajam causado.") admitir a "cumplicidade civil".[339]

Na visão de Antonio Junqueira de Azevedo, a questão vocabular é de menor importância, pois a construção francesa foi sempre no sentido de enquadrar o problema como ato ilícito civil e não cumplicidade em um crime propriamente dito. Outrossim, na época do Código Civil de 1916, vigente no momento em que escreveu o parecer no qual se manifesta sobre a matéria, o art. 1.518 previa expressamente que "São solidariamente responsáveis com os autores os cúmplices e as pessoas designadas no art. 1.521."

---

l'écartent au contraire quand il est question d'une violation imputable au débiteur lui-même. Em d'autres termes, dans l'hypothese de complicité, on purrait avec ce système imaginer deux responsabilités différents que coexistent; l'une exclusivement contractuelle à la charge du débiteur; l'autre exclusivement délictuelle à la charge du tiers." HUGUENEY, Pierre. *Responsabilité civile du tiers complice de la violation d'une obligation contractuelle*, cit., p. 213.

[337] "Un tiers, qui ne peut évidemment être tenu d'aider le débiteur à s'exécuter, s'oblige à réparation envers le créancier si, en connaissance de cause, il aide le débiteur à faire des actes contraires à son obligation." DEMOGUE. René. *Traité des obligations en general*. Paris: Rousseau, 1923. v. 7, p. 580.

[338] SAVATIER, René. Le prétendu príncipe de l'effet relatif des contrats, cit., p. 540.

[339] MENEZES CORDEIRO, António Manuel da Rocha e. *Tratado de direito civil*, cit., p. 358

Atualmente, o equivalente ao art. 1.518 do Código Civil é o artigo 942, parágrafo único, cuja redação não traz mais a figura do cúmplice, tratando o caso como de co-autoria. Feitas essas observações à luz do direito francês, português e brasileiro, percebe-se que um maior rigor técnico no direito brasileiro poderia alterar a expressão para "doutrina do terceiro co-autor do dano", mas essa mudança não se faz necessária à luz da solidez histórica da construção teórica que conta com mais de um século, devendo apenas o leitor atento ter em mente que não se confunde com responsabilidade criminal, mas sim estritamente civil.

4.3. Existência do dano e sua extensão

No âmbito da responsabilidade civil, é lição basilar que sua configuração depende da ocorrência de dano efetivo ao contratante lesado, não bastando o perigo de dano. A exigência não é diferente com a responsabilidade do terceiro que interfere na relação contratual[340].

O dano decorre da violação do direito de crédito e, dependendo da situação, poderá ocorrer a impossibilidade de cumprimento, o descumprimento definitivo ou a mera mora, podendo os danos ultrapassarem até mesmo os valores indicados nos contratos, por envolverem responsabilidade extracontratual[341]. Na prática, observa-se a diminuição do patrimônio

---

[340] Nesse sentido, confira-se o caso Morochnick v. Quigley, julgado no estado de Massachusets. Em síntese, um terceiro telefonava insistentemente ao empregador do autor da ação, pedindo a demissão deste. Inconformado, o empregado ajuizou ação contra o terceiro pedindo o ressarcimento por ter interferido em seu contrato de trabalho. A ação foi julgada improcedente, pois o dano temido, qual seja, a demissão, não se verificou. TEDESCHI, Bianca Gardella. op. cit., p. 97.

[341] No direito americano, agravado pela condenação por punitive damages, confira-se o seguinte julgado: "Ark. App. 2004. After trash-hauling company won a jury award for punitive damages on its interference and other claims against competitor, company asked the trial court to correct the verdict, based on a juror's statement that the jury intended to award appellant both compensatory and punitive damages. The trial court refused to correct the verdict and denied company's alternative motion for a new trial or nominal damages. This court reversed and remanded for a new trial. The court rejected defendant's argument that the evidence supported a finding of zero compensatory damages because some customers who breached their contracts with company paid company liquidated damages, noting that on a tort claim such as company's claim for intentional interference with contractual relations, a plaintiff could recover damages over and above what the breached contract contemplated. Waste Management of Arkansas, Inc. v. Roll Off Service, Inc. 88 Ark.App. 343, 199 S.W.3d

do contratante prejudicado pela conduta do terceiro – danos emergentes – bem como o que razoavelmente deixou de lucrar (artigo 402 do Código Civil), não importando o que o terceiro lucrou com o descumprimento do contrato para cujo descumprimento contribuiu[342]. Conforme já demonstrado, esta, aliás, é uma diferença entre o tratamento da matéria no âmbito do Código Civil e da lei de propriedade industrial ao regular o caso de concorrência desleal. Nos casos de interferência na prestação de serviços, o artigo 608 do Código Civil também apresenta uma sanção diversa da condenação na extensão do dano e fixa o pagamento da importância que seria devida ao prestador de serviços em dois anos de contrato.

No *Restatement of the Law of Torts*, a regulamentação dos *compensatory damages*[343] é feita na § 774A nos seguintes termos:

§ 774A. Damages
(1) One who is liable to another for interference with a contract or prospective contractual relation is liable for damages for
   a) the pecuniary loss of the benefits of the contract or the prospective relation;
   b) consequential losses for which the interference is a legal cause; and
   c) emotional distress or actual harm to reputation, if they are reasonably to be expected to result from the interference.

91,99." THE AMERICAN LAW INSTITUTE. *Case Citations to the Restatement of the Law, Cumulative annual pocket part for use in 2013, reporting cases from July 2005 through June 2012.* St. Paul, Minn.: American Law Institute Publishers, 2013. p. 106-107.

[342] Na jurisprudência americana, confira-se o seguinte julgado: "Conn.App.2007 Diamond and jewelry company sued its former estate buyer and his ex-wife, after buyer admitted to diverting company's customers so that he could personally purchase their jewelry. The trial court found defendants liable for tortious interference with plaintiff's business expectancy and awarded plaintiff damages based on defendant's improper gain or profit. Reversing in part and remanding for recalculation of damages on the basis of plaintiff's lost profits, this court held, inter alia, that the proper measure of damages in an action for tortious interference with a business expectancy was not the profit to the defendant but rather the pecuniary loss to the plaintiff of the benefits of the prospective business relation. American Diamond Exchange, Inc. v. Alpert, 101 Conn.App. 83, 103, 920 A.2d 357, 370-371." THE AMERICAN LAW INSTITUTE. *Case Citations to the Restatement of the Law, Cumulative annual pocket part for use in 2013, reporting cases from July 2005 through June 2012*, cit., p. 107.

[343] A definição dos compensatory damages está contida na seção 903: "Compensatory damages are the damages awarded to a person as compensation, indemnity or restitution for harm sustained by him."

(2) In an action for interference with a contract by inducing or causing a third person to break the contract with the other, the fact that the third person is liable for the breach does not affect the amount of damages awardable against the actor; but any damages in fact paid by the third person will reduce the damages actually recoverable on the judgment[344].

A semelhança da regulamentação da matéria com o direito brasileiro é inequívoca. De fato, percebe-se a identificação do item "a" com os danos emergentes; o item "b" com os lucros cessantes e, por fim, o item "c" refere-se aos danos morais eventualmente configuráveis em virtude do rompimento da relação contratual.[345] A diferença reside, porém, na previsão dos *punitive damages*[346] no direito americano, os quais não são previstos como categoria geral na realidade brasileira.

---

[344] A propósito da solidariedade e redução do recebimento se pago por um deles, confira-se: "The fact that the plaintiff may have a cause of action against the defendant who has broken his contract does not prevent recovery against the defendant who has induced or otherwise caused the breach, or reduce the damages recoverable from him. The defendant and the contract breaker are both wrongdoers, and each is liable for the entire loss that he has caused. Even a judgment obtained for breach of the contract if it is not satisfied does not bar or reduce recovery from the one who has caused the breach. But since the damages recoverable for breach of the contract are common to the actions against both, any payments made by the one who breaks the contract or partial satisfaction of the judgment against him must be credited in favor of the defendant who has caused the breach." THE AMERICAN LAW INSTITUTE. *Restatement of the law Second Torts 2d.*, cit., p. 56.

[345] Tratando sobre o tema no âmbito da relação contratual, mas em lição que se aplica também ao presente caso, confira-se o entendimento de Judith Martins-Costa: "Em linha de princípio não se reconhece dano extrapatrimonial pelo fato do inadimplemento das obrigações em si mesmo considerado (por isso nada aludindo o art. 402 a esse respeito). Esse reconhecimento se dá apenas excepcionalmente, quando a relação obrigacional consiste no ambiente que ocasiona danos extrapatrimoniais. Isso ocorre quando, por força da situação jurídica obrigacional, é atingido injustamente interesse extrapatrimonial da contraparte". MARTINS-COSTA, Judith. *Dano moral à brasileira*. In: PASCHOAL, Janaína Conceição; SILVEIRA, Renato de Mello Jorge (Coords.). *Livro homenagem a Miguel Reale Júnior*. Rio de Janeiro: GZ Ed., 2014.p. 297.

[346] A regulamentação dos punitive damages é feita no Capítulo 47, intitulado Damages, especificamente nas seções 908 e 909.
§ 908 Punitive damages
(1) Punitive damages are damages, other than compensatory or nominal damages, awarded against a person to punish him for his outrageous conduct and to deter him and others like him from similar conduct in the future.
(2) Punitive damages may be awarded for conduct that is outrageous, because of the defendant's evil motive or his reckless indifference to the rigths of others. In

Dessa forma, conclui-se que a regra geral do limite da responsabilidade continua sendo a extensão do dano, o que não impede que em algumas situações específicas não exista uma coincidência entre o dano causado e o valor a ser ressarcido como nos casos de concorrência desleal e interferência nos contratos de prestação de serviços.

4.4. A importância do nexo de causalidade como fator limitador das indenizações

Além de sua configuração, o dano ressarcível deve ser decorrência direta e imediata[347] da conduta do terceiro, não se admitindo indenização fora

> assessing punitive damages, the trier of fact can properly consider the character of the defendant's act, the nature and extent of the harm to the plaintiff that the defendant caused or intended to cause and the wealth of the defendant.
> § 909 Punitive damages against a principal
> Punitive damages can properly be awarded against a master or other principal because of an act by an agent if, but only if,
>
> (a) the principal or a managerial agent authorized the doing and the manner of the act, or
> (b) the agent was unfit and the principal or a managerial agent was reckless in employing or retaining him, or
> (c) the agent was employed in a managerial capacity and was acting in the scope of employment, or
> (d) the principal or a managerial agent of the principal ratified or approved the act.
>
> Em âmbito jurisprudencial, vide o seguinte caso: "Okl.2009. Manufacturer/distributor of parts for air-conditioning unit sued rival, alleging that defendant intentionally interfered with its conctractual and business relations with its customers. The federal district court partially granted summary judgment for defendant, and certified questions to this court. Answering the questions, this court adopted Restatement Second of Torts § 766A, recognizing a plaintiff's right to maintain a cause of action against an interfere or when wrongful acts were aimed at hindering or otherwise rendering the plaintiff's performance more costly or burdensome in a contract between the plaintiff and a third party; in addition, the court declared that punitive damages were permissible on a § 766A claim. Wilspec Technologies, Inc. v. DunAn Holding Group Co., Ltd., 2009 OK 12, 204 P. 3d 69, 71-74. THE AMERICAN LAW INSTITUTE. *Case Citations to the Restatement of the Law, Cumulative annual pocket part for use in 2013, reporting cases from July 2005 through June 2012*, cit., p. 107.
>
> [347] "Para que a ação de responsabilidade possa ter cabimento em proveito da vítima, é necessário que o dano se ligue diretamente à falta do réu, e que tal relação não seja interrompida. É o que expressa a máxima de F. Bacon: *in jure civili non remota causa sed proxima spectatur*. Seria infundável para o Direito procurar a causa das causas, e a origem de cada uma delas; desse

desse padrão[348], ressalvados os casos com previsão expressa específica. A propósito da individualização da previsibilidade e das consequências diretas e imediatas como critério de seleção do dano ressarcível, ressalta-se a contribuição de Lilian San Martín[349].

Em reconstrução em âmbito histórico e à luz do direito estrangeiro, a referida professora chilena parte desde a análise do tema no Direito Romano, passando pelo Direito Medieval, Moderno até chegar aos Códigos atuais na Europa e na América Latina. Nesse contexto, por exemplo, destaca-se a importância do art. 1.151 do *Code Civil*: *"Dans le cas même où l'inexécution de la convention résulte du dol du débiteur, les dommages et intérêts ne doivent comprendre à l'égard de la perde éprouvée par le créancier et du gain dont il a été privé, que ce qui est une suite immédiate et directe de l'inexécution de la convention."* e sua influência nos demais ordenamentos.

Analisando em termos práticos, as limitações decorrentes da aplicação do nexo de causalidade são de grande valia na contenção de um dos maiores problemas que se identificava quando se começou a reconhecer a responsabilidade por violação ao direito de crédito, qual seja, o risco de sua aplicação descomedida. Nesse sentido, conforme demonstrado no item 2.2.3 supra, é bastante emblemático verificar os limites de responsabilidade no julgamento envolvendo acidentes aéreos, como o caso Superga, e a não indenização pelos conhecidos danos por ricochete em favor, por exemplo, dos empregadores, mas meramente a quem tinha direito a alimentos[350].

---

modo, se limita à causa imediata e julga os atos praticados, sem remotar mais além." DIAS, José de Aguiar. *Responsabilidade civil em debate*. Rio de Janeiro: Forense, 1983. p. 270.

[348] Em recente julgado nos Estados Unidos, adotou-se a mesma linha de entendimento: "N.Y.Ct. 2010 Medical center sued state to recover consequential damages resulting from state health department's delay in publishing center's increased reimbursement rates for Medicaid billing purposes. After a bench trial, this court entered judgment in favor of defendant, holding that plaintiff failed to establish by a preponderance of the evidence that it was entitled to damages, and that its theory for its claim for lost profits was speculative. The court noted that the quantum of damages for tort actions had to be capable of measurement based upon known reliable factors without undue speculation and directly traceable to the breach, not remote or the result of other intervening causes. Signature Health Center, LLC v. State, 28 Misc. 3d 543, 902 N.Y.S. 2d 893, 909." THE AMERICAN LAW INSTITUTE. *Case Citations to the Restatement of the Law, Cumulative annual pocket part for use in 2013, reporting cases from july 2005 through june 2012, cit.*, p. 107.

[349] SAN MARTÍN NEIRA, Lilian C. *La carga del perjudicado de evitar o mitigar el daño*: estúdio histórico-comparado. Bogotá: Universidad Externado de Colombia, 2012.

[350] "Os alimentos *ex delicto* devem ser pagos periodicamente, na forma de pensionamento, geramente em prestações mensais. Cuida-se, ademais, de típica situação jurídica de dano

No âmbito brasileiro, à luz do que determina o art. 948, II, do Código Civil, serão indenizadas apenas as pessoas a quem a vítima de homicídio devia alimentos e levando em consideração a duração provável da vida do falecido. Ficam, assim, excluídas de ressarcimento pessoas, por exemplo, que mantinham vínculos de prestação de serviços com as vítimas. A importância dessa limitação de indenizações é bastante atual e um bom exemplo foi o acidente envolvendo avião da companhia aérea TAM no Aeroporto de Congonhas, o qual será analisado infra.

Já nos casos em que a conduta de terceiro tem a intenção deliberada de violar o direito de crédito, o terceiro pode ser responsabilizado pelas perdas decorrentes do rompimento da relação contratual ou da mora no seu cumprimento, pois o nexo causal passa a ser direto e imediato. Percebe-se, assim, que a verificação de uma interferência no substrato de crédito (um dos contratantes ou no objeto da relação obrigacional) ou no próprio crédito também tem reflexos na configuração do nexo de causalidade.

4.5. Reflexões sobre a interferência de terceiro por violação ao direito de crédito no Restatement of Torts

Conforme demonstrado nos itens anteriores, os quatro pressupostos para responsabilização do terceiro por violação ao direito de crédito no direito brasileiro são a ilicitude, a culpa, o dano e o nexo de causalidade, com todas as ressalvas feitas nos itens anteriores sobre a configuração de cada um deles. Para fins de análise em termos de verificação da matéria no direito estrangeiro e exemplo no tratamento dos pressupostos e dos precedentes, a sistematização apresentada pelo American Law Institute possui grande valor téorico, ficando ainda mais claro ao tratar do ponto mais delicado da matéria: a regulamentação das hipóteses em que o terceiro pode ser responsabilizado.

Nos termos dos §§ 766, 766A e 766B do *Restatement of Torts*, os modos ou formas de interferência – aspecto objetivo da ação – consistem em *"inducing or otherwise causing the third person not to perform the contract"*, *"preventing the*

---

indireto, reflexo ou por ricochete, isto é, uma repercussão do dano diretamente experimentado por alguém na esfera de outrem, o lesado indireto ou reflexo." NANNI, Giovanni Ettore, Indenização e homicídio. In: NANNI, Giovanni Ettore. Direito Civil e Arbitragem. São Paulo: Atlas, 2014. p. 376.

other from performing the contract or causing his performance to be more expensive or burdensome" e *"inducing or otherwise causing a third person not to enter into or continue the prospective relation".* Percebe-se, com a leitura, a clara distinção entre a indução e as outras formas de interferência, estas, por sua vez, podem ocorrer basicamente de duas maneiras:

a) atuação sobre uma das partes do contrato com utilização de força física e demais meios de intimidação para impedi-la de cumprir sua obrigação ou, no mínimo, torná-la mais gravosa; e

b) atuação sobre o objeto do contrato. Entre outros exemplos, pode-se imaginar o terceiro que destrói ou danifica o objeto da prestação, o fornecimento de informações sabidamente erradas que levem ao não cumprimento das obrigações contratuais ou ao término antecipado do contrato[351], bem como o deliberado descumprimento de um contrato cujo resultado é fundamental para o contrato cujo cumprimento se pretende prejudicar.

Em casos nos quais o fornecimento de informações conhecidamente equivocadas sobre o contratante adimplente ou sobre o bem da vida em questão faz com que o outro contratante mude sua linha de atuação com relação à obrigação existente, não há espaço para seu livre arbítrio, uma vez que sua atuação foi maculada pela conduta do terceiro. Por outro lado, há opção para conduta do contratante inadimplente nas hipóteses de indução. De fato, por mais que a oferta do terceiro para descumprimento do contrato seja bastante vantajosa, o contratante inadimplente pode recusá-la em virtude do compromisso previamente assumido, o que não se confunde com os casos em que é impossibilitado de cumprir sua obrigação em virtude de restrição de suas atividades ou impossibilidade do objeto, por exemplo.

---

[351] "E.D.Pa 2010. In this civil-rights law-suit, African-American employee brought a pendent state-law claim, against police sergeant, for tortious interference with his contractual relationship with his employer, alleging that his employment was terminated after sergeant telephoned his employer and falsely advised him that plaintiff had been arrested for public drunkenness and disorderly conduct and was unfit to work as a doorman providing security. Denying defendant's motion to dismiss that claim, this court predicted that the Supreme Court of Pennsylvania would recognize a cause of action for tortious interference with an existing, at-will employment relationship. White v. Brommer, 747 F. Supp.2d 447, 469-472." THE AMERICAN LAW INSTITUTE. *Case Citations to the Restatement of the Law, Cumulative annual pocket part for use in 2013, reporting cases from July 2005 through June 2012,* cit.. p. 24.

A liberdade do exercício da autonomia privada por um dos contratantes faz total diferença em termos de sua responsabilidade.

Concluindo o aspecto objetivo dos modos de interferência, cumpre destacar que não obrigatoriamente a conduta do terceiro consiste em ilícito em si. Ou seja, pode se tratar de uma conduta legítima se não considerada o contexto em que se insere. Explica-se. Oferecer um bom cachê para uma cantora fazer uma série de shows em seu teatro é um ato legal. No entanto, fazer essa oferta quando se sabe que nas mesmas datas ela tem contrato assinado com seu principal concorrente é ilícito ao se considerar o contexto no qual está inserido[352].

Com relação aos aspectos subjetivos da ação interferente pelo terceiro, a seguinte passagem do *Restatement* reflete claramente os dois pressupostos necessários para sua configuração dentro daquele ordenamento:

> *"Deliberately and at his pleasure, one may ordinarily refuse to deal with another, and the conduct is not regarded as improper, subjecting the actor to liability. One may not, however, intentionally and improperly frustrate dealing that have been reduced to the form of a contract. There is no general duty to do business with all who offer their services, wares*

---

[352] A propósito, o fato de não ser considerado ato ilícito em consideração à cantora é que tornou o caso Lumley v. Gye paradigmático. Trata-se de caso em que Johanna Wagner, famosa cantora de ópera, assinou contrato com Benjamin Lumley para cantar exclusivamente em seu teatro no período de três meses. Frederick Gye, no curso do contrato previamente indicado, propôs que a cantora passasse a se apresentar em seu teatro. Após a aceitação da nova proposta, Lumley obteve *injunction* para evitar que Wagner cantasse no teatro de Gye e obteve êxito, mas não conseguiu que a cantora voltasse a se apresentar em seu teatro, restando a ele a via indenizatória. "Historically the liability for tortious interference with advantageous economic relations developed first in cases of intentional prevention of prospective dealings, by violence, fraud or defamation – conduct that was essentially tortious in its nature, either to the third party or to the injured party. In 1853, the decision in Lumley v. Gye, 2 El. & Bl. 216, 118 Eng. Rep. 749, began the development of inducement of breach of contract as a separate tort. In that case a singer under contract to sing at the plaintiff's theatre was induced by the defendant, who operated a rival theatre, to break her contract with the plaintiff in order to sing for the defendant. No violence, fraud or defamation by the defendant was alleged. The decision in favor of the plaintiff was rested largely on the analogy of the rules relating to enticement of another's servant. This case differed from earlier cases in that the means of inducement used by the defendant were not tortious toward the singer. Subsequent cases extended the rule of Lumley v. Gye to contracts other than contracts of service and to interference with advantageous business relations even when they were not cemented by a contract." THE AMERICAN LAW INSTITUTE. *Restatement of the law Second Torts 2d*. St. Paul, Minn.: American Law Institute Publishers, 1979. v. 4, § 708 – end, p. 8 e 9)

or patronage; but there is a general duty not to interfere intentionally with another's reasonable business expectancies of trade with third persons, whether or not they are secured by contract, unless the interference is not improper under the circumstances."[353]

Ou seja, a ação deve ser não só intencional, mas também *improper*[354] para configuração da interferência indevida pelo terceiro. Analisar essa passagem ganha ainda mais destaque quando se tem em mente que mesmo nos Estados Unidos, país símbolo da livre concorrência e do livre mercado, existe um grande respeito ao contrato como forma de garantia da segurança jurídica e da importância de respeito aos contratos como forma de circulação dos bens.

No próprio *Restatement of the Law*, mais precisamente no §8A, indica-se que a palavra intenção é utilizada quando o terceiro deseja causar as consequências do seu ato ou, no mínimo, acredita que há grandes chances de acontecerem em virtude de seus atos. Nesse aspecto, o conhecimento da existência do contrato cujo cumprimento pretende impossibilitar ou atrapalhar tem papel relevante[355].

Isso, no entanto, não significa que a conduta culposa não seja passível de configurar sua responsabilidade, mas não em face do credor da obrigação que não foi adimplida. A respeito do tema, bastante interessante o entendimento adotado no *Restatement of the Law*, cujo § 766C prevê que apenas os danos físicos à pessoa e à propriedade podem ser ressarcidos em caso de negligência[356]. Segundo The American Law Institute, a principal

---

[353] THE AMERICAN LAW INSTITUTE. *Restatement ot the law Second Torts 2d.*, cit., p. 8.

[354] Optou-se por manter o vocábulo em inglês para não correr o risco de tradução livre do termo que não refletiria a carga valorativa existente no direito americano.

[355] THE AMERICAN LAW INSTITUTE. *Restatement ot the law Second Torts 2d.*, cit., p. 11, seção 766, mas aplicável também às seções 766A e 766B: "To be subject to the liability under the rule stated in this Section, the actor must have knowledge of the contract with which he is interefering and of the fact that he is interfering with the performance of the contract. Although the actor's conduct is in fact the cause of another's failure to perform a contract, the actor does not induce or otherwise intentionally cause that failure if he has no knowledge of the contract."

[356] § 766C. Negligent Interference with Contract or Prospective Contractual Relation – One is not liable to another for pecuniary harm not deriving from physical harm to the other, if that harm results from the actor's negligently:
a) causing a third person not to perform a contract with the other, or
b) interfering with the other's performance of his contract or making the performance more expensive or burdensome, or
c) interfering with the other's acquiring a contractual relation with a third person.

explicação utilizada pelas cortes é no sentido de que o dano é muito remoto para responsabilidade por negligência e que a conduta do terceiro não é a causa próxima[357], o que poderia causar uma grande desproporção entre as condutas e os danos causados, limitativa da atuação dos indivíduos[358].

Conforme demonstrado até agora no presente item, a qualificação da ação interferente não é simples, porém o mais complicado é, indubitavelmente, caracterizar como *improper* a interferência[359]. Trata-se de conduta de difícil comprovação, cabendo à doutrina e à jurisprudência americanas fixarem alguns parâmetros para sua verificação, os quais podem ser verificados no §767 do *Restatement*[360]. Por mais que referida lista de parâmetros confessadamente não seja um rol taxativo, traz bons indicativos no enquadramento de uma dada conduta como passível de justificar a responsabilização do terceiro. Conforme restará demonstrado nos próximos parágrafos, esse exercício de verificação dos fatores a serem apreciados é de grande valia também para a abordagem do tema no direito no direito brasileiro.

---

[357] THE AMERICAN LAW INSTITUTE. *Restatement of the law Second Torts 2d.*, cit., p. 24.

[358] Nesse sentido, confira-se: "That it is the character of the contract or prospective interest itself that has led the courts to refuse to give it protection against negligent interference. They apparently have been influenced by extremely variable nature of the relations, the fear of an undue burden upon the defendant's freedom of action, the probable disproportion between the large damages that might be recovered and the extent of the defendant's fault, and perhaps in some cases the difficulty of determining whether the interference has in fact resulted from the negligent conduct." THE AMERICAN LAW INSTITUTE. *Restatement of the law Second Torts 2d.*, cit., p. 24.

[359] THE AMERICAN LAW INSTITUTE. *Restatement of the law Second Torts 2d.*, cit., p. 27: "It is in the application of this Section that the most frequent and difficult problems of the tort of interference with a contract or prospective contractual relations arise."

[360] § 767. Factors in Determining Whether Interference is Improper – In determining whether an actor's conduct in intentionally interfering with a contract or a prospective contractual relation of another is improper or not, consideration is given to the following factors:

    a)   the nature of the actor's conduct;
    b)   the actor's motive;
    c)   the interests of the other with which the actor's conduct interferes;
    d)   the interests sought to be advanced by the actor;
    e)   the social interests in protecting the freedom of action of the actor and the contractual interests of the other;
    f)   the proximity or remoteness of the actor's conduct to the interference and
    g)   the relation between the parties.

O primeiro dos oito fatores a ser considerado é *the nature of the actor's conduct*. Não se pode taxar uma dada conduta em abstrato como *improper*, pois existe a possibilidade de as circunstâncias justificarem sua realização. Por outro lado, pode ser considerada como imprópria uma conduta totalmente legal como oferecer preços convidativos a um potencial cliente. Basta que essa oferta tenha sido feita por pessoa que tenha conhecimento da assinatura de um recente contrato de fornecimento da mercadoria entre seu concorrente e o potencial cliente.

Essas ponderações de cunho mais genérico não resolvem todos os problemas, fazendo-se necessário em alguns casos maior atenção por parte de quem se propõe a estudar a matéria. Por exemplo, a interferência com utilização de violência física é, em regra, imprópria. Não apenas a violência ao contratante adimplente, mas também a pessoas que lhe sejam próximas e capazes de influenciar diretamente seu comportamento. A violência ou o temor de sua concretização não precisam ser atuais, bastando sua iminência futura. Se essa ameaça ou violência chegarem a ponto de macular de tal forma a liberdade de ação do contratante a ponto de configurar coação, por exemplo, a assinar um contrato incompatível com o primeiro, não há espaço para sua responsabilização. Outros exemplos interessantes trazidos pelo *Restatement of the Law* estão relacionados à representação fraudulenta, oportunidade em que o terceiro se passa por representante da pessoa que pretende lesar para, por exemplo, evitar a assinatura de um contrato; pressão econômica, desrespeito aos códigos de ética e de conduta de uma determinada atividade empresarial[361].

---

[361] "C.A.6, 2010. Insurance broker sued insurer for tortious interference with broker's business relationship with a potential client, alleging that insurer offered client a better rate quote through broker's competitor than through broker in order to prevent broker from winning client's business. The district court granted summary judgment for insurer. Affirming, this court held that insurer's interference was privileged as a matter of Ohio law, because insurer did nothing that was independently criminal, tortious, or even wrongful. The court rejected broker's argument that insurer violated its own internal policies, noting that, while violations of recognized ethical codes or established customs or practices could be significant in evaluating the nature of an actor's conduct, broker identified no authority suggesting that a violation of internal policies had comparable significance. L.L.C. v. Prudential Ins. Co. Of America, 595 F. 3d 312, 315-317." THE AMERICAN LAW INSTITUTE. *Case Citations to the Restatement of the Law, Cumulative annual pocket part for use in 2013, reporting cases from july 2005 through june 2012, cit..* p. 58.

Nesse rol meramente exemplificativo, tem papel de destaque também todo o histórico de comportamento da parte interferente[362].

O segundo fator é *the actor's motive*. Conforme tratado acima, a *improper interference* nos contratos é qualificada, em regra, como um *tort* intencional, ou seja o contratante prejudicado deve demonstrar que o resultado lesivo de sua conduta era de conhecimento do terceiro ou, no mínimo, era grande a possibilidade do resultado à luz de sua atitude.

Sabe-se que muitas vezes uma conduta humana não é realizada com um único propósito. Nesse contexto, o papel do intérprete tem maior relevância na definição da preponderância dos fatores envolvidos na tomada de decisão do terceiro. Caso o desejo de interferir na atividade alheia seja o único propósito da conduta do terceiro, é grande a tendência de ser configurada como *improper*. A situação permanece semelhante na hipótese de enquadramento dessa interferência como um motivo preponderante do ato sob análise, mas não se pode descartar o motivo secundário. Por sua vez, caso a interferência seja uma mera consequência residual e inevitável de uma conduta adotada com propósitos lícitos e justificados[363], a tendência

---

[362] Confira-se, a propósito, o interessante exemplo citado no *Restatement* sobre o histórico de uma parte potencialmente considerada como terceira responsável pelo inadimplemento ser utilizado a seu favor na não configuração de uma oferta de negócio como ilícita: "There is an easily recognized difference between (1) A's merely routine mailing to B of an offer to sell merchandise at a reduced price, even though A knows that B is boundy by an existing contract to purchase the goods from C, and (2) A's approaching B in person and offering expressly to sell the merchandise at such a low price that B can "pay any costs of getting out of his contract with C and still profit". The question of who has the moving party in the inducement may also be important. A's active solicitation of B's business is more likely to make his interference improper than his mere response to an inquiry from B." THE AMERICAN LAW INSTITUTE. *Case Citations to the Restatement of the Law, Cumulative annual pocket part for use in 2013, reporting cases from july 2005 through june 2012, cit.*. p. 32.

[363] "D. Mass. 2010. Paper recycling company brought, inter alia, claim against rival for intentional interference with contractual relations, after company's client was acquired by purchaser that decided to consolidate the recycling business at the newly acquired plants with its existing contract with rival. This court granted summary judgment for rival, holding that there was no viable claim of tortious interference against rival, since there was no plausible claim that rival acted out of any motive to gratuitously inflict harm on plaintiff, or that, in accepting a corporate opportunity for the benefit of its own shareholders, rival acted with an improper motive or improper means (such as misrepresentation or coercion). American Paper Recycling Corp. v. IHC Corp., 707 F. Supp.2d 114,123)." THE AMERICAN LAW INSTITUTE. *Case Citations to the Restatement of the Law, Cumulative annual pocket part for use in 2013, reporting cases from july 2005 through june 2012, cit.*. p. 65 – perceba-se que o trecho final faz menção ao

é no sentido de ser qualificada como lícita. Tratar-se-á, portanto, do exercício regular de um direito, o qual não constitui ato ilícito nos termos do art. 188 do Código Civil.

Em que pese a relevância do motivo que levou o terceiro a adotar determinada postura, é praticamente impossível que sua análise individualizada seja suficiente para qualificação da conduta do terceiro. Inicialmente, porque muitas vezes não é simples inferir as razões que motivam dadas atitudes. Ademais, nas hipóteses em que o terceiro tem consciência de que sua conduta é ilícita, certamente procurará dar tons de licitude ao seu comportamento.

Obviamente, ao tratar de motivação não se perquire o estado subjetivo dos envolvidos, mas os reflexos deste objetivados nas condutas adotadas. Caracterizada qualquer forma de dolo, inclusive o eventual, é passível de responsabilização[364]. A interface da motivação com a qualificação da conduta em si também é bastante salutar[365]. Afinal, se uma conduta já é ilegal para o terceiro por violar um determinado dispositivo de ordem pública fica em segundo plano a questão da motivação.

O terceiro fator a ser levado em consideração consiste nos *interests of the other with which the actor's conduct interferes*. Nos termos citados anteriormente e a serem devidamente tratados, os contratos e as relações pré e pós-contratuais dependendo do seu estado de vinculação podem motivar a responsabilização do terceiro. Por outro lado, é inequívoco que os contratos merecem maior proteção do ordenamento em virtude da justa expectativa gerada no contratante eventualmente lesado com a interferência do

---

primeiro fator indicado, qual seja, meio empregado na ação interferente). "Ind.App.2010. Golf instructor sued head golf professional at a country club, alleging that defendant tortiously interfered with plaintiff's contractual business relationship with his employer. The trial court granted summary judgment for defendant. Affirming, this court held that defendant provided evidence showing a justification for his complaints to the Indiana section of the PGA concerning plaintiff's eligibility to be classified as an A-6 teaching professional under PGA rules, namely, that there was a procedure in place for an Indiana-section member like himto request the organization to investigate whether another members was qualified for the PGA classification that member held; in other words, defendant showed by undisputed evidence that his communications had a legitimate business purpose. Melton v. Ousley, 925 N.E.2d 430, 441." THE AMERICAN LAW INSTITUTE. *Case Citations to the Restatement of the Law, Cumulative annual pocket part for use in 2013, reporting cases from july 2005 through june 2012, cit..* p. 75.

[364] SANTOS JÚNIOR, E. *Da responsabilidade civil de terceiro por lesão do direito de crédito*, cit. p. 523.

[365] THE AMERICAN LAW INSTITUTE. *Restatement ot the law Second Torts 2d.*, cit., p. 33.

terceiro[366]. Confira-se, nesse sentido, toda a regulamentação do § 768[367] do *Restatement of the law.*

O quarto fator está relacionado com *the interests sought to be advanced by the actor.* Os interesses que o terceiro interferente pretende promover também são levados em consideração na qualificação de sua conduta como *improper.* Não há um estudo específico sobre o tema, mas se presume que o interesse econômico seja o que norteia o maior número de casos em que o terceiro atua, o que não se configura um problema em si, pois é um interessse completamente legítimo.

No entanto, não se pode negar ser bem mais difícil configurar como ilícita a conduta de terceiro em defesa do meio ambiente[368], do fim de trabalho infantil

---

[366] D. Kan.2010. Dealer of manufacturer's trailers brought a claim for tortious interference with prospective business expectancy or relationship against manufacturer and dealer's competitor, after manufacturer authorized competitor to sell its trailers in dealer's territory. Following a jury verdict for plaintiff, this court granted defendants' renewed motion for judgment as a matter of law, rejecting plaintiff's argument that, because defendants did not assert the business--competitor privilege as an affirmative defense in the final pretrial order, they should not be permitted to rely on it post-trial. The court reasoned that, because defendants asserted the justification as a defense in the pretrial order, and the competitor privilege had been recognized as a subset of the justification defense, the privilege was properly before the court. The court further held that, because defendants' allegedly wrongful acts did not rise to the level of independently actionable conduct, such as physical violence and fraud, they were privileged. Utility Trailer Sales of Kansas City, Inc. v. MAC Trailer Mfg., Inc., 734 F. Supp.2d, 1210,1221." THE AMERICAN LAW INSTITUTE. *Case Citations to the Restatement of the Law, Cumulative annual pocket part for use in 2013, reporting cases from july 2005 through june 2012, cit..* p. 63).

[367] § 768. Competition as Proper or Improper Interference (1) One who intentionally causes a third person not to enter into a prospective contractual relation with another who is his competitor or not to continue an existing contract terminable at will does not interfere improperly with the other's relation if

    a)   the relation concerns a matter involved in the competition between the actor and the other and

    b)   the actor does not employ wrongful means and

    c)   his action does not create or continue an unlawful restraint of trade and

    d)   his purpose is at least in part to advance his interest in competing with the other.

[368] "E.D.Pa.2011. Mineral-wool manufacturer brought, inter alia, a pendent state-law claim for intentional interference with prospective contractual relations against employees of the state department of environmental protection in their individual capacities, alleging that defendants' improper targeting of plaintiff for air-quality violations resulted in the denial of its operating permit and thus interfered with various aspects of its business. After the jury returned a verdict for plaintiff, this court granted defendants' motion for judgment as a matter of law, holding, inter alia, that plaintiff's tortious interference claim failed because

ou de igualdade racial. Cabe destacar, em adição, que se o negócio jurídico objeto de interferência for caracterizado como nulo em virtude de seu objeto ou de vício em sua formação não se discute sequer a possibilidade de responsabilização de terceiro, conforme já exposto, ganhando relevância a discussão sobre os interesses desejados apenas nas hipóteses em que são válidos, mas a conduta do terceiro pode influenciar positivamente na defesa de interesses públicos[369].

O quinto fator possui relação bem próxima com o quarto, pois diz respeito a *the social interests in protecting the freedom of action of the actor and the contractual interests of the other*. De fato, a prevalência de um dado interesse social tem como consequência a não observância de um interesse estritamente individual. O caso clássico é o da concorrência em detrimento dos interesses de um indivíduo em negociação para assinatura de um contrato, mas ainda sem qualquer instrumento vinculante firmado ou existência de vinculação em decorrência dos deveres decorrentes da boa-fé pré-contratual.

Por outro lado, o privilégio do interesse social não se dá sem limites à luz dos anseios das pessoas envolvidas. A título exemplificativo, a utilização de meios violentos ou fraudulentos em benefício da concorrência não são permitidos em princípio. Outrossim, a vinculação em âmbito contratual com prazo determinado não pode ser rompida em benefício da concorrência em respeito aos interesses dos contratantes[370].

---

defendants' actions were proper and justified and there was no evidence of purposeful action by them specifically intended to prevent a prospective relation from occurring; furthermore, even though one defendant conversed with a potential purchaser of plaintiff's facility, he was merely providing truthful information, which could not be the basis of plaintiff's intentional-interference claim. MFS, Inc. v. DiLazaro, 771 F. Supp. 2d 382, 460,463. THE AMERICAN LAW INSTITUTE. *Case Citations to the Restatement of the Law, Cumulative annual pocket part for use in 2013, reporting cases from july 2005 through june 2012, cit..* p. 70).

[369] Por sua vez, The American Law Institute traz na ponderação da presença dos interesses públicos uma série de fatores para sua correta configuração: "If the actor causes a third person not to perform a contract or not to enter into or continue a contractual relation with the other in order to protect the public interest affected by these practices, relevant questions in determining whether his interference is improper are: whether the practices are actually being used by the other, whether the actor actually believes that the practices are prejudicial to the public interest, whether his belief is reasonable, whether he is acting in good faith for the protection of the public interest, whether the contractual relation involved is incident or foreign to the continuance of the practices and whether the actor employs wrongful means to accomplish the result." THE AMERICAN LAW INSTITUTE. *Restatement ot the law Second Torts 2d.,* cit., p. 35.

[370] "N.J.Super.App.Div.2011. Attorney discharged by his client brought a claim for tortious interference against sucessor attorney that later settled client's medical-malpractice action.

PRESSUPOSTOS PARA RESPONSABILIZAÇÃO DE TERCEIRO...

O sexto fator a ser considerado na definição de uma intereferência como *improper* é *the proximity or remoteness of the actor's conduct to the interference*. A título ilustrativo, o *Restatement of the Law*[371] traz o caso de um terceiro que induz um contratante a não cumprir sua obrigação, interferindo, assim, diretamente no não cumprimento do contrato. A interferência é uma consequência imediata da conduta e os demais fatores não possuem um papel tão relevante na sua qualificação como *improper*. Ou seja, é necessário avaliar não apenas a conduta em si como a sua proximidade com o dano que está sendo valorado para fins de responsabilização. No Brasil, assemelha-se ao tratamento reservado ao nexo de causalidade, tema tratado anteriormente.

O sétimo e último fator a ser ponderado é *the relation between the parties*[372]. Ao tratar desse fator, identificado como item "g" do § 767, os redatores do *Restatement* trazem observação bastante relevante no sentido de que a real

The trial court denied defendant's motion to dismiss the claim. This court reversed, holding that, where, as here, there was no allegation that a successor attorney used wrongful means, such as fraud or defamation, to induce the client to discharge the original attorney, such an action was not maintainable; because the contract between plaintiff and client was terminable at will by client and concerned a matter involved in the competition between plaintiff and defendant, and defendant's 'purpose' in allegedly inducing client to discharge plaintiff was at least in part to advance defendant's interest in competing with plaintiff, plaintiff did not state a cause of action for tortious interference with contract under Restatement Second of Torts §768 (1). Nostrame v. Santiago, 420 N.J. Super. 427, 433, 434, 22 A.3d 20,24. THE AMERICAN LAW INSTITUTE. *Case Citations to the Restatement of the Law, Cumulative annual pocket part for use in 2013, reporting cases from july 2005 through june 2012, cit.*. p. 78. No julgamento, considera-se claramente o fato de se tratar de um contrato com prazo indeterminado.

[371] THE AMERICAN LAW INSTITUTE. *Restatement ot the law Second Torts 2d.*, cit., p. 35.

[372] "C.A.8, 2010. Manufacturer that leased paper-towel dispensers to distributors, which in turn subleased the dispensers to a church and school district, sued competing distributor, after defendant sold another brand of paper towels to the church and school district for use in plaintiff's dispensers. The district court granted summary judgment for defendant on plaintiff's claim for tortious interference with contractual relations. Affirming, this court held, among other things, that, while defendant knew with 99% certainty that its customers were putting the other brand of paper towels in plaintiff's dispensers, there was no evidence that defendant knew that they were doing so in violation of a signed sublease. The concurring and dissenting opinion argued in favor of remand for trial on grounds that reasonable people could disagree as to whether defendant's conduct was improper. Georgia-Pacific Consumer Products LP v. Myers Supply, Inc., 621 F.ed 771, 778-781." THE AMERICAN LAW INSTITUTE. *Case Citations to the Restatement of the Law, Cumulative annual pocket part for use in 2013, reporting cases from july 2005 through june 2012, cit.*. p. 59. Considerando a proximidade entre as partes por atuarem no mesmo ramo de mercado e o conhecimento das práticas comerciais, entende-se que o terceiro deveria ser responsabilizado no caso.

questão é verificar se a conduta do terceiro foi "*fair and reasonable under the circumstances*". Ou seja, devem ser verificados os padrões de conduta identificados em um determinado nicho de mercado, por exemplo, para definição se violam ou não as regras[373]. Um dos principais pontos de interface nesse sentido é a regulamentação da concorrência nos casos em que há contratos em negociação ou já firmados, nos termos do § 768, transcrito acima.

Ao tratar de todos os fatores considerados na qualificação de uma determinada interferência como *improper*, percebe-se em algumas passagens a dificuldade de diferenciá-los entre si e, principalmente, no âmbito jurisprudencial. Afinal, nos julgados todos os fatores são analisados em conjunto – como de fato devem ser – e as zonas de interseção ficam ainda mais evidentes. Essa aparente confusão, na verdade, sobreposição de áreas cobertas por um dado fator não pode servir como desestímulo ao tratamento sistemático da matéria, uma vez que possibilitam a criação de critérios cada vez mais precisos, fundamentais em um regramento claro e sistemático do objeto de estudo.

A propósito, além do caso já tratado da concorrência, § 768, nas seções 769 (*Actor having financial interest in business of person induced*)[374], 770 (*Actor responsible for welfare of another*)[375], 771 (*Inducement to influence another's busi-*

"Ind. App.2011. After university professor was terminated for sexually harassing his supervisor, he sued supervisor, alleging that defendant tortiously interfered with his employment contract by initiating and participating in the university's harassment investigation leading to his termination. The trial court granted summary judgment for defendant. Affirming, this court held that judgment for defendant was appropriate because she was justified in turning over her anecdotal file of student complaints against plaintiff to university officials in connection with the investigation of her harassment complaint; defendant consistently stated that she wanted to stop plaintiff's pattern of harassment university students and faculty. Haegert v. McMullan, 953 N.E. 2d 1223,1234." THE AMERICAN LAW INSTITUTE. *Case Citations to the Restatement of the Law, Cumulative annual pocket part for use in 2013, reporting cases from july 2005 through june 2012, cit..* p. 75.

[373] THE AMERICAN LAW INSTITUTE. *Restatement ot the law Second Torts 2d.,* cit., p. 37.

[374] § 769. "One who having a financial interest in the business of a third person intentionally causes that person not to enter into a prospective contractual relation with another, does not interfere improperly with the other's relation if he
  (a) does not employ wrongful means and
  (b) acts to protect his interest from being prejudiced by the relation."

[375] § 770. "One who, charged with responsability for the welfare of a third person, intentionally causes that person not to perform a contract or enter into a prospective contractual relation with another, does not interfere improperly with the other's relation if the actor
  (a) does not employ wrongful means and
  (b) acts to protect the welfare of the third person.

ness policy)[376], 772 (*Advice as proper or improper interference*)[377], 773 (*Asserting bona fide claim*)[378] e 774 (*Agreement illegal or contrary to public policy*)[379] do *Restatement*, é possível verificar resultados concretos do tratamento sistemático da matéria, quais sejam, situações específicas que já foram objeto de decisões e posterior sistematização pela doutrina. Ou seja, tem-se uma base geral com os requisitos para configuração da responsabilidade e algumas situações específicas, ambas não exaustivas, porém com indicação de importantes e valiosos parâmetros para análise de novos casos.

Assim, as hipóteses que se enquadram nas previsões das seções 768 a 774 são mais fáceis de serem respondidas por encontrarem sua regulamentação expressa. Por sua vez, os casos que não se enquadram nas previsões específicas devem ser submetidos aos critérios tratados na seção 767.

Com o tratamento detalhado do tema no âmbito do *Restatement of Torts*, não se pretende uma importação de conceitos e situações para o ordenamento brasileiro, mas simplesmente refletir sobre a amplitude de variáveis envolvidas na interferência de terceiro na relação obrigacional. No intuito de estabelecer parâmetros para reduzir a margem de discricionariedade concedida aos julgadores na responsabilização de terceiros, bem como em

---

[376] § 771. "One who intentionally causes a third person not to enter into a prospective contractual relation with another in order to influence the other's policy in the conduct of his business does not interfere improperly with the other's relation if
    (a) the actor has an economic interest in the matter with reference to which he wishes to influence the policy of the other and
    (b) the desired policy does not unlawfully restrain trade or otherwise violate an established public policy and
    (c) the means employed are not wrongful.

[377] § 772. "One who intentionally causes a third person not to perform a contract or not to enter into a prospective contractual relation with another does not interfere improperly with the other's contractual relation, by giving the third person
    (a) truthful information, or
    (b) honest advice within the scope of a request for the advice.

[378] § 773. "One who, by asserting in good faith a legally protected interest of his own or threatening in good faith to protect the interest by appropriate means, intentionally causes a third person not to perform an existing contract or enter into a prospective contractual relation with another does not interfere improperly with the other's relation if the actor believes that his interest may otherwise be impaired or destroyed by the performance of the contract or transaction.

[379] § 774. "One who by appropriate means causes the nonperformance of an illegal agreement or an agreement having a purpose or effect in violation of an established public policy is not liable for pecuniary harm resulting from the nonperformance.

A INTERFERÊNCIA LESIVA DE TERCEIRO NA RELAÇÃO OBRIGACIONAL

temas correlatos e, com isso, garantir segurança jurídica aos envolvidos, passa-se a tratar de algumas aplicações práticas, bem como da análise de casos paradigmáticos.

4.6. Momentos de aplicação da responsabilidade de terceiro por violação ao direito de crédito

Conforme já sinalizado, é pacífico o entendimento no sentido de que existe a possibilidade de criação de obrigações entre as partes desde a fase pré--contratual[380] até o momento pós-contratual. Por conseguinte, durante todo o período em que existem as referidas obrigações, estão suscetíveis à interferência indevida por terceiro e sua posterior responsabilização.

O que varia, no entanto, é a maior cautela na aplicação no momento pré-contratual, por exemplo, para evitar cerceamento à livre concorrência na disputa por fornecedores, por exemplo. No âmbito pós-contratual,

---

[380] A propósito da evolução da matéria no direito americano e de sua semelhança com relação à responsabilidade contratual, vide o seguinte trecho: "As early as 1621 the court of King's Bench held one liable to another in an action on the case for interfering with his prospective contracts by threatening to 'mayhem and vex with suits' those who worked for or bought from him, 'whereby they durst not work or buy.' Garrett v. Taylor, Cro.Jac. 567, 79 Eng.Rep. 485. In 1973, the same court held one similarly liable who shot at some African natives in order to prevent them from trading with plaintiff until the debts claimed by the defendant where paid. Tarleton v. McGawley, Peake N.P. 205, 170 Eng.Rep. 153. Precedent for these decisions is found as early as the fifteenth century, and even earlier. Thus in 1410 it was said that 'if the comers to my market are disturbed or beaten, by which I lose my toll, I shall have a good action of trespass on the case.' (...) In another line of cases liability was imposed upon one who diverted another's business by fraudulently palming off his own goods as those of the other, or by infringing another's trade mark or trade name. Liability was later extended to cases in which the diversion of business was accomplished by fraudulent misrepresentations of different types. Again, in an independent development, liability was imposed for loss of business caused by defamation of another in his business or profession or by disparagement of his goods. In all of these cases liability was imposed for interference with business expectancies and was not limited to interference with existing contracts; but in all of them the actor's conduct was characterized by violence, fraud or defamation, and was tortious in character. In 1853 the decision in Lumley v. Gye, 2 El. & Bl. 216, 118 Eng. Rep. 749, which involved inducement of the breach of an existing contract, imposed liability when the means of inducement were not tortious in themselves, and it was the intentional interference with the relation that was the basis of liability. Later English decisions, and notably Temperton v. Russel [1893] 1 Q.B. 715, extended the same principle to interference with business relations that are merely prospective and potential." THE AMERICAN LAW INSTITUTE. *Restatement ot the law Second Torts 2d.*, cit., p. 21-22.

imagine-se, por exemplo, o caso de um ator contratado para fazer propaganda para um determinado produto, sendo que no contrato não consta previsão de cláusula de exclusividade e logo em seguida faz comercial da maior concorrente após receber uma significativa quantia, violando claramente os deveres anexos decorrentes da boa-fé. A propósito da extensão do objeto passível de responsabilização[381], basta verificar as hipóteses em que o contratante que rompe com as negociações, por exemplo, é considerado responsável[382], de modo semelhante na situação de responsabilidade pós-contratual.

Assim, todas as vezes em que o devedor puder ser responsabilizado pelo credor por descumprimento da obrigação na fase pré-contratual, contratual ou pós-contratual, a interferência do terceiro será potencialmente passível de responsabilização.

4.7. Solidariedade na indução ao inadimplemento

A análise de solidariedade entre o terceiro e o contratante inadimplente ganham relevância quando o não cumprimento da obrigação não é fruto apenas da conduta do terceiro como ocorre, por exemplo, nas hipóteses

---

[381] "Diz-se que 'numa sociedade civilizada, que reconhece o direito de propriedade privada, é intolerável a ideia de que uma pessoa seja protegida pelo direito no gozo da sua propriedade, uma vez adquirida, mas deixada desprotegida pelo direito no seu esforço para a adquirir'; mais ainda 'uma grande parte do que é mais valioso na vida moderna parece depender mais ou menos diretamente de 'expectativas prováveis'. Quando elas falhem, a civilização, tal como está organizada, pode cair. À medida que a vida social e industrial se desenvolve e se torna mais complexa estas 'expectativas prováveis' terão de aumentar. Parece que seria inevitável aos tribunais – tendo em conta a evolução do (...) sistema jurisprudencial no sentido de ir ao encontro das crescentes solicitações de uma cada vez mais complexa ordem social – descobrir, definir e proteger de indevida interferência mais destas expectativas prováveis'". E. SANTOS JÚNIOR, op. cit.. p. 294.

[382] A propósito de um estudo aprofundado sobre a matéria no direito brasileiro, vide ZANETTI, Cristiano de Sousa. *Responsabilidade pela ruptura das negociações*. São Paulo: Juarez de Oliveira, 2005 e JUNQUEIRA DE AZEVEDO, Antonio. Responsabilidade pré-contratual no Código de Defesa do Consumidor: estudo comparativo com a responsabilidade pré--contratual no direito comum. In: JUNQUEIRA DE AZEVEDO, Antônio. *Estudos e pareceres de direito privado*. São Paulo: Saraiva, 2004. p. 173-183. Com as ressalvas já feitas sobre o uso da palavra oponibilidade e suas variações, E. Santos Júnior trata de modo acertado sobre o tema diferenciando as etapas de negociação e a vinculação em cada uma delas. SANTOS JÚNIOR, E. op. cit., p. 338.

de interferência no objeto da prestação ou na pessoa do devedor. Afinal, na indução, não apenas o terceiro, mas também o próprio devedor é responsável pelo inadimplemento. Já se analisou que o fundamento legal da responsabilidade de cada um deles é diverso, o devedor com fundamento contratual e o terceiro, por sua vez, com base extracontratual. No entanto, questiona-se se devedor e terceiro devem ser solidários perante o credor.

O tema não é novidade para a doutrina estrangeira e já foi tratado por autores dos mais diferentes países desde o começo do século XX. Com algumas nuances em linha de fundamentação, Hugueney[383], Luis

---

[383] "Nous lui adresserons d'abord une objection historique. Le droit romain, tout le monde est d'accord sur ce point, admettait dans certains cas le concours entre l'action de la loi Aquilia et l'action dérivant du contrat, action depositi, commodati, etc ... A cela sans doute nos adversaires répondent que si ce concours existait bien em droit romain, il était dû à la nature pénale de l'action aquilienne. Ce caractère penal aurait procuré au créancier un avantage que expliquerait le cumul possible des deux actions. Mais aujourd'hui ce concours, conséquence des conditions juridiques propres au droit romain, n'aurait plus raison d'être. La réponse paraît peu satisfaisante: l'evolution générale du droit, bien loin de restreindre le champ d'application de la responsabilité délictuelle, tend au contraire à l'élargir; la loi Aquilia avair été autrefois une première étape dans cette voie, l'article 1382 du Code civil en a marquee une seconde, plus décisive. Le progrès du droit a consisté à assurer aux individus contre les dommages don't ils pourraient être victimes une protection de plus en plus complete, et de plus en plus efficace. Comment dès lors prétendre qu'il y ait eu depuis l'epoque romaine à nos jours un changement de conditions sociales favorables à la suppression du concours de l'action délictuelle et de l'action contractuelle'? Le concours, parce qu'il améliore la situation de la victime, répond au but que poursuit toute l'evolution juridique. Nos lois modernes, dit-on, traitent séparément des dommages-intérêts dus pour inexécution d'un contrat et des dommages-intérêts dus en dehors de tout contrat. C'est vrai. Mais de ce que la loi distingue la faute qui a sa base dans un contrat et celle qui y est étrangére, en résulte-t-il que les deux fautes ne puissent jamais concourir? Il y a là, affirme-t-on, deux ordres de disposition parallèles. Deux parallèles ne se rencontrent pas, jamais la faute délictuelle et la faute contractuelle n'existeront en même temps. C'est d'une autre figure de géometrie qu'il faudrait, crotons-nous, faire usage. Nous nous trouvons en présence, non pas de deux paralléles, mais de deux cercles qui se coupent; s'il est vrai qu'ils ne se recouvrent pas entièrement, il est une certaine partie de leur surface ou ils chevauchent l'un sur l'autre. Dans la plupart des cas, la faute délictuelle ou la faute contractuelle se rencontrera seule: il n'en est pas moins vrai qu'il y a aujourd'hui encore des cas où elles pourront, à notre sens, coexister." HUGUENEY, Pierre. *Responsabilité civile du tiers complice de la violation d'une obligation contractuelle*, cit., p. 224-226.

Díez-Picazo e Antonio Gullón[384], Francesco Galgano[385] Camillo Verde[386] e Santos Júnior[387], entre outros, já se manifestaram no sentido de existir solidariedade entre o terceiro e o devedor em virtude do dano causado.

[384] "La problemática de estos contratos nace especialmente cuando se violan derechos subjetivos de créditos de terceros, que sufren las consecuencias perjudiciales de los mismos. Admitido ya sin discusión por la doctrina y jurisprudência el deber de respetar las situaciones jurídicas ajenas (obligacionales o reales), es evidente la posibilidad de que un contrato lesione las mismas cuando uno de los contratantes es sujeto de aquel derecho de crédito (el exclusivista, que es perjudicado porque el que le concedió la exclusiva de venta está vendiendo a otros en la zona reservada al primero para vender su produción, sentencia de 29 de octubre de 1955; la cantante que, pese estar ligada con una exclusiva que ha otorgado a una casa de reproducción de discos, contrata con outra la grabación de una serie de canciones, sentencia de 23 de marzo de 1921; el que, no obstante saber que el que le transmite un negocio estaba obligado a ofrecérselo primero a outro, lo adquiere, sentencia de 16 de febrero de 1973, etc.). La responsabilidad en que incurre el que es parte en el segundo contrato y sujeto pasivo del derecho subjetivo lesionado es clara: responsabilidad contratual por incumplimiento. La del que contrata con él debe establecerse en función de que conociese o no que se producía la lesión, respondiendo el el primer supuesto en base al artículo 1.902. Ambos deben indemnizar los perjuicios que se han ocasionado de forma solidaria." Os princípios do atual direito contratual e a desregulamentação do mercado." DÍEZ-PICAZO, Luiz; GULLÓN, Antonio. *Sistema de derecho civil*. 4. ed. v. 2. Madrid: Tecnos, 1983. p. 133.

[385] "un medesimo evento può integrare gli estremi di un atto, assunto dall'ordinamento giuridico come fonte di una determinata obbligazione, e può al tempo stesso integrare gli estremi di un fatto, assunto dall'ordinamento giuridico come fonte di una diversa obbligazione. È il fenomeno del concorso di fonti o, come più spesso si dice, del concorso (o cumulo) di responsabilità: fenomeno che acquista particolare importanza quando un medesimo evento è apprezzabile come inadempimento contrattuale, fonte dell'obbligazione di risarcire il danno ex art. 1218 (responsabilità contrattuale), ed è contemporaneamente valutabile come fatto illecito, fonte dell'obbligazione di risarcire il danno ex art. 2043 (responsabilità extracontrattuale). In tal caso il creditore può, a sua scelta, far valerei il contratto, ed agire nei confronti del debitore per inadempimento contrattuale, oppure può lamentare il fatto illecito ed agire nei confronti del debitore per questo diverso titolo di responsabilità. Il concorso delle due azioni, ammesso largamente dalla giurisprudenza, favorisce il creditore, che può ancora far valere la responsabilità da fatto illecito quando l'azione contrattuale sia già prescritta, o viceversa, oltre che permettergli di conseguire il risarcimento dei danni non patrimoniali, ammissibile solo in cado di fatto illecito (art. 2059). (...) Citando expressamente os julgados que justificam sua afirmação, vide: "Sulla responsabilità solidade dell'uno con l'altro, sebbene sia diverso il titolo della responsabilità, non si nutrono dubbi. Cosí, dalla premessa che 'i terzi non possono, senza subire conseguenze, interferire, con il loro comportamento illecito, nelle situazioni giuridiche costituitesi in testa ai contraenti per effetto del contratto', Cass., 20 ottobre 1983, n. 6160, in Giur. it., 1984, I, 1, c. 1440, argomenta che 'la partecipazion del terzo, estraneo al rapporto contrattuale, alla violazione degli obblighi negoziali commessa da un contraente, comporta la condanna in solido di entrambi al risarcimento del danno'; e cita fra i propri precedenti Cass., 16 luglio 1956, n. 2720." GALGANO, Francesco. *Trattato di diritto civile*, cit., v. 3, p. 225 e 508.

No âmbito do direito brasileiro, a título ilustrativo, Antonio Junqueira de Azevedo[388], Helena Lanna Figueiredo[389] e Humberto Theodoro Neto[390] manifestaram-se no sentido da responsabilidade solidária entre o

---

[386] "Si nega generalmente la possibilità di far ricorso al principio generale della solidarietà (cfr. art. 1294 e 2055 c.c.), sulla base dell'osservazione secondo la quale il debitore e il terzo rispondono a titolo diverso (rispettivamente a titolo di colpa contrattuale ed extracontrattuale), nei confronti del creditore). Ma a tale argomento si può facilmente replicare, osservando che un ormai diffuso orientamento giurisprudenziale ammette da tempo la solidarietà passiva fra i danneggianti, anche nel caso in cui rispondono a titolo diverso. L'esistenza di una responsabilità solidale del debitore e del terzo istigatore, può giustificarsi sia sotto il profilo dell'unicità del danno prodotto (al creditore), sia, anche, sotto il profilo dell'unicità del fatto danoso; a maggior ragione, se si tiene presente che, per diffuso orientamento giurisprudenziale tale unicità non va considerata in senso assoluto, ma 'in senso relativo al danneggiato; né essa va intesa come identità di azione o di titolo di colpa dei danneggianti, i quali possono concorrere a produrre il fatto dannoso con violazioni diverse di doveri giuridici o morali'." VERDE, Camillo. op. cit., p.447.

[387] "Defendemos, assim, que o devedor e terceiro respondem solidariamente, perante o credor, quando ambos sejam responsáveis pela lesão do crédito, ainda que o primeiro o seja a título de responsabilidade contratual e o segundo a título de responsabilidade aquiliana." SANTOS JÚNIOR, E. op. cit., p. 584.

[388] "As distribuidoras que vendem combustíveis a postos Ipiranga, quebrando a exclusividade contratualmente assegurada, estão, pois, a cometer ato ilícito (art. 159 do Código Civil); são elas solidariamente responsáveis pelas conseqüências do inadimplemento contratual praticado pelos postos Ipiranga. Essa solidariedade está expressa na parte final do art. 1.518 do Código Civil: "Os bens do responsável pela ofensa ou violação do direito de outrem ficam sujeitos à reparação do dano causado, e, se tiver mais de um autor a ofensa, todos responderão solidariamente pela reparação." JUNQUEIRA DE AZEVEDO, Antonio. Os princípios do atual direito contratual e a desregulamentação do mercado. Direito de exclusividade nas relações contratuais de fornecimento. Função social do contrato e responsabilidade aquiliana do terceiro que contribui para inadimplemento contratual, cit., p. 145-146. Em outro parecer, Junqueira reitera a existência de solidariedade: JUNQUEIRA DE AZEVEDO, Antonio. Diferenças de natureza e efeitos entre o negócio jurídico sob condição suspensiva e o negócio jurídico a termo inicial. A colaboração de terceiro para o inadimplemento de obrigação contratual. A doutrina do terceiro cúmplice. A eficácia externa das obrigações, cit., p. 222. No mesmo sentido, confira-se a explicação dada por Santos Júnior para o problema no direito português: "A solidariedade não se presume, é certo, mas, aqui, temos lei que a prevê. Em face da pluralidade de infractores e, consequentemente, de responsáveis – o terceiro, delitualmente responsável, ex vi do art. 483º, n.º 1, do CC, concorrendo no mesmo sentido, para as hipóteses aqui em apreço, o art. 490º do CC, como vimos, e o devedor, contratualmente responsável ex vi dos arts. 798º e ss do CC -, segue-se, naturalmente, a consideração do regime de solidariedade previsto no art. 497º, n.º 1 do CC, aplicável pela sua letra e pela mesma ratio decidendi e, assim, necessariamente extensível ao devedor, porque, por definição o regime de solidariedade, como regulador de uma obrigação com pluralidade de responsáveis, postula e abrange, pelo menos, dois sujeitos, não podendo abdicar de um." SANTOS JÚNIOR, E. op. cit., p. 557.

devedor e o terceiro. À semelhança do art. 497 do Código Civil português ("1 – Se forem várias as pessoas responsáveis pelos danos, é solidária a sua responsabilidade."), o fundamento legal para a solidariedade, a qual, como se sabe, exige expressa previsão das partes ou dispositivo legal, é o art. 942 do Código Civil brasileiro: "Os bens do responsável pela ofensa ou violação do direito de outrem ficam sujeitos à reparação do dano causado, e, se tiver mais de um autor a ofensa, todos responderão solidariamente pela reparação. Parágrafo único – São solidariamente responsáveis com os autores os co-autores e as pessoas designadas no art. 932."

Devidamente justificada a regulamentação da matéria com base na solidariedade, desse entendimento decorre que o credor, ainda que com fundamentos diferentes, pode cobrar simultaneamente do terceiro e do devedor, mas uma vez realizado o pagamento por um deles deve abater o valor já recebido do total da indenização[391].

[389] "Impende ressaltar, outrossim, que, por força do art. 942 do Código Civil, todo aquele que tiver concorrido adequadamente para o evento danoso é obrigado a indenizar o lesado. A lei estabeleceu, então, a responsabilidade solidária. Qualquer um dos responsáveis está obrigado a reparar integralmente o dano suportado pela vítima, por ser considerado pessoalmente causador do prejuízo." FIGUEIREDO, Helena Lanna. *Responsabilidade civil do terceiro que interfere na relação contratual*, cit., p. 52.

[390] THEODORO NETO, Humberto. *Efeitos externos do contrato*: direitos e obrigações na relação entre contratantes e terceiros, cit., p. 193.

[391] No âmbito da jurisprudência americana, vide o seguinte julgado em que é negado ao credor a possibilidade de cobrar novamente pelos prejuízos já indenizados: "C.A.8, 2006. After former employer settled its lawsuit against former employee who accepted a position with competitor in violation of a non-compete agreement, employer sued competitor for tortious interference with contract and other state-law tort claims. The district court granted competitor's motion to dismiss. Affirming, this court held, inter alia, that employer received full recovery under its contract action and could not now seek the same damages in a tort action for the same injury arising from the same conduct. The court reasoned in part that damages recoverable for tortious interference included pecuniary loss of the benefits of the contract and consequential losses for which interference was the legal cause, which were coextensive with the damages employer obtained in the first litigation. Kforce, Inc. v. Surrex Solutions Corp., 436 F. 3d 981, 984." THE AMERICAN LAW INSTITUTE. *Case Citations to the Restatement of the Law, Cumulative annual pocket part for use in 2013, reporting cases from July 2005 through June 2012*, cit., p. 104. Entendimento semelhante é adotado pela doutrina italiana: "Il danneggiato non potrà ottenere due volte, dal terzo e dal contraente, il risarcimento per l'inadempimento del contratto. Il risarcimento dovuto dal terzo deve tenere conto del risarcimento contrattuale, ed essere di conseguenza diminuito." TEDESCHI, Bianca Gardella. op. cit., p. 98.

4.8. Cláusula penal e arbitragem

Além da regulamentação da relação entre terceiro e contratante inadimplente em relação ao pagamento do dano, outro tema gera debate quando há previsão de cláusula penal no contrato: o terceiro e o contratante inadimplente podem ser acionados pelo seu valor ou apenas o devedor? A responsabilidade do terceiro fica limitada ao valor fixado na cláusula penal?

A determinação do valor da cláusula penal é resultante da livre negociação entre o credor e o devedor, ou seja, está restrita ao âmbito contratual. Em atenção ao princípio da relatividade dos efeitos contratuais[392], a cláusula não pode ser eficaz para obrigar o terceiro a cumprir algo que não contratou. Tal argumento é reforçado pelo fato de a responsabilidade do terceiro ser aquiliana e não contratual, não fazendo sentido a imposição de limites para sua responsabilidade.

Em termos práticos, se o montante da indenização fixada for superior ao valor da cláusula penal, o terceiro e o devedor respondem solidariamente até o limite fixado na cláusula penal, ficando o terceiro como único responsável pelo valor excedente. Na hipótese de os prejuízos ocasionados ao credor serem inferiores ao valor definido na cláusula penal, a solidariedade entre terceiro e devedor limitar-se-á aos prejuízos e este ficará como único responsável pela diferença até o montante estabelecido na cláusula penal.

Com relação à opção por parte do contratante prejudicado da exigibilidade do valor fixado na cláusula penal, resta uma ponderação final. Em todas as hipóteses de indução ao inadimplemento pelo terceiro, a conduta do devedor é dolosa no sentido de deliberadamente não cumprir a obrigação contratual. Nos termos do art. 408 do Código Civil, "Incorre de pleno direito o devedor na cláusula penal, desde que, culposamente, deixe de cumprir a obrigação ou se constitua em mora". Como se trata de inadimplemento doloso, o contratante prejudicado não está limitado

---

[392] "Consideramos, em nome, aqui sim, do princípio da relatividade dos contratos, que a cláusula penal eventualmente estabelecida entre credor e devedor não é eficaz em relação ao terceiro responsável, o qual não poderá nem prevalecer-se dela nem ser por ela onerado, ainda que a mesma possa ter um valor indicativo na determinação da indemnização a que fique adstrito, assim estabelecendo, em correspondência, que, no caso de o devedor e o terceiro serem ambos responsáveis, perante o credor, a solidariedade apenas exista até ao limite em que coincida o *quantum* da responsabilidade de cada um perante o credor." E. SANTOS JÚNIOR, Op. cit., p. 584.

à previsão contida no parágrafo único do art. 416 do Código Civil e pode cobrar livremente o valor dos prejuízos ao devedor com base na responsabilidade contratual.

De modo análogo ao que ocorre com a cláusula penal, não se pode impor ao terceiro a observância de cláusula compromissória arbitral pelo fato de não ter anuído expressamente com tal previsão, nos termos do art. 4º, § 1º, da Lei de Arbitragem. Assim, eventual demanda em face do contratante inadimplente deve ser resolvida em arbitragem e o litígio em face de terceiro no âmbito judicial, ressalvada, obviamente, a possibilidade de posterior anuência dele a se submeter ao procedimento arbitral.

4.9. Análise de casos paradigmáticos da responsabilidade de terceiro por violação da relação obrigacional

Após ter analisado o entendimento doutrinário em âmbito nacional e internacional no tocante à responsabilização de terceiro por violação ao direito de crédito, bem como o posicionamento adotado por cortes estrangeiras, passa-se à verificação do tema em casos paradigmáticos acontecidos no Brasil. Com a análise crítica desses precedentes, verificar-se-á na prática como está sendo a utilização dos temas discutidos ao longo da presente tese[393].

4.9.1. Recurso Especial n.º 468.062 – CE[394]: primeiro precedente de aplicação da doutrina do terceiro cúmplice no STJ

O primeiro precedente do Superior Tribunal de Justiça que menciona a aplicação da doutrina do terceiro cúmplice em matéria contratual é o Recurso Especial n.º 468.062-CE, de relatoria do Ministro Humberto Martins

---

[393] São conhecidas as dificuldades de análise técnica de precedentes judiciais pelo fato de muitos tribunais não disponibilizarem todos os julgados em via eletrônica, mas, principalmente, pela quantidade reduzida de informações que constam nos acórdãos, impossibilitando o conhecimento amplo dos fatos submetidos a julgamento. Em virtude disso, optou-se por analisar situações que tiveram maior repercussão e, por isso, nas quais foi possível obter maior quantidade de informações.

[394] BRASIL. SUPERIOR TRIBUNAL DE JUSTIÇA. Recurso Especial nº 468.062, Rel. Min. Humberto Martins, 11 de novembro de 2008. Disponível em: <http://www.stj.jus.br>. Acesso em: 9 março de 2014. Com comentários sobre o acórdão, vide o artigo de TAVARES, Willie Cunha Mendes. Efeitos do contrato em relação a terceiros. *Revista de Direito Bancário e do Mercado de Capitais*, São Paulo, v. 45, 2009.

A INTERFERÊNCIA LESIVA DE TERCEIRO NA RELAÇÃO OBRIGACIONAL

e julgado em 11 de novembro de 2008. No que interessa ao objeto do presente trabalho, destaca-se o seguinte trecho da ementa, *in verbis*:

> Recorrente: Caixa Econômica Federal – CEF
> Recorrido: Antônio Osmar Teles Monteiro e Outro
> "PRINCÍPIO DA RELATIVIDADE DOS EFEITOS DO CONTRATO – DOUTRINA DO TERCEIRO CÚMPLICE – TUTELA EXTERNA DO CRÉDITO. O tradicional princípio da relatividade dos efeitos do contrato (*res inter alios acta*), que figurou por séculos como um dos primados clássicos do Direito das Obrigações, merece hoje ser mitigado por meio da admissão de que os negócios entre as partes eventualmente podem interferir na esfera jurídica de terceiros – de modo positivo ou negativo –, bem assim, tem aptidão para dilatar sua eficácia e atingir pessoas alheias à relação *inter partes*. As mitigações ocorrem por meio de figuras como a doutrina do terceiro cúmplice e a proteção do terceiro em face de contratos que lhes são prejudiciais, ou mediante a tutela externa do crédito. Em todos os casos, sobressaem a boa-fé objetiva e a função social do contrato."

No caso apreciado pelo Superior Tribunal de Justiça, foi firmado contrato de mútuo habitacional entre "José Américo Sobrinho e TERRA COMPANHIA DE CRÉDITO IMOBILIÁRIO – TERRA CCI, agente financeiro vinculado ao extinto Banco Nacional de Habitação – BNH, sucedido pela ora Recorrente". Posteriormente, houve cessão da posição contratual do mutuário aos Recorridos por meio de escritura pública de compra e venda na qual foi ressalvada a existência de caução hipotecária dada ao BNH por TERRA CCI.

Após pagamento antecipado do saldo devedor, TERRA CCI deu quitação e autorizou o levantamento do referido gravame da matrícula do imóvel. Entretanto, permaneceu o direito real de caução sobre crédito hipotecário da Recorrente contra a TERRA CCI. Quando os Recorridos tentaram a liberação desse ônus, alegou-se que "o inadimplemento das obrigações pela TERRA CCI ante à CEF gerou a esta a pretensão de se opor ao levantamento do gravame de caução". Em primeiro grau, decidiu-se pela ineficácia da relação entre a Recorrente e TERRA CCI em relação ao Recorrido em virtude da ausência de comunicação prévia e do fato de o registro do título não implicar presunção de conhecimento. No Tribunal Regional Federal, o entendimento foi mantido com fundamento na ausência de vinculação dos Recorridos pelo inadimplemento da TERRA CCI, uma vez que já haviam cumprido suas obrigações.

Conforme bem sintetizado no acórdão sob análise, "a questão, por conseguinte, está em saber se os recorridos podem-se liberar de gravame, após a quitação de suas obrigações, quando persistem vínculos de seu credor com a CEF (Recorrente)".

Ao apreciar o objeto da demanda, o Ministro Relator citou três diferentes formas do que denomina "eficácia contratual extra partes", quais sejam, oponibilidade, doutrina do terceiro cúmplice e contrato em dano a terceiro; além do contrato com pessoa a declarar e estipulação em favor de terceiro, todas "tendo por suporte a quebra da higidez do princípio da relatividade dos efeitos do contrato".

Além da convincente e suficiente motivação da Turma julgadora com fundamento nos arts. 792 e 794 do Código Civil de 1916, vigente à época dos fatos, considerou-se que "independentemente do teor da lei, a aplicação dos princípios relativos à proteção das relações jurídicas em face de terceiros é fundamento suficiente, ao lado da função social e da boa-fé objetiva[395], para impedir a responsabilização dos recorridos".

Analisando o julgado, conclui-se que a argumentação de linha principiológica não passa de um argumento de reforço, um argumento retórico para solucionar o caso, já devidamente respondido à luz dos dispositivos

---

[395] Acolhendo apenas a boa-fé e afastando a aplicação da função social para justificar a tutela externa do crédito, confira-se o entendimento de Gustavo Tepedino: "A função social, a seu turno, subverte o princípio da relatividade, impondo efeitos contratuais que extrapolam a avença negocial. Ou seja, o respeito à disciplina contratual torna-se oponível a terceiros (boa-fé objetiva), ao mesmo tempo em que os contratantes devem respeitar os titulares de interesses socialmente relevantes alcançados pela órbita do contrato (função social do contrato). (...) O esmorecimento do princípio da relatividade indica, como observado no texto, a imposição aos contratantes de deveres extracontratuais, socialmente relevantes e tutelados constitucionalmente. Não deve significar, todavia, uma ampliação da proteção dos próprios contratantes, o que amesquinharia a função social do contrato, tornando-a servil a interesses individuais e patrimoniais que, posto legítimos, já se encontram suficientemente tutelados pelo contrato. De outra parte, o princípio da boa-fé objetiva, informado pela solidariedade constitucional, por não se limitar ao domínio do contrato, alcança todos os titulares de situações jurídicas subjetivas patrimoniais, vinculando-os ao respeito de posições contratuais, suas ou de terceiros. Por isso mesmo, fundamenta-se na boa-fé objetiva a proteção do crédito em face de terceiros, não já no princípio da função social." TEPEDINO, Gustavo Novos princípios contratuais e teoria da confiança: a exegese da cláusula *to the best knowledge of the Sellers*. In: *Temas de direito civil*. Rio de Janeiro: Renovar, 2006. t. 2, p. 250-251.

legais anteriormente indicados. Com relação ao comentário da ementa a propósito da mitigação do princípio da relatividade dos efeitos do contrato à luz dos princípios da boa-fé e da função social do contrato não merece prosperar[396]. Na verdade, conforme já tratado, desde o início do século XX, Hugueney já não vislumbrava na relatividade dos efeitos contratuais uma permissão ao terceiro para agir sem responsabilidade em atenção ao direito de crédito.

Outro precedente do Superior Tribunal de Justiça em episódio envolvendo a aplicação da doutrina do terceiro cúmplice é conhecido popularmente como caso Zeca Pagodinho, o qual se passa a analisar.

4.9.2. Caso Zeca Pagodinho: o episódio de maior repercussão na aplicação da doutrina do terceiro cúmplice no direito brasileiro

Em setembro de 2003, Jessé Gomes da Silva Filho, mais conhecido como Zeca Pagodinho, assinou contrato com cláusula de exclusividade pelo prazo de um ano para ser garoto-propaganda da cerveja Nova Schin, de propriedade de Primo Schincariol Indústria de Cervejas e Refrigerantes S/A ("Schincariol"). A série de comerciais que contou não só com a presença do referido cantor, mas também de outras pessoas famosas como Aline Moraes, Fernanda Lima e Thiago Lacerda, entre outros, foi um verdadeiro

---

[396] Apesar de não ser objeto da tese, merece ser registrado o seguinte precedente no Superior Tribunal de Justiça em matéria de família, qual seja, REsp 1.122.547/MG. BRASIL. SUPERIOR TRIBUNAL DE JUSTIÇA. Recurso Especial nº 1.122.547/MG, 4ª Turma, Rel. Min. Luis Felipe Salomão, 10 de novembro de 2009. Disponível em: <www.stj.jus.br.> Acesso em: 1º dez. de 2014. Na ementa, extrai-se a seguinte passagem que resume o entendimento unânime da turma julgadora: "O cúmplice do cônjuge infiel não tem o dever de indenizar o traído, uma vez que o conceito de ilicitude está imbricado na violação de um dever legal ou contratual, do qual resulta dano para outrem, e não há no ordenamento jurídico pátrio norma de direito público ou privado que obrigue terceiros a velar pela fidelidade conjugal em casamento do qual não faz parte. Não há como o Judiciário impor um "não fazer" ao cúmplice, decorrendo disso a impossibilidade de se indenizar o ato por inexistência de norma posta – legal e não moral – que assim determine. O réu é estranho à relação jurídica existente entre o autor e sua ex-esposa, relação da qual se origina o dever de fidelidade mencionado no art. 1.566, inciso I, do Código Civil de 2002. De outra parte, não se reconhece solidariedade do réu por suposto ilícito praticado pela ex-esposa do autor, tendo em vista que o art. 942, caput e parágrafo único, do CC/02 (art. 1.518 do CC/16), somente tem aplicação quando o ato do co-autor ou partícipe for, em si, ilícito, o que não se verifica na hipótese dos autos."

sucesso. Segundo notícia veiculada no Jornal Folha de São Paulo[397], a Nova Schin virou a terceira empresa no ranking nacional de cervejas e reduziu pela metade a diferença em relação à Brahma Chopp.

Em janeiro de 2004, a Companhia de Bebidas das Américas – AMBEV ("AMBEV"), dona da cerveja Brahma, contratou a agência África para substituir a F/Nazca e, no dia 12 de março, foi veiculado comercial em que Zeca Pagodinho ironiza sua passagem pela Nova Schin. A partir de então, iniciou-se um longo litígio entre as duas cervejarias, o cantor e a empresa deste – JGS Produções Artísticas.

Schincariol ajuizou medida cautelar para impedir a veiculação da propaganda da cerveja Brahma com a participação do cantor Zeca Pagodinho com fundamento na cláusula de exclusividade no contrato firmado com o artista. Em sede liminar, posteriormente confirmada pelo Tribunal de Justiça de São Paulo[398], determinou-se a abstenção do cantor de participar de campanhas publicitária, promocionais e afins referentes a outras marcas de cerveja e até de fazer alusão direta ou indireta às mesmas, sob pena de multa diária de quinhentos mil reais. Idêntica multa foi fixada para a hipótese de AMBEV utilizar a imagem ou a voz do cantor para fins publicitários, promocionais e afins.

No acórdão, foram apontadas duas razões para justificar o entendimento adotado, quais sejam, a existência de um vínculo contratual prévio e devidamente comprovado[399], bem como outra "de ordem ética, e aliada à necessidade de se evitar que o desrespeito ao aludido vínculo persista, acarretando

---

[397] Disponível em: <www1.folha.uol.com.br/folha/dinheiro/ult91u82653.shtml>. Acesso em: 5 de dezembro de 2014.

[398] BRASIL. TRIBUNAL DE JUSTIÇA DO ESTADO DE SÃO PAULO. Agravos de Instrumento nº 346.328-4/5-00 e 346.344.4/8-00, 7ª Câmara de Direito Privado, Rel. Des. Roberto Mortari, 31 de março de 2004. Disponível em: <www.tjsp.jus.br>. Acesso em: 1º dez. 2014. Em seu recurso, Schincariol pleiteava o aumento do valor da multa por descumprimento da determinação judicial, mas não logrou êxito.

[399] "Mesmo porque, ainda que a AMBEV não tenha sido signatária do contrato entre Zeca Pagodinho e Schincariol, sua conduta, ao deixar de observar o pacto de exclusividade nele contido, é potencialmente apta a gerar dano indenizável.". BRASIL. TRIBUNAL DE JUSTIÇA DO ESTADO DE SÃO PAULO. Agravo de Instrumento nº 346.328-4/5-00, 7ª Câmara de Direito Privado, Rel. Des. Roberto Mortari, 31 de março de 2004. Disponível em: <www.tjsp.jus.br>. Acesso em: 1º dez. 2014.

maiores danos para as partes envolvidas e para o meio social"[400]. Não se questiona o acerto do julgamento colegiado para evitar o agravamento dos danos já causados à Schincariol, mas a fundamentação merece reparo. Afinal, meros deveres éticos não podem ser impostos juridicamente se não tiverem respaldo legal. Em nenhuma passagem foi citado qualquer artigo do Código Civil para fundamentar o entendimento, resumindo-se à indicação da importância do Código de auto-regulamentação da publicidade.

Conforme tratado nos capítulos anteriores, o fundamento para a responsabilização do cantor é o artigo 389 do Código Civil em virtude do descumprimento do contrato firmado com a Schincariol. Por sua vez, conhecedora da pública relação contratual entre a referida cervejaria e o cantor, AMBEV violou direito da contratante prejudicada de forma deliberada e, por isso, deve ser responsabilizada nos termos dos arts. 186 e 927 do Código Civil. Em 8 de abril, CONAR também manifestou-se de modo favorável à retirada do comercial dos meios de divulgação, com fundamento no art. 32 do Código de regulamentação do setor, o qual versa sobre normas a serem seguidas em propaganda comparativa.

Por ocasião do julgamento[401], o Superior Tribunal de Justiça condenou o cantor Zeca Pagodinho e sua empresa ao pagamento de indenização por danos morais e materiais em virtude de sua conduta de flagrante desrespeito ao contrato. Além da aplicação de cláusula penal prevista no contrato, a conduta do terceiro, que flagrantemente viola os deveres ínsitos à boa-fé justifica a indenização por danos morais. Posicionou-se de modo acertado o tribunal ao fixar a condenação a este título não com fundamento no descumprimento contratual, mas no comportamento do cantor Zeca Pagodinho, que passou não só a fazer comercial para concorrente, mas também dar declarações públicas em sentido contrário aos interesses de sua primeira contratante.

---

[400] Destaque-se, ainda, a seguinte passagem: "Não é difícil identificar, na campanha publicitária veiculada pela AMBEV, pontos contrários à ética. No mínimo, ela estimula a traição e o desrespeito aos contratos, práticas nocivas à sociedade, que não pode ficar exposta a tal aviltamento, enquanto as partes discutem, dentro dos autos, suas razões, e eventuais perdas e danos.". BRASIL. TRIBUNAL DE JUSTIÇA DO ESTADO DE SÃO PAULO. Agravo de Instrumento nº 346.328-4/5-00, 7ª Câmara de Direito Privado, Rel. Des. Roberto Mortari, 31 de março de 2004. Disponível em: <www.tjsp.jus.br>. Acesso em: 1º dez. 2014.
[401] BRASIL. SUPERIOR TRIBUNAL DE JUSTIÇA. Recurso Especial nº 1.203.153, 3ª Turma, Rel. Min. Paulo de Tarso Sanseverino, 3 de junho de 2014. Disponível em: <www.stj.jus.br>. Acesso em 1º dez. 2014.

Na mesma data do julgamento do recurso referido no parágrafo anterior, o Superior Tribunal de Justiça[402] apreciou recursos especiais interpostos no âmbito de ação de reparação de danos ajuizada pela agência de publicidade Fischer América Comunicação Total Ltda. e ALL-E Esporte e Entretenimento Ltda. contra Nizan Mansur de Carvalho Guanaes Gomes e África São Paulo Publicidade Ltda. com fundamento em concorrência desleal e pleito de indenização por danos materiais e morais. O ato de concorrência desleal consistiria na contratação, pela agência Ré, do cantor Zeca Pagodinho no contexto narrado acima.

Em primeira instância, o Réu Nizan Guanaes Gomes foi excluído da lide e a agência Ré condenada a pagar às Autoras indenização por danos morais, bem como danos materiais, estes a serem apurados em liquidação por arbitramento. Em segunda instância, a condenação por danos morais foi excluída e alterado o critério para o cálculo dos danos materiais.

Outros temas foram objeto do recurso, tais como: a ilegitimidade ativa da agência Fischer, a ilegitimidade passiva de Nizan Guanaes Gomes, o critério para fixação da indenização nos termos do artigo 210 da Lei de Propriedade Industrial e o cabimento de danos morais, mas a presente análise ficará limitada ao objeto da presente tese. Para tanto, parte-se da premissa que "os prepostos da agência África, com o objetivo de frustrar a campanha publicitária da agência Fischer, teriam 'seduzido' o cantor Zeca Pagodinho, a migrar para a agência concorrente"[403].

Em seu voto, o relator, Ministro Paulo de Tarso Sanseverino, aduz que a conduta se enquadra como ilícito não só à luz da concorrência desleal nos termos do artigo 209 da Lei 9.279/96 – "prejudicar (...) os negócios alheios" – mas também por violação ao princípio da boa-fé, nos termos dos artigos 113, 187 e 422 do Código Civil, os quais determinam à coletividade uma postura ética de respeito à relação contratual.

À luz dos argumentos expostos e considerando os fatos narrados no acórdão, é pertinente a decisão do Superior Tribunal de Justiça de configurar a conduta da agência África como concorrência desleal nos termos

---

[402] BRASIL. SUPERIOR TRIBUNAL DE JUSTIÇA. Recurso Especial nº 1.316.149-SP, 3ª Turma, Rel. Min. Paulo de Tarso Sanseverino, 3 de junho de 2014. Disponível em <www.stj.jus.br>. Acesso em: 1º de dez. de 2014.

[403] BRASIL. SUPERIOR TRIBUNAL DE JUSTIÇA. Recurso Especial nº 1.316.149-SP, 3ª Turma, Rel. Min. Paulo de Tarso Sanseverino, 3 de junho de 2014. Disponível em <www.stj.jus.br>. Acesso em: 1º de dez. de 2014.

do artigo 209 da Lei de Propriedade Industrial. Assim, a parte prejudicada pode pleitear os lucros cessantes da forma mais conveniente, nos termos do artigo 210 do referido diploma legal.

Com relação à configuração da conduta sob análise como ilícito civil, concorda-se com a conclusão, mas não com a fundamentação. Conforme já registrado, os fundamentos no direito brasileiro para a ilicitude estão no artigo 186 do Código Civil. Conforme entendimento de Santos Júnior[404] analisando o artigo 334 do Código Civil português, reproduzido com mínimas alterações no artigo 187 do Código Civil brasileiro, o dever geral de respeito aos créditos alheios constitui um limite concreto à liberdade de atuação do terceiro, logo não há qualquer liberdade de sua atuação a ser abusada.

4.9.3. Acidente aéreo no Aeroporto de Congonhas em 2007: violação ao substrato do crédito e apenas indiretamente interferência no direito de crédito

No dia 17 de julho de 2007, o voo JJ 3054, da TAM Linhas Aéreas S/A ("TAM" ou "Ré"), partiu de Porto Alegre com duas funcionárias e uma sócia de Édison Freitas de Siqueira Advogados S/A ("Édison Siqueira Advogados" ou "Autora") com destino a São Paulo, onde participariam de um seminário jurídico organizado pela referida sociedade de advogados. Ao aterrissar, o avião ultrapassou os limites da pista de pouso do aeroporto de Congonhas e acabou colidindo com o terminal de cargas. Todos os ocupantes da aeronave faleceram nesse trágico episódio.

Em síntese, o Autor pleiteou perante a justiça gaúcha a condenação da TAM para pagamento de: (i) valores dos bilhetes aéreos de suas prepostas que faleceram no acidente; (ii) quantia equivalente aos "notebooks" que as vítimas portavam; (iii) danos emergentes em virtude de indenização a ser porventura fixada no âmbito de ação trabalhista ajuizada por conta da morte de uma das funcionárias; (iv) lucros cessantes decorrentes da diminuição dos valores auferidos pela Autora no período posterior ao acidente e (v) dano moral.

---

[404] SANTOS JÚNIOR, op. cit.. p. 518-525.

Em primeira instância, apenas os dois primeiros pleitos foram acolhidos. Após a interposição de apelação por ambas as partes[405], o julgamento não sofreu alteração significativa, pois houve apenas pequeno aumento dos honorários fixados em sede de sentença. O pedido de danos emergentes vinculado à possível condenação na ação trabalhista não foi acolhido por se tratar de dano hipotético. Tal entendimento está correto na medida em que não existe responsabilidade sem dano.

Já o pleito de lucros cessantes foi afastado por ausência de comprovação de decréscimo patrimonial sofrido após o acidente aéreo em decorrência do óbito das vítimas. Nos termos do artigo 333, I, do Código de Processo Civil, os magistrados gaúchos consideraram que a Autora deveria ter apresentado seus balanços patrimoniais antes e após 2007, ano do acidente, bem como demonstrar relação direta entre a redução dos rendimentos e o fato de as vítimas não integrarem mais o quadro de funcionários. Concluiram pela rejeição do pleito com argumento de que a Autora conseguiu reestruturar seu quadro de funcionários, conforme por ela confessado e confirmado pela prova testemunhal, bem como não restaram comprovados os danos pela não participação no evento realizado em São Paulo.

Conforme tratado durante a apreciação dos casos italianos Superga e Meroni, o Autor não faria jus à indenização por mais que tivesse demonstrado a vinculação entre as mortes decorrentes do acidente aéreo e sua redução de faturamento. Afinal, o episódio sob análise é a responsabilidade da companhia aérea resultante da queda do avião e eventuais danos à sociedade em que as vítimas atuavam são danos reflexos, indiretos e, portanto, não passíveis de ressarcimento nos termos do artigo 403 do Código Civil[406]. Por fim, registre-se o indeferimento do pedido de danos morais por não ter sido demonstrada ofensa à honra objetiva da sociedade,

---

[405] BRASIL. TRIBUNAL DE JUSTIÇA DO ESTADO DO RIO GRANDE DO SUL. Apelação n.º 70047718473, 12ª Câmara Cível, Rel. Des. Umberto Guaspari Sudbrack, 27 de fevereiro de 2014. Disponível em: <www.tjrs.jus.br>. Acesso em: 1º dez. de 2014.

[406] No direito americano, confira-se: "Iowa, 2005. After an employee was killed in a vehicle collision while driving employer's truck-tractor, employer sued the driver of the other vehicle for negligence, seeking damages to the truck and consequential damages to his rock-hauling business for the loss of a key employee during peak season. The trial court entered judgment on a jury verdict awarding plaintiff damages for the destruction of the truck, but it denied consequential damages. The court of appeal affirmed. This court affirmed in part, holding, inter alia, that an employer could not claim consequential damages for loss of income to a business as a result of the absence of an injured employee. Gosch v, Juelfs, 701 N.W. 2d, 90,

não configurando os dissabores decorrentes do acidente como justificativa para a condenação.

À luz do decidido pelo tribunal gaúcho e com a ressalva feita acima sobre a fundamentação com relação ao pedido de lucros cessantes, constata-se que a proteção dada ao direito real (no caso, representada pelo ressarcimento dos *notebooks* que estavam em posse das vítimas) é direta e, por conta disso, acaba sendo mais ampla do que a reservada ao direito de crédito nesse caso, cuja violação, por ser indireta, não dá margem à responsabilização da companha aérea. De fato, o dever de indenizar desta limita-se ao estipulado no artigo 948 do Código Civil, ou seja, despesas com tratamento da vítima, funeral, luto da família e prestação de alimentos às pessoas a quem o morto os devia durante a duração provável de sua vida.

4.9.4. Caso Tufão: exemplo da importância do "deveria saber"

Em 2012, a Globo Comunicação e Participações S/A ("TV Globo") exibiu a novela Avenida Brasil, a qual alcançou altíssimos índices de audiência em todo o país. Na trama, o ator Murilo Benício interpretava o protagonista: Tufão, um jogador de futebol que, sem saber, era reiteradamente traído por sua esposa.

Durante a fase final de exibição da novela, Vivo Participações contratou a empresa Young & Rubicam do Brasil Ltda. para produzir um anúncio denominado "Vivo sempre Internet". Na peça publicitária, faz-se um paralelo entre o desconhecimento das traições pelo personagem Tufão e a necessidade de os possíveis clientes contratarem o produto, que permite estar conectado todos os dias, para não correrem o risco de ficarem sem saber de informações importantes. Ao final, o ator finaliza com um bem humorado: "Entendeu?"

Inconformada com as diversas alusões ao personagem durante a realização do comercial, as quais não foram antecedidas de autorização, a TV Globo apresentou Representação perante o Conselho Nacional de Auto-regulamentação Publicitária – o CONAR[407]. Sem prejuízo das alegações

---

91.THE AMERICAN LAW INSTITUTE. *Case Citations to the Restatement of the Law, Cumulative annual pocket part for use in 2013, reporting cases from july 2005 through june 2012.* cit. 56/57.

[407] O inteiro teor da representação e a decisão liminar que determinou a sustação imediata do anúncio em todo tipo de mídia estão disponíveis em: <http://www.migalhas.com.br/arquivo_artigo/art20121016-07.pdf>. Acesso em: 1º dez. 2014.

sobre desrespeito a direitos autorais, concorrenciais e dispositivos do Código Brasileiro de Auto-regulamentação, o que mais chama atenção para fins da presente análise é o que consta no Manual de práticas comerciais do canal de televisão[408].

Nos termos do referido documento, não se pode fazer qualquer menção aos integrantes do elenco de uma novela para fins comerciais sem prévia autorização. Pelo fato de o referido Manual de Práticas Comerciais da TV Globo ser amplamente conhecido no meio publicitário, não teria a menor chance de êxito qualquer argumento no sentido de seu desconhecimento para justificar a conduta da produtora do comercial, tanto que o CEO de umas das empresas envolvidas na produção do anúncio assumiu publicamente a falha[409].

Está-se, assim, portanto, diante de um exemplo em que a mera conduta culposa de desconhecer uma relação entre privados à luz dos usos do

---

[408] Texto extraído do manual de práticas comerciais da TV Globo.
" 2.2.5.1 PARTICIPAÇÃO DE INTEGRANTES DO ELENCO EM COMERCIAIS
É livre a "participação pessoal" de integrantes do elenco e demais contratados da Globo em mensagens publicitárias, observadas, quanto à veiculação, as regras dispostas neste Manual, as quais integram os respectivos contratos. Para efeito de veiculação, considera-se "participação pessoal" aquela em que o nome, a imagem e/ou a voz da pessoa do integrante do "elenco fixo" é usada em comercial, sem associá-lo direta ou indiretamente a personagem/interpretação ou a "propriedades"/programas. (...) Este Manual considera integrante do "elenco fixo" de determinado programa o ator, apresentador de programa de entretenimento, humorista, personagem, comentarista ou especialista contratado que tenha participação regular em programa de entretenimento ou em "quadro" de programa do gênero exibido pela Globo. (...) Comercial que conte com a participação de integrante do "elenco fixo" não poderá ser veiculado nos intervalos do respectivo programa. Esta restrição não se aplica:
(a) à participação pessoal ocasional em programa/"quadro";
(b) ao elenco da novela em exibição no programa Vale a Pena Ver de Novo e reprises de programas em geral;
(c) à participação de atores e apresentadores nas mensagens/vinhetas vinculadas a projetos de cunho institucional, iniciativa da Globo e por ela chancelados;
(d) a pessoa/profissional que tenha obtido prévia e expressa autorização da Globo. Integrantes do "elenco fixo" não poderão figurar juntos em um mesmo comercial/campanha enquanto o respectivo programa estiver em exibição, respeitadas as restrições contratuais e demais normas deste Manual. Esta condição abrange inclusive integrantes do elenco de emissoras concorrentes. Esta restrição cessará transcorridos 60 dias da exibição do último episódio/edição/capítulo/programa. Disponível em: <http://comercial2.redeglobo.com.br/midiakit/Documents/PDFs/manual+de+praticas.pdf> Acesso em: 1º dez. 2014.
[409] Disponível em: <http://propmark.uol.com.br/mercado/42070:grupo-newcomm-assume--erro-por-comercial-da-vivo>. Acesso em: 1º dez. 2014.

A INTERFERÊNCIA LESIVA DE TERCEIRO NA RELAÇÃO OBRIGACIONAL

mercado seria suficiente para justificar a responsabilização de um terceiro que deliberadamente viola uma disposição contratual. Reconhece-se, por fim, que existe a possibilidade de surgirem casos em que a averiguação dos usos do tráfego para configuração do comportamento culposo do terceiro não será tão fácil – por exemplo, o caso de um canal de televisão de menor expressão – mas, infelizmente, não se afigura possível fixar parâmetros abstratos para todas as situações, sendo viável apenas a fixação de balizas sobre o tema.

4.10. Conclusão parcial

Considerando o que foi exposto no presente capítulo, pode-se concluir o quanto segue:

a) nos termos do artigo 186 do Código Civil, a ilicitude consiste na violação de direito de outrem, no caso, de crédito;

b) além dos casos de interferência dolosa por terceiro ao direito de crédito, o terceiro também pode ser responsabilizado, à luz dos critérios estabelecidos no tráfego comercial, quando deveria saber da existência da obrigação contratual para cujo descumprimento contribuiu ou foi determinante;

c) à luz da previsão contida no artigo 942 do Código Civil brasileiro, é preferível utilizar a expressão terceiro coautor do que terceiro cúmplice;

d) em virtude da consagração da expressão terceiro cúmplice, admite--se sua utilização, mas com a ciência da ressalva apresentada no item anterior;

e) a indenização só é devida em favor do contratante prejudicado quando efetivamente comprovado o dano sofrido;

f) o nexo causal, por sua vez, precisa ser direto e imediato, destacando--se a impossibilidade de fixação de indenização com fundamento em mero vínculo indireto, ressalvado o caso de alimentos para herdeiros de vítima de homicídio;

g) feitas as ressalvas com relação às diferenças entre os ordenamentos brasileiro e americano na regulamentação da interferência por terceiro, o *Restatement of Torts* pode ser um parâmetro de tratamento sistemático do tema;

h) a responsabilidade de terceiro por violação ao direito de crédito pode ser aplicada nas fases pré-contratual, contratual ou pós--contratual;

i) nos termos do artigo 942 do Código Civil, o terceiro, bem como o contratante que descumpriu sua obrigação são solidariamente responsáveis pelos danos causados; e

j) nas hipóteses de previsão de cláusula penal e cláusula compromissária, são aplicáveis apenas aos contratantes.

CONCLUSÃO

A relação dos terceiros com o contrato é tema instigante, pois foge do padrão clássico da relação obrigacional como produtora de efeitos apenas entre seus participantes e verifica-se com cada vez mais frequencia nos últimos anos. Afinal, as relações negociais estão cada vez mais interligadas, fruto de uma sociedade de consumo complexa, e a produção de efeitos para terceiros é cada vez mais nítida. Esse contexto se torna ainda mais intricado quando se considera a intensa concorrência no mercado, com tipos contratuais cada vez mais sofisticados e com atuações cada vez mais agressivas de participantes no mercado.

Ainda nessa seara, a atuação de terceiro, voluntária ou não, pode ser prejudicial ao cumprimento do contrato. Exemplos aptos a ilustrar a intervenção no âmbito contratual de parte não contratante são vários e, dentre outros, podem ser citados em âmbito internacional os casos Superga e Meroni (Itália) e, no Brasil, tornou-se famoso o episódio envolvendo o cantor Zeca Pagodinho e duas cervejarias, todos devidamente analisados no curso da presente tese.

Ao analisar o tema, verificou-se que a busca pela regulamentação da interface do terceiro com a relação obrigacional demanda, inevitavelmente, análise de três temas relacionados à teoria geral do direito privado, quais sejam, a relatividade dos efeitos contratuais, os limites da responsabilidade do terceiro interferente nas relações obrigacionais e a oponibilidade.

A pesquisa realizada para redação do presente estudo partiu do que o ordenamento já regulamenta expressamente. A primeira conclusão a que se chegou foi no sentido de que os efeitos da interferência de terceiro em determinadas relações obrigacionais já se encontram expressamente regulamentados pelo Código Civil e pela legislação extravagante, como é o caso dos contratos de prestação de serviços e de parceria agrícola.

Não obstante as hipóteses pontuais acima indicadas, verifica-se verdadeira lacuna quanto ao regramento geral com relação aos três temas – relatividade, responsabilidade civil e oponibilidade Enquanto isso, os julgadores deparam-se diariamente com situações decorrentes de violação de terceiro na relação obrigacional, conforme tratado no capítulo quarto, utilizando-se, muitas vezes, de critérios imprecisos, tal como a função social do contrato, entre outros.

Portanto, a presente tese teve como finalidade: (i) analisar o direito brasileiro, (ii) estudar as contribuições da doutrina estrangeira já amadurecidas sobre a matéria, especialmente sob o enfoque dos três temas tratados acima – relatividade, responsabilidade e oponibilidade – e, por fim, (iii) propor parâmetros para regulamentação da atuação de terceiro que, voluntariamente ou não, acabe por interferir na relação obrigacional, com especial destaque para o direito de crédito.

Nesse contexto, a legislação, os julgados e a doutrina estrangeiros foram apreciados com foco na fundamentação legal reconhecida pelos ordenamentos analisados, captando-se os motivos e a linha argumentativa que nortearam a construção da responsabilidade de terceiro, para que pudessem ser confrontados com o modelo que se pretende propor ao ordenamento juridico brasileiro.

Com esse enfoque, verificou-se que os ordenamentos francês, italiano, português e americano, entre outros, admitem de maneira consolidada a responsabilidade de terceiro por violação da relação obrigacional.

No que tange à relatividade dos efeitos obrigacionais, concluiu-se que sua adequada interpretação permite impedir sua utilização como fundamento para afastar a responsabilização de terceiro por condutas atentatórias à relação obrigacional. Até porque os contratantes não podem prever obrigações em prejuízo de terceiro, sob pena de violação da autonomia privada destes.

Alicerçado nesse posicionamento mais restritivo sobre a leitura do princípio da relatividade dos efeitos contratuais, algo que não é novo, muito menos na doutrina estrangeira, conforme restou demonstrado ao longo do presente estudo, não se deseja dizer que houve redução do papel da autonomia privada na seara contratual, apenas se pretende realizar o correto enquadramento da matéria, demonstrando que a autonomia privada

CONCLUSÃO

não resolve todas as situações, não obstante seu papel central na criação de direitos e de obrigações entre as partes.

Afinal, o exercício da vontade segue com seu papel central na teoria contratual, o que não significa afirmar que a vontade das partes pode impor obrigações ilimitadas a terceiros, até porque estes também devem ter sua vontade respeitada (incolumidade das esferas jurídicas). É a regulamentação da responsabilidade civil que cria deveres aos terceiros de respeitar vínculos obrigacionais.

Em termos práticos, significa dizer que a relatividade dos efeitos contratuais permite às partes criar obrigações para as próprias e não veda a criação de direitos para terceiros. Desses limites em diante, são as regras de responsabilidade civil que regulamentam se um determinado terceiro deve ser responsabilizado ou não por uma conduta que prejudicou ou até mesmo impossibilitou o adimplemento de uma obrigação contratual.

A propósito, a análise do direito estrangeiro facilitou a constatação dessa afirmação, pois permitiu visualizar que, por mais que os resultados práticos sejam muitas vezes os mesmos, a fundamentação é diversa em virtude das diferenças entre os ordenamentos jurídicos, mas sempre dentro do âmbito da responsabilidade civil. Por exemplo, o direito francês foca o tratamento do tema no conceito de *faute*, já a expressão *danno ingiusto* tem papel de destaque no direito italiano e, no direito brasileiro, tem papel de relevo o conceito de ato ilícito.

Passando-se ao segundo tema, os limites da responsabilidade civil de terceiro, a conclusão do estudo segue a linha principal adotada na doutrina francesa desde o início do século XX com a obra, devidamente analisada no item 2.1.1., de Pierre Hugueney e indica a configuração da responsabilidade extracontratual do terceiro interferente. Nos termos amplos do artigo 186 do Código Civil, a ilicitude consiste na violação de direito, seja ele de propriedade, de personalidade ou até mesmo de crédito, o qual, conjugado ao artigo 927 do Código Civil possibilita a responsabilização de terceiro. Importante destacar que, ao contrário da Itália, que reconhece a possibilidade de responsabilização até mesmo nos casos de violação aos *interessi meritevoli di tutela*, o ordenamento brasileiro limita a proteção aos direitos em virtude do mencionado dispositivo legal. Em termos de tutela inibitória, merece destaque o artigo 497, parágrafo único, do Código de Processo Civil em virtude da possibilidade de impedir a prática, reiteração ou a continuação de ato ilícito.

Na abordagem para fins ressarcitórios, outras questões surgem em relação à necessidade de presença de mera culpa, dolo ou até mesmo responsabilização objetiva por parte do terceiro. Nos casos em que a interferência recai sobre o substrato do crédito, mais precisamente sobre a pessoa de um dos contratantes ou o próprio objeto da obrigação sem a intenção direta de violar o direito de crédito, a responsabilidade limita-se à recomposição decorrente da perda do direito de propriedade sobre um dado bem ou dano específico causado à pessoa do contratante como, por exemplo, o cerceamento do livre exercício de sua atividade. Nesse caso, pode ter como fundamento uma conduta culposa, dolosa ou até mesmo decorrente de responsabilidade objetiva.

Já nas situações em que se configura a violação ao direito de crédito, o conhecimento ou a possibilidade de conhecimento de sua existência pelo terceiro à luz da praxe negocial, são imprescindíveis na configuração da responsabilidade. Superada a análise do estágio inicial sobre o conhecimento ou não do direito de crédito, a responsabilidade do terceiro só ocorrerá nas hipóteses dolosas, para as quais não se requer a intenção de prejudicar, mas a simples ciência de que sua conduta acarretará danos a um ou a todos os contratantes.

O estudo da matéria ganha mais uma variável quando o comportamento de um dos contratantes é imprescindível, juntamente com a conduta do terceiro, para violação do direito de crédito. Nessa situação, a responsabilidade entre eles é solidária, mas com fundamentos diversos, a do contratante que não cumpre sua obrigação é contratual, já a do terceiro é extracontratual. Essa divergência de tratamento acarreta várias consequências em termos práticos, tais como: diferença no prazo prescricional, ônus da prova e limites de responsabilização. Ademais, não se pode impor a um terceiro os termos fixados em uma cláusula penal de um contrato em que interferiu por mais que tenha sido de modo doloso. Da mesma forma, em caso de litígio decorrente de contrato com cláusula compromissória, a demanda entre os contratantes será em arbitragem e a lide entre o contratante prejudicado e o terceiro será no Poder Judiciário. Em algumas situações reputadas como mais graves, a interferência por parte de terceiro é regulamentada até mesmo no âmbito penal, tal como acontece com a concorrência desleal e infrações à ordem econômica.

Finalmente, com relação ao terceiro tema, a oponibilidade, esta se apresenta como a resposta para definir as situações em que há conflito entre direitos resultantes de título contratual e um título do terceiro.

CONCLUSÃO

A oponibilidade tem como seu principal objetivo definir a prevalência entre títulos total ou parcialmente incompatíveis e, com isso, garantir a segurança da circulação jurídica. Na prática, o ordenamento pátrio não prevê uma regra única para esses conflitos, pois a solução depende, entre outros fatores, da natureza do direito alienado, do tipo de conflito e dos valores nele refletidos para proteção especial de algumas situações.

No tratamento da interferência de terceiro por violação à relação obrigacional, percebe-se a conjugação da autonomia privada – nos termos delineados pela relatividade dos efeitos contratuais – com a regulamentação de duas influências que decorrem diretamente da legislação, quais sejam, a oponibilidade e a responsabilidade civil. Com esses esclarecimentos, pretende-se, assim, ter desfeito a confusão entre os limites da relatividade dos efeitos contratuais, oponibilidade e responsabilidade civil de terceiro.

À luz das informações postas, conclui-se que a relação entre a obrigação e terceiros pode ser descrita da seguinte forma: a autonomia privada das partes limita-se à produção de efeitos às próprias, bem como a efeitos benéficos a terceiros. Por sua vez, o ordenamento jurídico regulamenta a oponibilidade e a responsabilidade, as quais atingem o terceiro.

Dessa forma, o ordenamento, por meio de regulamentação da autonomia privada dos contratantes, bem como das situações de oponibilidade e responsabilidade civil apresenta total capacidade de regulamentar a matéria de modo adequado. O estudo da doutrina e jurisprudência estrangeiras foram aqui trazidas com o objetivo de contribuir para a sistematização dos parâmetros de aplicação da responsabilidade do terceiro interferente, tarefa essa atualmente conduzida pela doutrina e jurisprudência brasileiras.

A presente tese, portanto, esforçou-se em reunir as mais abalizadas e atuais discussões acerca do tema da interferência lesiva do terceiro na relação obrigacional, propondo solução quanto à fundamentação da interferência de terceiro à relação contratual, bem como os parâmetros para verificação da responsabilidade, os quais, obviamente, sempre estarão em constante processo de transformação, seguindo a evolução da crescente complexidade das relações obrigacionais.

REFERÊNCIAS

ALMEIDA COSTA, Mário Júlio de. *Direito das obrigações*. 12. ed. rev. e atual. Coimbra: Almedina, 2009.

ALPA, Guido. Danno ingiusto e ruolo della colpa. Un profilo storico. *Rivista di Diritto Civile*, Padova, v. 36, n. 2, p. 133-155, mar./apr. 1990.

ALPA, Guido. *La responsabilità civile*: principi. Ristampa. Milano: UTET Giuridica, 2011.

ALPA, Guido. La responsabilité civile en Italie: problèmes et perspectives. *Revue Internationale de Droit Compare*, Paris, v. 38, n. 4, p. 1097-133, oct./dec. 1986.

ALPA, Guido. Note sul danno contrattuale. *Rivista Trimestrale di Diritto e Procedura Civile*, Milano, v. 65, n. 2, p. 365-388, giug. 2011

ALPA, Guido; FERRANDO, Gilda. La lesione del diritto di credito da parte di terzi. *La Nuova Giurisprudenza Civile Commentata*, anno 1, parte prima, 1985.

ALVIM, Agostinho. *Da inexecução das obrigações e suas consequências*. 4. ed. São Paulo, Saraiva, 1972.

AMADEO, Rodolfo da Costa Manso Real. *Fraude de execução*. São Paulo: Editora Atlas, 2012.

ANDRADE JUNIOR, Attila de Souza Leão. *Comentários ao novo Código civil*: parte geral. Rio de Janeiro, Forense, 2004. v. 1.

ANDRADE, Gustavo Fernandes de. A interferência ilícita do terceiro na relação contratual: a tutela externa do crédito e a oponibilidade dos contratos. *Revista Forense*, Rio de Janeiro, v. 103, n. 391, p. 89-110, maio/jun. 2007.

ANTUNES VARELA, João de Matos. *Das obrigações em geral*. 10. ed. rev. e atual. 9. reimpr. Coimbra: Almedina, 2012.

ASCARELLI, Tulio. *Teoria della concorrenza e dei beni immateriali: istituzioni di diritto industriale*. 3 ed. Milano: Giuffrè, 1960.

AZEVEDO, Álvaro Villaça; NICOLAU, Gustavo Rene. *Código Civil comentado*: das pessoas e dos bens: artigos 1º a 103. v. 1. AZEVEDO, Álvaro Villaça (org.). São Paulo, Atlas, 2009.

BANAKAS, Statis K. Transformazioni della responsabilità extracontrattuale. *Rivista di Diritto Civile*, Padova, v. 44, n. 1, p. 69--83, genn. /febb. 1998.

BANDEIRA, Paula Greco. Fundamentos da responsabilidade civil do terceiro cúmplice. *RTDC*: revista trimestral de direito civil, Rio de Janeiro, v. 8, n. 30, p. 79-127, abr./jun. 2007.

BAR, Christian von; CLIVE, Eric. Principles, definitions and model rules of European private law. Draf Common Frame of Reference (DCFR). Full edition. v. I-IV. Munich: Sellier European Law Publishers, 2009.

BAR, Christian von; CLIVE, Eric; Schulte-Nölke, Hans. PRINCIPLES, Definitions and model rules of European private law. Draft common frame of reference. Outline Edition. Munich: Sellier European Law Publishers, 2009. Disponível em: <http://ec.europa.eu/justice/policies/civil/docs/dcfr_outline_edition_en.pdf>. Acesso em: 18 out. 2014.

BARASSI, Ludovico. La teoria generale delle obbligazioni. Milano: Giuffrè, 1948.

BARBERO, Domenico. Responsabilità aquiliana per lesione di rapporto personale. *Il Foro Padano*, v. 6, p. 157-168, 1951.

BENACCHIO, Marcelo. *Responsabilidade civil contratual*. São Paulo: Saraiva, 2011.

BESSONE, Mario, Lesione del credito, l'induzione a non adempiere, la tutela aquiliana dei diritti personali di godimento negli orientamenti di uma giurisprudenza evoluta. *Rivista del Notariato Rassegna di Diritto e Pratica Notarile*, v. 36, 1982.

BETTI, Emilio. Sui limiti giuridici della responsabilità aquiliana. *Nuova Rivista di Diritto Commerciale, Diritto dell'Economia, Diritto Sociale*, v. 4, pt. 1, p. 143-150, 1951.

BEVILAQUA, Clovis. *Código Civil dos Estados Unidos do Brasil*. 2. tir., edição histórica, Rio de Janeiro: Ed. Rio, 1976. v. 1.

BEVILAQUA, Clovis. *Direito das obrigações*. 8. ed. rev. e atual. por Achilles Bevilaqua. Rio de Janeiro: Livr. Francisco Alves, 1954.

BIANCA, Cesare Massimo. *Diritto Civile, III, Il contratto*. 2 ed., Milão: Giuffrè, 2000.

BIGIAVI, Luigi. L'associazione Calcio Torino e il disastro di Superga. *Giur. it.*, 1951, IV, p.8.

BOULOS, Daniel Martins. Abuso de direito no novo Código Civil. São Paulo: Editora Método, 2006.

BRASIL. TRIBUNAL DE JUSTIÇA DO ESTADO DO RIO GRANDE DO SUL. Apelação n.º 70047718473, 12ª Câmara Cível, Rel. Des. Umberto Guaspari Sudbrack, 27 de fevereiro de 2014. Disponível em: <www.tjrs.jus.br>. Acesso em: 1º dez. de 2014.

BRASIL. TRIBUNAL DE JUSTIÇA DO ESTADO DE SÃO PAULO. Apelação n.º 643404-00/4, 10ª Câmara do Segundo Tribunal de Alçada Civil, 10ª Câmara, Rel. Juiz Gomes Varjão, 6 de novembro de 2002. Disponível em: <www.tjsp.jus.br>. Acesso em: 30 out. 2014.

BRASIL. TRIBUNAL DE JUSTIÇA DO ESTADO DE SÃO PAULO. Agravos de Instrumento nº 346.328-4/5-00 e 346.344.4/8, 7ª Câmara de Direito Privado, Rel. Des. Roberto Mortari, 31 de março de 2004. Disponível em: <www.tjsp.jus.br>. Acesso em: 1º dez. 2014.

BRASIL. TRIBUNAL DE JUSTIÇA DO ESTADO DE SÃO PAULO. Agravos de Instrumento nº 346.344.4/8, 7ª Câmara de Direito Privado, Rel. Des. Roberto Mortari, 31 de março de 2004. Disponível em: <www.tjsp.jus.br>. Acesso em: 1º dez. 2014.

BRASIL. SUPERIOR TRIBUNAL DE JUSTIÇA. Recurso Especial n.º 721.231, 4ª Turma, Rel. Min. João Otávio de Noronha, j. em 8 abr. 2008. Disponível em: <www.stj.jus.br>. Acesso em: 10 set. 2014.

BRASIL. SUPERIOR TRIBUNAL DE JUSTIÇA. Recurso Especial nº 1.102.437, 3ª Turma, Rel. Min. Nancy Andrighi, 7 out. 2010. Disponível em: <http://www.stj.jus.br>. Acesso: 4 ag. 2014.

BRASIL. SUPERIOR TRIBUNAL DE JUSTIÇA. Recurso Especial nº 1.203.153, 3ª Turma, Rel. Min. Paulo de Tarso Sanseverino, 3 de junho de 2014. Disponível em: <www.stj.jus.br>. Acesso em 1º dez. 2014.

REFERÊNCIAS

BRASIL. SUPERIOR TRIBUNAL DE JUSTIÇA. Recurso Especial nº 1.316.149-SP, 3ª Turma, Rel. Min. Paulo de Tarso Sanseverino, 3 de junho de 2014. Disponível em <www.stj.jus.br>. Acesso em: 1º de dez. de 2014.

BRASIL. SUPERIOR TRIBUNAL DE JUSTIÇA. Recurso Especial nº 187.940, 4ª Turma, Rel. Min. Ruy Rosado de Aguiar, j. em 18 de fev. 1999. Disponível em: <www.stj.jus.br>. Acesso em: 10 set. 2014.

BRASIL. SUPERIOR TRIBUNAL DE JUSTIÇA. Recurso Especial nº 936.589, 3ª Turma, Rel. Min. Sidnei Beneti, 8 fev. 2011. Disponível em: <www.stj.jus.br>. Acesso em: 20 set. 2014.

BUSNELLI, Francesco Donato. *La lesione del credito da parte di terzi*. Milano: Giuffrè, 1964.

BUSNELLI, Francesco Donato. Un clamoroso 'revirement' della Cassazione dalla 'questione di Superga' al 'caso Meroni. *Foro Italiano*, v. 1, p. 1286-1296, 1971.

BUSNELLI, Francesco Donato; PATTI, Salvatore. *Danno e responsabilità civile*. 3. ed. Torino, G. Giappichelli, 2013.

CAHALI, Yussef Said. *Dano moral*. 2. ed., 5. tir. São Paulo: Ed. Revista dos Tribunais, 2000.

CAHALI, Yussef Said. *Fraude contra credores*. 3. ed. São Paulo: Revista dos Tribunais, 2002.

CAIS, Frederico Fontoura da Silva. *Fraude de execução*. São Paulo: Saraiva, 2005.

CALASTRENG, Simone. *La relativitè des conventions*: étude de l'article 1165 du Code Civil. Paris: Recueil Sirey, 1939.

CALIXTO, Marcelo Junqueira. Dos bens. In: TEPEDINO, Gustavo (Coord.). *A parte geral do novo Código Civil*: estudos na perspectiva civil constitucional. Rio de Janeiro, Renovar, 2002.

CARDOSO, Patrícia. Oponibilidade dos efeitos do contrato: determinante da responsabilidade civil do terceiro que coopera com o devedor na violação do pacto contratual. *RTDC*: Revista Trimestral de Direito Civil, Rio de Janeiro, v. 5, n. 20, p. 125-150, out./dez. 2004.

CARNELUTTI, F. Appunti sulle obbligazioni. *Rivista del Diritto Commerciale*, Milano, v. 1, p. 525-617, 1915.

CARVALHO SANTOS, João Manoel de. *Código Civil brasileiro interpretado*. 9. ed. v.2, v.3. Rio de Janeiro: Livr. Freitas Bastos, 1964.

CATALAN, Marcos Jorge. Relatividade. In: MORRIS, Amanda Zoe; BARROSO, Lucas Abreu (Coords.). *Direito dos contratos*. São Paulo: Ed. Revista dos Tribunais, 2008. p. 121-140.

CAVALIERI FILHO, Sérgio. Programa de responsabilidade civil. 11. ed. São Paulo: Atlas, 2014.

CENEVIVA, Walter. *Lei dos Registros Públicos comentada*. 20. ed. São Paulo: Saraiva, 2010.

CERQUEIRA, João da Gama. *Tratado da propriedade industrial*. Rio de Janeiro: Forense, 1946, v. 1 e 1952, v. 2.

COMPARATO, Fábio Konder. *Concorrência desleal*. Revista dos Tribunais, São Paulo, n. 374, p. 29-35, 1967.

CORSARIO, Luigi. Colpa e responsabilità civile: l'evoluzione del sistema italiano. *Rassegna di Diritto Civile*, Napoli, n. 2, p. 270-310, 2000.

COSTA, Mário Júlio de Almeida. Direito das obrigações, 12ª edição revista e atualizada, Coimbra, Edições Almedina S/A, 2009.

CURSI, Maria Floriana. *Iniuria cum damno. Antigiuridicità e colpevolezza nella storia del danno aquiliano*. Milano: Giuffrè, 2002.

DABIN, Jean. *Le droit subjectif*. Paris: Dalloz, 1952.

DE CUPIS, Adriano. *Il danno: teoria generale della responsabilità civile*. Milano: Giuffrè, 1979.

DELGADO, José Augusto; GOMES JÚNIOR, Luiz Manoel. Comentários ao Código Civil Brasileiro: dos fatos jurídicos, coordenadores Arruda Alvim e Thereza Alvim, v. II, Rio de Janeiro, Forense, 2008.

DEMOGUE. René. *Traité des obligations en general*. Paris: Rousseau, 1923. v. 7.

DI MARTINO, Patrizia. La responsabilità del terzo "complice" nell'inadempimento contrattuale. *Rivista Trimestrale di Diritto e Procedura Civile*, Milano, ano 29, n. 4, 1975.

DIAS, José de Aguiar. *Responsabilidade civil em debate*. Rio de Janeiro: Forense, 1983.

DÍEZ-PICAZO, Luiz; GULLÓN, Antonio. *Sistema de derecho civil*. 4. ed. v. 2. Madrid: Tecnos, 1983.

DINIZ, Davi Monteiro. Aliciamento no contrato de prestação de serviços: responsabilidade de terceiro por interferência ilícita em direito pessoal. *Revista Forense*, Rio de Janeiro, v. 100, n. 375, p. 27-35, set./out. 2004.

DUCLOS, José. *L'opposabilité:* essai d'une théorie générale. Paris: LGDJ, 1984.

DUVAL, Hermano. *Concorrência desleal*. São Paulo, Saraiva, 1976.

FADDA, C. Rapporti del conduttore coi terzi in tema di danni. *Giurisprudenza italiana*. 1891, I, 1. p. 66-132.

FIGUEIREDO, Helena Lanna. *Responsabilidade civil do terceiro que interfere na relação contratual*. Belo Horizonte: Del Rey, 2009.

FORGIONI, Paula Andrea. *Os Fundamentos do Antitruste*. 8. ed. São Paulo: Revista dos Tribunais, 2014.

FRANCESCHELLI, Remo. Sulla concorrenza sleale, in Studi riuniti di diritto industriale. Milano: Giuffrè, 1959.

FRANZONI, Massimo. La rilevanza del contratto verso i terzi. In: D'ANGELO, Andrea e ROPPO, Vincenzo (a cura di).

Annuario del contratto 2013. Torino: G. Giappicheli, 2014.

GALGANO, Francesco. *Trattato di diritto civile*. 2. ed. v. 3. Padova: Cedam, 2010.

GALVÃO TELLES, Inocêncio. *Direito das obrigações*. 7. ed. Coimbra: Coimbra Ed., 1997.

GAMBARO, Antonio. Gli effetti del contratto rispetto ai terzi. In: VACCA, Letícia (A cura di). *Gli effetti del contratto nei confronti dei terzi nella prospettiva storico--comparatistica*. Atti del 4º Congresso Intgernazionale Aristec (Roma, 13-16 sett. 1999). Torino: Giappichelli, 2001.

GERMAN Civil Code. BGB. Disponível em: <www.gesetze-im-internet.de/englisch_bgb/>. Acesso em: 26 set. 2014.

GHESTIN, Jacques; FONTAINE, Marcel (Eds.). *Les effets du contrat à l'égard des tiers*. Paris: L.G.D.J., 1992.

GODOY, Claudio Luiz Bueno de. *A função social do contrato: os novos princípios contratuais*. 4. ed. São Paulo: Saraiva, 2012.

GONÇALVES, Luiz da Cunha. *Tratado de direito civil em comentário ao Código Civil português*. v. 12 Coimbra: Coimbra Ed., 1937.

GONDIM, Glenda Gonçalves; KENICKE, Paulo Henrique Gallotti; BERTASSONI, Thaís Braga. A causa, os planos do negócio jurídico e a função social: análise a partir da teoria do terceiro cúmplice. In: TEPEDINO, Gustavo; FACHIN, Luiz Edson (Orgs.). *Pensamento crítico do direito civil brasileiro*. Curitiba: Juruá, 2011.

GOUTAL, Jean-Louis. *Essai sur le principe de l'effet relatif du contrat*. Paris, LGDJ, 1981.

GRECO, Paolo. Se un'associazione calcistica ha diritto a risarcimento del danno aquiliano per la perdita della sua squadra avvenuta durante un trasporto aereo. *Rivista del Diritto Commerciale e del Diritto Generale delle Obbligazioni*, Milano, anno 49, pt. 1. p. 422-435.

GUARNIERI. Diritti reali e diritti di credito: valore attuale di una distinzione. Padova: Cedam, 1979.

GUELFUCCI-THIBIERGI, Catherine. De l'elargissement de la notion de partie au contrat à l'elargissement de la portée du príncipe de l'effet relatif. *Revue Trimestrielle de Droit Civil*, Paris, v. 93, n. 2, p. 275-285, avr./juin. 1994.

HADDAD, Luis Gustavo. *Função social do contrato: um ensaio sobre seus usos e sentidos*. São Paulo: Saraiva, 2013.

HUGUENEY, Pierre. *Responsabilité civile du tiers complice de la violation d'une obligation contractuelle*. Paris: A. Rousseau, 1910.

ITÁLIA. Tribunale di Torino. Sentenza 15 settembre 1950, Pres. Gay P., Est. A. Galante Garrone; Ass. Calcio Torino c. A.l.i. Flotte Riunite. *Il foro italiano*, volume LXXIII, 1950, p. 1230-1237.

ITÁLIA. Corte d'Appello di Torino. Sentenza 28 gennaio 1952, Pres. De Matteis P., Rel. Caprioglio, Est. Merlo, Ass. Calcio Torino c. Soc. A.l.i. Flotte riunite. *Foro Italiano*, volume LXXV, 1952, p. 219-227.

ITÁLIA. Corte di Cassazione, Sez. III, Pres. Valenzi, Est. Mastrapasqua, P. M. Berri, Associazione Calcio Torino c. Soc. A.L.I. Flotte Riunite. *Giustizia Civile*, anno III, 7-8, luglio-agosto, 1953, p. 2225-2230.

ITÁLIA. Corte d'Appello di Torino. Sentenza 27 gennaio 1969. Romero c. s.p.a. Torino Calcio. *Foro italiano*, 1969, I. p. 991-998.

ITÁLIA. Corte di Cassazione. Sentenza 26 gennaio 1971. S.p.a. Torino Calcio c. Romero. *Foro italiano*, 1971, I, p. 342-356.

JABUR, Wilson Pinheiro. Pressupostos do ato de concorrência desleal. In: SANTOS, Manoel J. Pereira; JABUR, Wilson Pinheiro (Coords.). *Criações industriais*: segredos de negócio e concorrência desleal. São Paulo, Saraiva, 2007. p. 337-386.

JEMOLO, Arturo Carlo. Allargamento di responsabilità per colpa aquiliana. *Foro Italiano*, Milano, v. 1, p. 1285-1286, 1971.

JOSSERAND, Louis. *De l'espirit des droits et de leur relativitè*: theorie dite de l'abus des droits. Paris: Dalloz, 1939.

JÓZON, Mónika. Non-contractual liability arising out of damage caused to another. In: ANTONIOLLI, Luisa; FIORENTINI, Francesca (Eds.). *A factual assessment of the draft common frame of reference*. Munich: Sellier European Law Publishers, 2011.

JUNQUEIRA DE AZEVEDO, Antonio. Diferenças de natureza e efeitos entre o negócio jurídico sob condição suspensiva e o negócio jurídico a termo inicial. A colaboração de terceiro para o inadimplemento de obrigação contratual. A doutrina do terceiro cúmplice. A eficácia externa das obrigações. In: JUNQUEIRA DE AZEVEDO, Antonio. *Estudos e pareceres de direito privado*. São Paulo: Saraiva, 2004. p. 208-225.

JUNQUEIRA DE AZEVEDO, Antonio. Negócio jurídico: existência, validade e eficácia. 3 ed. revista. São Paulo: Saraiva, 2000.

JUNQUEIRA DE AZEVEDO, Antonio. Novos estudos e pareceres de direito privado. São Paulo: Saraiva, 2009.

JUNQUEIRA DE AZEVEDO, Antonio. Os princípios do atual direito contratual e a desregulamentação do mercado. Direito de exclusividade nas relações contratuais de fornecimento. Função social do contrato e responsabilidade aquiliana do terceiro que contribui para inadimplemento contratual. In: JUNQUEIRA DE AZEVEDO, Antonio. *Estudos e pareceres de direito privado*. São Paulo: Saraiva, 2004. p. 137-147.

JUNQUEIRA DE AZEVEDO, Antonio. Responsabilidade pré-contratual no Código de Defesa do Consumidor: estudo comparativo com a responsabilidade pré-contratual no direito comum. In: JUNQUEIRA DE AZEVEDO, Antonio. *Estudos e pareceres de direito privado.* São Paulo: Saraiva, 2004. p. 173-183.

LALOU, Henri. *1382 contre 1165 ou la responsabilité délictuelle des tiers à l'egard d'un contractant et d'un contractant à l'egard des tiers.* Paris: Dalloz, 1928. (Chronique, n. 32).

LALOU, Henri. *La responsabilité civile*: principle élémentaires et applications pratiques. 2.ed.Paris: Librairie Dalloz, 1932.

LIMA, Alvino. A interferência de terceiros na violação do contrato. *Revista dos Tribunais*, São Paulo, v. 315, p. 14-30, 1962.

LIMA, Alvino. *A fraude no direito civil.* São Paulo: Saraiva, 1965.

LOPEZ, Teresa Ancona. *Comentários ao Código Civil*: parte especial, das várias espécies de contratos (arts. 565 a 652). JUNQUEIRA DE AZEVEDO, Antônio (coord.). v. 7. São Paulo: Saraiva, 2009.

LORDI, Luigi. Contratto a danno di terzi e danno recato da un terzo a un contrante. *Riv. Dir. Comm.*, II, 1937.

LOTUFO, Renan. *Código Civil comentado*: parte geral (arts. 1º a 232). São Paulo, Saraiva, 2003. v. 1.

LOUREIRO, Luiz Guilherme. *Registros Públicos*: teoria e prática. 5. ed. rev. atual. e ampl. São Paulo: Método, 2014.

MALUF, Carlos Alberto Dabus. Código civil comentado: prescrição, decadência e prova: artigos 189 a 232, coord. Álvaro Villaça Azevedo, v. III, São Paulo, Atlas, 2009.

MARINO, Franscisco Paulo de Crescenzo. *Contratos coligados no direito brasileiro.* São Paulo: Saraiva, 2009.

MARINO, Franscisco Paulo de Crescenzo. Responsabilidade contratual: efeitos. In: LOTUFO, R.; NANNI, E. (Coords.). *Teoria geral dos contratos.* São Paulo: Atlas, 2011. p. 409-431.

MARINONI, Luiz Guilherme, ARENHART, Sérgio Cruz e MITIDIERO, Daniel. Novo Código de Processo Civil comentado, 2 ed. rev., atual. e ampl.. São Paulo: Editora Revista dos Tribunais, 2016.

MARQUES, Claudia Lima; MIRAGEM, Bruno; BENJAMIN, Antonio Herman de Vasconcellos e. *Comentários ao Código de Defesa do Consumidor.* 3. ed. v. 1. São Paulo: Revista dos Tribunais, 2010.

MARTINS, Camila Rezende. *O princípio da relatividade dos contratos e responsabilidade do terceiro que contribui para o inadimplemento contratual.* 2011. Dissertação (mestrado) – Faculdade de Direito da Universidade de São Paulo, São Paulo, 2011.

MARTINS-COSTA, Judith. *A boa-fé no direito privado*: critérios para a sua aplicação. São Paulo: Marcial Pons, 2015.

MARTINS-COSTA, Judith. *A boa-fé no direito privado*: sistema e tópica no processo obrigacional. São Paulo: Ed. Revista dos Tribunais, 1999.

MARTINS-COSTA, Judith. *Comentários ao novo Código Civil*: do inadimplemento das obrigações. 2.ed. Rio de Janeiro, Forense, 2009. t. 2, v. 5.

MARTINS-COSTA, Judith. Dano moral à brasileira. In: PASCHOAL, Janaína Conceição; SILVEIRA, Renato de Mello Jorge (Coords.). *Livro homenagem a Miguel Reale Júnior.* Rio de Janeiro: GZ Ed., 2014.

MARTINS-COSTA, Judith. Os regimes do dolo civil no direito brasileiro: dolo antecedente, vício informativo por omissão e por comissão, dolo acidental e dever de indenizar. *Revista dos Tribunais*, São Paulo, v. 101, n. 923, p. 115-144, set. 2012.

MARTINS-COSTA, Judith. Reflexões sobre o princípio da função social do contrato. *Revista Direito GV*, São Paulo, v. 1, n. 1, p. 41-66, maio. 2005.

REFERÊNCIAS

MARTINS-COSTA, Judith. Zeca Pagodinho, a razão cínica e o novo Código Civil. Disponível em: <http://www.migalhas.com.br/dePeso/16,MI4218,101048-Zeca+Pagodinho+a+razao+cinica+e+o+novo+Codigo+Civil+Brasileiro>. Acesso em: 30 abr. 2013.

MATTIETO, Leonardo. Função social e relatividade do contrato: um contraste entre princípios. *Revista Jurídica*, ano 54, n. 342, pp. 29-40, abril de 2006.

MAZEAUD, Henri. Responsabilité délictuelle et responsabilité contractuelle. *Revue Trimestrielle de Droit Civil*, Paris, v. 28, p. 551-669, 1929.

MENEZES CORDEIRO, António Manuel da Rocha e. *Da boa fé no direito civil*. 3. ed. Reimpr. Coimbra: Almedina, 2007.

MENEZES CORDEIRO, António Manuel da Rocha e. *Tratado de direito civil português*: direito das obrigações. v. II, t. I. Coimbra: Almedina, 2009.

MENEZES LEITÃO, Luís Manuel Teles de. *Direito das obrigações*. 10. ed. Coimbra: Almedina, 2013. v. 1.

MONATERI, Pier Giuseppe. Responsabilità extracontrattuale fattispecie. *Rivista di Diritto Civile*, Padova, v. 40, n. 6, p. 699--753, nov. /dic. 1994.

MONTEIRO FILHO, Carlos Edison do Rêgo; BIANCHINI, Luiza Lourenço. Breves considerações sobre a responsabilidade civil do terceiro que viola o contrato (tutela externa do crédito), *in* TEPEDINO, Gustavo; FACHIN, Luiz Edson (Coord.), Diálogos sobre direito civil, v. III, Rio de Janeiro, Ed. Renovar, 2012.

MORSELLO, Marco Fábio. Responsabilidade civil no transporte aéreo. 2. ed. São Paulo: Atlas, 2007.

MORSELLO, Marco Fábio. Contratos existenciais e de lucro. Análise sob a ótica dos princípios contratuais contempo-râneos. In: LOTUFO, Renan; NANNI, Giovanni Ettore; MARTINS, Fernando Rodrigues. (Org.). *Temas relevantes do direito civil contemporâneo: reflexões sobre os 10 anos do Código Civil*. São Paulo: Atlas, 2012. p. 292-307.

MENDES, Rodrigo Octávio Broglia. Sentido de teoria geral do direito, globalização e harmonização do método jurídico. In: CASELLA, Paulo Borba; LIQUIDA-TO, Vera Lúcia Viegas (coord.). Direito da Integração. São Paulo: Quartier Latin, 2006.

NANNI, Giovanni Ettore. O dever de cooperação nas relações obrigacionais à luz do princípio constitucional da solidariedade. In: NANNI, Giovanni Ettori (coord.). Temas relevantes do Direito Civil Contemporâneo. São Paulo, Editora Atlas, 2008, pp. 283-321.

NANNI, Giovanni Ettore, Direito Civil e Arbitragem, São Paulo, Atlas, 2014.

NEGREIROS, Teresa. *Teoria do contrato*: novos paradigmas. Rio de Janeiro: Renovar, 2002.

NERY JUNIOR, Nery e NERY, Rosa Maria de Andrade Nery, Comentários ao Código de Processo Civil. São Paulo: Editora Revista dos Tribunais, 2015.

NOUVEAU CODE DES OBLIGATIONS CIVILES ET COMMERCIALES. Sénégal. *Droit-Afrique*. Disponível em: <http://www.droit-afrique.com/images/textes/Senegal/Senegal%20-%20Code%20des%20obligations%20civiles%20et%20commerciales.pdf>. Acesso em: 16 nov. 2014.

PENTEADO, Luciano de Camargo. Contratos eficazes perante terceiros. *Revista do Advogado*, São Paulo, ano 42, n. 116, jul. 2012.

PENTEADO, Luciano de Camargo. *Efeitos contratuais perante terceiros*. São Paulo, Quartier Latin do Brasil, 2007.

PEREIRA, Caio Mário da Silva. *Instituições de direito civil*: introdução ao direito civil: teoria geral de direito civil. 21. ed. rev. e atual. por Maria Celina Bodin de Moraes. Rio de Janeiro: Forense, 2006.

PINHEIRO, Rosalice Fidalgo; GLITZ, Frederico Eduardo Zenedin. A tutela externa do crédito e a função social do contrato: possibilidades do caso "Zeca Pagodinho", *in* TEPEDINO, Gustavo; FACHIN, Luiz Edson (Coords.). *Diálogos sobre direito civil*. Rio de Janeiro: Renovar, 2008. v. 2.

POLACCO, V. *Le obbligazioni nel diritto civile italiano*. 2. ed. Roma: Athenaeum, 1915. v. 1.

PONTES DE MIRANDA, Francisco Cavalcanti. *Tratado de direito privado*. 2. ed. t. 17, 22, 24, 26 e 53. Rio de Janeiro: Editor Borsoi, 1959.

PORTUGAL. SUPREMO TRIBUNAL DE JUSTIÇA. Processo nº 3987/07.9TBA-VR.C1.S1, Rel. Azevedo Ramos, em 29 de maio de 2012. Disponível em: < http://www.dgsi.pt/jstj.nsf/954f0ce6ad9dd8 b980256b5f003fa814/cef97a36b901af 1f80257a0e002d3a9b?OpenDocumen t&Highlight=0,3987%2F07 >. Acesso em: 27 set. 2014.

PORTUGAL. SUPREMO TRIBUNAL DE JUSTIÇA. Processo 165/1995.L1.S1, 11 de dezembro de 2012, Rel. Távora Victor, em 11 de dezembro de 2012. Disponível em: <http://www.dgsi.pt/jstj.nsf/954f0 ce6ad9dd8b980256b5f003fa814/50f9 d9bd8739117080257b1100419784?Op enDocument>. Acesso em: 27 set. 2014.

PORTUGAL. SUPREMO TRIBUNAL DE JUSTIÇA. Processo 245/07.2TBSBG. C1.S1, Rel. Fonseca Ramos, 20 de setembro de 2011. Disponível em: <http://www.dgsi.pt/jstj.nsf/954f0ce6ad9dd8b 980256b5f003fa814/403f604dac229fe4 802579130033ce90?OpenDocument>. Acesso em: 27 set. 2014.

PORTUGAL. SUPREMO TRIBUNAL DE JUSTIÇA. *O Supremo Tribunal de Justiça em Portugal*. Disponível em: <http://www. stj.pt/stj/historia/curiosidades?start=5>. Acesso em: 27 set. 2014.

QUARTA, Francesco. *Risarcimento e sanzione nell'illecito civile*. Napoli: Edizioni Scientifiche Italiane, 2013.

RESCIGNO, Pietro. *L'abuso del diritto*. Bologna: Il Mulino, 2001.

RIPERT, Georges. *A regra moral nas obrigações civis*. Tradução da 3. ed. francesa por Osório de Oliveira. 2. ed. Campinas: Bookseller, 2002.

RODRIGUES JUNIOR, Otavio Luiz. A doutrina do terceiro cúmplice nas relações matrimoniais. In: SILVA, Regina Beatriz Tavares da; CAMARGO NETO, Theodureto de Almeida. *Grandes temas de direito de família e das sucessões*. São Paulo: Saraiva, 2011. p. 31-46.

RODRIGUES JUNIOR, Otavio Luiz. A doutrina do terceiro cúmplice: autonomia da vontade, o princípio *res inter alios acta*, função social do contrato e a interferência alheia na execução dos negócios jurídicos. *Revista dos Tribunais*, São Paulo, v. 93, n. 821, p. 80-98, mar. 2004.

RODRIGUES JUNIOR, Otavio Luiz. Depois de um ano, é momento de uma coluna diferente. *Consultor Jurídico*, São Paulo, 19 jun. 2013. Disponível em: <http://www.conjur.com.br/2013--jun-19/direito-comparado-depois-ano--momento-coluna-diferente>. Acesso em: 23 jun. 2013.

RODRIGUES JUNIOR, Otavio Luiz. Problemas na importação de conceitos jurídicos. *Consultor Jurídico*, São Paulo, 08 ago. 2012. Disponível em: < http://www. conjur.com.br/2012-ago-08/direito--comparado-inadequada-importacao--institutos-juridicos-pais>. Acesso em: 23 jun. 2013.

REFERÊNCIAS

RODRIGUES, Marcelo Guimarães. *Tratado de registros públicos e direito notarial*. São Paulo: Atlas, 2014.

ROTONDI, G. Dalla 'lex aquilia' all'art. 1.151 cod. civ. Ricerche storico-dogmatiche, *in* Riv. dir. comm., 1917, I, 236.

SALOMÃO FILHO, Calixto. *Direito concorrencial*: as estruturas. São Paulo, Malheiros Ed., 1989.

SALOMÃO FILHO, Calixto. Função social do contrato: primeiras anotações. *Revista dos Tribunais*, São Paulo, v. 93, n. 823, p. 67-86, maio 2004.

SALVESTRONI, Umberto. Ingiustificata lesione di interessi legittimi e danno ingiusto. *Rivista Trimestrale di Diritto e Procedura Civile*, Milano, v. 56, n. 1, p. 17-29, mar. 2002.

SAN MARTÍN NEIRA, Lilian C. *La carga del perjudicado de evitar o mitigar el daño*: estúdio histórico-comparado. Bogotá: Universidad Externado de Colombia, 2012.

SANSEVERINO, Paulo de Tarso. *Princípio da reparação integral: indenização no Código Civil*. São Paulo: Saraiva, 2010.

SANTOS JÚNIOR, E. *Da responsabilidade civil de terceiro por lesão do direito de crédito*. Coimbra: Almedina, 2003.

SAVATIER, René. Le prétendu principe de l'effet relatif des contrats. *Revue Trimestrielle de Droit Civil*, Paris, t. 34, 1934.

SCALISI, Vincenzo. Danno e ingiustizia nella teoria della responsabilità civile. *Rivista Trimestrale di Diritto e Procedura Civile*, Milano, v. 58, n. 3. p. 785-819, sett. 2004.

SCALISI, Vincenzo. Ingiustizia del danno e analitica della responsabilità civile. *Rivista di Diritto Civile*, Milano, v. 50, n. 1, p. 29-56, genn. /feb. 2004.

SCHIPANI, Sandro. *Contributi romanistici al sistema della responsabilità extracontrattuale*. Torino: G. Giappichelli, 2009.

SCOGNAMIGLIO, Renato. *Responsabilità civile e danno*. Torino: G. Giappichelli, 2010.

SILVA, Alberto Luís Camelier da. Aspectos cíveis da concorrência desleal no sistema jurídico brasileiro. In: LIMA, Luís Felipe Balieiro (Coord.). *Propriedade intelectual no direito empresarial*. São Paulo, Quartier Latin, 2009. p. 231-269.

SILVA, Luis Renato Ferreira da. Do dolo. In: LOTUFO, Renan; NANNI, Giovanni Ettore (coord.). Teoria geral do direito civil. São Paulo: Editora Atlas, 2008.

SILVA, Luis Renato Ferreira da. Princípios do direito das obrigações. In: LOTUFO, Renan; NANNI, Giovanni Ettore (coord.). Obrigações. São Paulo: Editora Atlas, 2011.

SIMÃO, José Fernando. *Direito Civil: Contratos*. 5 ed. São Paulo: Atlas, 2011.

TAVARES, Willie Cunha Mendes. Efeitos do contrato em relação a terceiros. *Revista de Direito Bancário e do Mercado de Capitais*, São Paulo, v. 45, 2009. p. 234-250.

TEDESCHI, Bianca Gardella. *L'interferenza del terzo nei rapporti contrattuali*: un'indagine comparatistica. Milano: Giuffrè, 2008.

TEPEDINO, Gustavo Novos princípios contratuais e teoria da confiança: a exegese da cláusula *to the best knowledge of the Sellers*. In: *Temas de direito civil*. Rio de Janeiro: Renovar, 2006. t. 2.

TEPEDINO, Gustavo. Notas sobre a função social do contrato, *in* Temas Controvertidos de Direito Civil, tomo II, Rio de Janeiro, Renovar, 2009, pp. 145-155.

TEPEDINO, Gustavo. Novos princípios contratuais e teoria da confiança: a exegese da cláusula *to the best knowledge of the sellers, in* Temas de Direito Civil, tomo II, Rio de Janeiro, Renovar, 2006.

TERRA, Marcelo, Comentários ao Código Civil Brasileiro: parte geral, v. 1, coordenadores: Arruda Alvim e Thereza Alvim, Rio de Janeiro, Forense, 2005.

THE AMERICAN LAW INSTITUTE. *Case Citations to the Restatement of the Law, Cumulative annual pocket part for use in 2013, reporting cases from july 2005 through june 2012*. St. Paul, Minn.: American Law Institute Publishers, 2013.

THE AMERICAN LAW INSTITUTE. *Restatement ot the law Second Torts 2d*. v. 4. St. Paul, Minn.: American Law Institute Publishers, 1979.

THEODORO JÚNIOR, Humberto. *Comentários ao novo Código Civil*: dos defeitos do negócio jurídico ao final do livro III. v. 3, t. 2 Coord. Sálvio de Figueiredo Teixeira. Rio de Janeiro: Forense, 2003.

THEODORO JÚNIOR, Humberto. *O contrato e sua função social*. 3. ed. Rio de Janeiro: Forense, 2008.

THEODORO NETO, Humberto. *Efeitos externos do contrato*: direitos e obrigações na relação entre contratantes e terceiros. Rio de Janeiro: Forense, 2007.

THON, August. *Norma giuridica e diritto soggettivo indagini di teoria generale del diritto*. 2. ed. Padova: Cedam, 1951.

TONNERA JUNIOR, João. A responsabilidade civil do terceiro cúmplice por lesão ao direito de crédito. Revista de Direito Privado, São Paulo, v. 66, p. 151-171, ab.-jul. 2016.

TROISI, Bruno. Appunti sul contratto a danno di terzi. *Rassegna di Diritto Civile*, Napoli, n. 3, p. 719-731, 2008.

URBANO, Hugo Evo Magro Corrêa. A eficácia externa dos contratos e a responsabilidade civil de terceiros. *Revista de Direito Privado*, São Paulo, v. 11, n. 43, p. 180-231, jul.-set. 2010.

VANZELLA, Rafael Domingos Faiardo. *O contrato e os direitos reais*. São Paulo: Ed. Revista dos Tribunais, 2012.

VERDE, Camillo. Note in tema di responsabilità del terzo per induzione all'inadempimento. *Rassegna di Diritto Civile*, Napoli, n. 4, p. 1080-1107, 2008.

VETTORI, Giuseppe. *Consenso traslativo e circolazione dei beni*. Milano: Giuffrè, 1995.

VETTORI, Giuseppe, Opponibilità. In: Enciclopedia Giuridica Trecanni, v. XXIV. Roma: Istituto Poligrafico e Zecca dello Stato, 2007.

VILLELA, João Baptista. Apontamentos sobre a cláusula "... ou devia saber". Disponível em: <http//:www.pos.direito.ufmg. br/rbepdocs/097179200.pdf>. Acesso em: 10 jul. 2014.

VISINTINI, Giovanna *Tratatto breve della responsabilità civile*: fatti illeciti. Inadempimento. Danno risarcibile. Padova: Cedam, 2005.

VISINTINI, Giovanna. Danno ingiusto e lesione di interessi legittimi. *Contratto e Impresa*, Padova, v. 17, n. 1, p. 9-29, gen. /apr. 2001.

WEILL, Alex. *La relativité des conventions en droit prive français*. Paris: Dalloz, 1938.

WINTGEN, Robert. *Étude critique de la notion d'opposabilité*: les effets du contrat à l'egard des tiers en droit français et allemande. Paris, LGDJ, 2004.

ZANCHIM, Kleber Luiz. O contrato e seus valores. In: JABUR, Gilberto Haddad e PEREIRA JÚNIOR, Antonio Jorge (Coords.). *Direito dos contratos II*. São Paulo: Quartier Latin, 2008.

ZANETTI, Cristiano de Sousa. Princípios. In: MORRIS, Amanda Zoe; BARROSO, Lucas Abreu (Coords.). *Direito dos contratos*. São Paulo: Ed. Revista dos Tribunais, 2008. p. 59-77.

ZANETTI, Cristiano de Sousa. *Responsabilidade pela ruptura das negociações*. São Paulo: Juarez de Oliveira, 2005.

ZICCARDI, Fabio. *L'induzione all'inadempimento*. Milano: Giuffrè, 1975.

ZIMMERMAN, R. *Roman law, contemporary law, European law: the civilian tradition today*. Oxford: Oxford University Press, 2001.

ÍNDICE

Agradecimentos 7
Prefácio 11
Sumário 13
Introdução 17

1. A relação entre eficácia das obrigações e terceiros na legislação:
   esforço de sistematização 27

2. Interferência de terceiro na relação obrigacional:
   contribuições do direito estrangeiro 55

3. Fundamentação da responsabilidade de terceiro por interferência
   na relação obrigacional no direito brasileiro 135

4. Pressupostos para responsabilização de terceiro por violação
   ao direito de crédito 167

Conclusão 217
Referências 223